創見文化，智慧的銳眼
www.book4u.com.tw　www.silkbook.com

Financial Quotient

從**魯蛇**到**魯夫**的「**創富之路**」

學會「**駕馭金錢**」與「**創造金錢**」的能力

小資富足學苑創辦人 **黃義盛** 著

Loser

Winner

國家圖書館出版品預行編目資料

從魯蛇到魯夫的創富之路：學會「駕馭金錢」與
「創造金錢」的能力 / 黃義盛 著. -- 初版. -- 新北
市：創見文化出版, 采舍國際有限公司發行,
2016.02 面；公分
ISBN 978-986-271-672-4(（平裝）

1.成功法 2.財富

177.2   105000726

成功良品 88

從魯蛇到魯夫的創富之路

本書採減碳印製流程
並使用優質中性紙
（Acid & Alkali Free）
最符環保需求。

出版者／創見文化
作者／黃義盛
總編輯／歐綾纖
主編／蔡靜怡　　　　　　　　　美術設計／蔡億盈

郵撥帳號／50017206 采舍國際有限公司（郵撥購買，請另付一成郵資）
台灣出版中心／新北市中和區中山路2段366巷10號10樓
電話／（02）2248-7896　　　　傳真／（02）2248-7758
ISBN／978-986-271-672-4
出版日期／2016年2月

全球華文市場總代理／采舍國際有限公司
地址／新北市中和區中山路2段366巷10號3樓
電話／（02）8245-8786　　　　傳真／（02）8245-8718

全系列書系特約展示門市
新絲路網路書店
地址／新北市中和區中山路2段366巷10號10樓
電話／（02）8245-9896
網址／www.silkbook.com

創見文化 facebook https://www.facebook.com/successbooks

本書於兩岸之行銷（營銷）活動悉由采舍國際公司圖書行銷部規畫執行。

線上總代理 ■ 全球華文聯合出版平台 www.book4u.com.tw
主題討論區 ■ http://www.silkbook.com/bookclub　　　　● 新絲路讀書會
紙本書平台 ■ http://www.silkbook.com　　　　　　　　● 新絲路網路書店
電子書平台 ■ http://www.book4u.com.tw　　　　　　　● 華文電子書中心

B 華文自資出版平台　　　全球最大的華文自費出版集團
www.book4u.com.tw
elsa@mail.book4u.com.tw　　　專業客製化自助出版・發行通路全國最強！
iris@mail.book4u.com.tw

創業，讓你的財富自由！

當今社會不管我們做什麼，都需要財富作為基礎，因為如果沒有自由使用的金錢做後盾，我們可能會寸步難行。本書作者達到財務進而連心靈探索、兩性相處及增進人際關係的環節都幫您設想周全。

Eason 曾經歷過長達十多年的負債生活，感情也因此觸礁，人生歷經各種不順打擊而降到谷底。但他透過不斷的瞭解自己、心靈成長、學習財商，以及經營人脈等等努力，再次為自己的生命闖出一片藍天，讓自己的財務由負七位數變為正八位數，使自己人生更加圓滿！開創 Eason 人生奇蹟的關鍵，就是他勇於實踐夢想並勇敢創業的信念與實際行動。

創業，是一種選擇，一種先死而後生的勇氣！置之死地而後生的涅槃精神，是我們不斷創新，並且引領新趨勢的成功模式之一！就像我在 30 歲以前，原本都沒有想過要創業，一直以為從事社會公益奉獻，會是我這輩子唯一的志業！而結果是，我在 30 歲那年，跟著我學長朱清成博士一起創辦《SUCCESS》成功雜誌國際中文版，開啟了半創業的學習之旅；34 歲，和我學弟郭騰尹老師共同創辦了實踐家教育集團，至今已近 18 年；45 歲，開始投資我學生的企業，至今，合計自主控股以及股權投資的企業，已經超過 148 家，每個月至今還以 3 到 5 家的速度在增加中。

創業，已經成為這個時代的熱門話題，在各行各業當中，不斷有新的佼佼者脫穎而出，而他們正是透過創業這條途徑發展起來的。這是一個打工者最壞的時代，也是一個創業者最好的時代！同時，更是一個錯過了，就再也趕不上的時代！對於有志創業及立志成為有錢人創造財富的朋友們，不分年紀、性別、學歷、財力、經歷，都要勇敢地開始金錢之路，不

論自己創業、團隊合作創業，還是在原來公司體制下的內部創業，都是一種選擇！Eason 選擇站上創業潮流的風口，讓自己擺脫負債的陰霾，轉入財富自由大道，激勵很多青年創業者，繼續為夢想挺身前進。

　　成功的法則很簡單，但「簡單」並不代表「容易」！在我們的一生，都會為某個目標而不停地追尋、奮鬥，就是為了讓自己成功。其中創業一途，秉持不設限的概念，展現企圖心、發揮執行力，才是改變現況最重要的方法和原則！從「想要」到「一定要」，鍥而不捨的決心與勇氣，將是我們最強大的武器，讓我們成就美滿幸福的人生！衷心祝福每一位創業者及有志成為有錢人的朋友們，事業與志業平衡成功！感恩！加油！

林偉賢 祝福

實踐家教育集團董事長

DBS 創業學院共同創辦人

傳遞積極、正面的生活觀

兩年前不動產市場因景氣循環以及政策不明確等因素導致未來前景晦暗不明，當時我也正苦思如何在這快速變遷的世代開創一種新型態的經營模式，以期能走出一片藍海。

與義盛結緣是因為我們同在一個法門禪行，也正因同修的關係，我們常有互動；在一次的聊天當中得知義盛不凡的經歷，以及他除了在亞泥上班之外仍不斷的充實自己，並且用上班之餘經營財商平台，當下著實另我對眼前這個年輕人印象深刻！

後來經過幾次的討論，發現義盛的觀念及想法都能與我心中的藍圖契合，於是便大膽邀約義盛加入我的團隊，用他的專業及執行力來為川晟機構加分！結果事實證明我的選擇是正確的！

坊間教授創富、理財的書籍多如牛毛，可是能親自身體力行現身說法的作者又有幾位呢？

透過這本書，我想義盛想傳遞的不只是財商知識而已，更重要的應該是這個世代年輕人的處世原則及榜樣，積極、正面能量與執行力的生活觀。

我想這是時下年輕人在面對 22K 挑戰時所應具備的葵花寶典，值得您細細品味！

曾耀鋒
川晟機構董事總經理

逆轉成功的典範

　　從認識義盛開始我就知道他一定不是普通的年輕人，在一次吃飯聊天談產業趨勢後，他口述著自己曾經的感情、破產的經歷及未來的展望，他臉上流露出的不是憤世嫉俗的不平，而是一份充滿熱情及堅定的眼神，那時他還是個上班族，除了想著他已經蠟燭兩頭燒還能這麼正向外，他的財商以及平台理念更是讓我印象深刻！

　　因為我本身也有不少人生轉折以及曾創建組織行銷萬人團隊，所見所聞也算是豐富，但是義盛所展現的創造力和執行力的確令人刮目相看，從兩次破產、被拒絕二十次的感情生活，看似無以翻身的主客觀條件，居然還能創造出聯誼和財商平台、接連圓滿了自己原本不被人看好的人生，而他資源整合的誠意和能力更是讓各大領域的專家願意和他合作，除了相信他一定能和各方優秀人士再創巔峰外，也相信本書以及他的平台一定能幫助有心想突破現狀甚至逆轉成功的朋友！

朱志華

銓鉅福董事長、暢銷書《成交是設計出來的》作者

成功改變財務窘境的方法

跌倒了站起來，說的很容易，但你真的做得到嗎？

而且還是破產兩次？！

在第一次聽義盛演講的時候，聽他分享他破產兩次的故事，真的由衷地感受這樣的事情不是只有他遇到，相信你身邊也有人曾信用破產。我知道你沒有，因為你還願意學習找方法，不是逃避者！

我也曾經有負債累累的經驗，也是一直在找尋成功改變財務窘境的方法。後來接觸許多教育訓練講座，但初期真的是在繳學費，上過無數課程有給觀念，也有給方法，但問題就有沒有給你工具。

直到我開始投資不動產，開始投資商務旅館，開始出書，開始將自己微薄成就分享出來後，終於找到所謂的成功方程式。

而這本書剛好就是在給你一套從觀念到技巧，從工具到執行的操作手冊，打開這本財富秘笈，然後找個夥伴一起練功，再找個環境持續練習，最好找個教練加速指導，這樣就能事半功倍許多。

現在你都讀到這裡了！買回家閱讀吧！看完不滿意，來找我！

我送我的書給你！

路守治

富裕自由集團教育長

掌握自己人生的選擇權

　　在這動盪不安的現代社會，無論是經濟、職場、生活等等領域，缺乏的正是可以激勵年輕人的典範或是能有直接引領迷途羔羊的領航者，而義盛在他人生旅途中遇到人生重大挫折，更難能可貴的是他掌握自己人生的選擇權，無論在感情或是金錢財務方面都是屢敗屢戰，也透過不斷學習和正向思考達到目標，無怪乎書名會是《從魯蛇到魯夫的創富之路》，真是名副其實的一本書。

　　尤其看完書中內容後，由淺至深的創業、創富理論，加上生活實際案例和運用技巧，真的可幫助現代找不到自我方向的年輕人尋到一盞明燈，義盛不藏私的分享及創建平台，更是能在混沌不明的市場開創一股清流，義盛不但積極創建自助助人的共享平台，忙碌之餘也和未婚妻一起加入鳳凰扶輪社做公益，關愛幫助社會弱勢團體，他真的是很正向、積極的青年，非常推薦本書以及他的小資富足學苑，只要你跟著積極學習，相信也能感染正向能量及達成目標！

張穗鳳
台北市鳳凰扶輪社創社社長

一起航向屬於我們的創富之路！

　　魯蛇 Loser 與溫拿 Winner 是年輕人創造出來的流行語，人人都想成為溫拿，卻不知從何開始著手？也不明白方向為何？更不得其門而入？

　　作者本身親身走過魯蛇那段悲慘歲月，不但短短三年從魯蛇搖身一變成為溫拿，贏得美人歸之外，還協助許多學員及夥伴提升財商，跳出老鼠賽跑的 45 年工作計畫，成為金牛，在財務上大豐收。

　　義盛強烈的成功特質更是吸引了許多優秀的人才來合作，儼然成為了現代海賊王魯夫了，駕駛著「小資富足學苑」號，航行在偉大的創富航道上，拯救落海的小資男女，學習「創造金錢及駕馭金錢」的實戰技巧。

　　認識義盛是在去年的年初，在一個早餐會結緣，讓我很驚訝三十多歲的他竟然破產過兩次，更訝異的是他在闡述這段悲慘的過程時是那麼地自在從容，強大的親和力讓我對他印象深刻。

　　後來又因為好友 Alpha 老師的引薦，我們又重逢了，緣份就是如此的奇妙，一切都是最好的安排。這一次我們有更深的了解，有更多的合作。

　　看見義盛老師在財商和情商上的使命及努力，我非常樂意看到這本書的問市，我相信義盛老師親身經歷的這一切，讀者也許會在書中見到自己的影子，然而，只要跟隨書上的步驟行動，一定更可以給讀者帶來豐盛的收穫！準備好登船了嗎？讓我們一起航向屬於我們的創富之路吧！

國際培訓師 張為堯

迅立整合行銷有限公司執行長

世界大師企管顧問有限公司總監

財富智商是人人都想擁有的知識

　　一開始認識 Eason 就覺得他是一個很厲害的人，聽他分享的好似輕輕鬆鬆，但其中的刻骨銘心其實是沒人真的完全瞭解的。

　　對於財商，大家都是從課本上學來的知識，可是 Eason 是依自己人生的經驗來抓到其中的精髓，Eason 這樣堅持到底與相信自己的精神是相當令人敬佩的。

　　現在終於出書與大家分享如何經營財商的經驗與方法，大家真的要好好研讀本書的內容並發揚光大，利用書上的方向指導，一步一腳印走向財富之道，相信每個人都能走向自己想要的人生。

　　書裡的一個章節叫做「創富人脈力」，是我們非常認同的，比如說人脈就是錢脈，就是人生的一門大學問。懂的人做得很好，不懂的人你就做不了。

　　從 Eason 的身上學到了，建立人脈的關鍵，讓我們七個月破二十萬粉絲數。在此也要謝謝 Eason，幫忙分享與支持我們的成功家族與銷售明星生活圈，讓我們的正面能源越來越茁壯。

洪建寶與謝翎緗

成功家族與銷售明星版主、《LINE@ 的成功秘訣》作者

 推薦序⑧

真心實證的創業家

　　還記得，認識義盛老師是在 103 年 4 月實踐家教育集團的華人營銷大會上認識的，當天他風采翩翩的台風讓人印象深刻，但他與陌生人建立關係的方式更是令人無法形容，因為個人拙作《贏在免費》剛上市，義盛老師聽聞此事，二話不說立即訂購兩百本，並熱情邀約個人到小資富足學院演講，如此真心待人的互動，實在令剛要從行銷領域立足的我來說，是莫大的支持與鼓勵，在持續的互動與交流過程中，才發現原來我個人的美好經驗並非特例，舉凡王道增智會王擎天博士，川晟機構曾總經理，成功家族的 Paul 和 Emaily 老師，迅立行銷的張為堯老師，也都對老師讚譽有佳，所以他是我心目中待人真心、處事實證的財商創業平台創辦人。

　　感恩義盛老師新書上市前，邀請個人寫序，誠惶誠恐又無比歡喜，細細品味給我好多的觸發，從致富思想改造開始，進而啟動行動力，啟發讀者經營自己，經營人脈，再延伸創業適合性評估，提供創業思維的系統，並總結創業過程面面觀，輔以個人的經驗和小故事，彷彿義盛老師就在身旁娓娓道來的真情分享，我相信即便是剛要創業的新鮮創業家，或是創業多年的我，都會覺得有此著作，可以少走很多磕磕絆絆的創業路，實在是一本送人自用兩相宜的創業導航寶典。

　黃天之下有良師，義薄雲天樂友朋，盛懷似海交群賢，讚慧如潮現梓典。

黃繼億

《贏在免費：企業零成本行銷密技》作者
《LINE@ 的成功秘訣》作者、超威力科技行銷負責人

跳出舒適圈，闖出一片天！

　　我是小資富足學苑的創辦人也是川晟機構的行銷總監，我的英文名字叫 EASON，因為與中文名字發音相似非常好記。去年的五月二十日我從遠東集團離職，雖然年收入超過百萬，但是為了在短短數十年的人生中完成自己的夢想，我毅然選擇跳出舒適圈，並且在去年底就著手進行自己的資源整合平台計畫，感謝多位專業老師的肯定和夥伴及老婆的全力支持，創建了「小資富足學苑」，並且這一年多來在外面大大小小的演講已超過兩百場，除了分享我人生的經歷，希望能激勵更多朋友外，更是推廣我的理念！我相信小資只要行動起來就能富足！

　　今年未滿四十歲，但我曾破產過兩次，感情路上也不順遂，被拋棄過五次，被發過十五張好人卡，但我越來越感恩這段經歷，雖然我人生中長達十年多都處在負債破產的泥沼中，但這情況反而更激勵了我一定要成功的不服輸精神，再加上與生俱來的商機敏感度及後續累積的財商，讓我真的在三年內成功將財產從負七位數翻轉為正八位數！

　　這兩段漫長且難熬的破產負債過程相加長達十多年，而感情接連觸礁的狀態更是難以言喻，每每不如意發生時當然心裡都很難受，要馬上灑脫俐落豈是如此容易，隨著打擊的次數增加及不斷透過自我對話告訴自己值得美好的未來，這一切真的需要很強的能量和執行力，而我獲取正

感恩老婆一路支持陪伴

能量的途徑也因際遇而有所不同。第一途徑是心靈成長課程，其中的體驗、互動若不是自己參與真的是很難體會，除了要面對自己假裝沒看到的事，更要實際付出行動挑戰並突破！尤其在心靈成長課程裡，我收穫最大的便是化解了我對父親深藏已久的怨懟及不滿，在一次面對內心自我時，我才

感恩亞泥同事 13 年來的照顧

發現原來父親其實一直很愛我們，只是他原生家庭所學、所面對的就是這種價值觀，我不能就此抹滅他對我們的愛。在那一次我終於釋放在我內心最深處的負面能量，我第一次深切感受到如釋重負的感覺，另外課程裡面的夥伴會一路支持並鼓勵彼此，讓你真的感覺大家像是一家人。

　　第二途徑則是感恩我的貴人林居宏師兄指引我禪修，以前的我曾過度武裝自我，每每遇到困難總是先自己扛，也認為人定勝天，凡事都只有靠自己，就算上過心靈成長課程後也有不少根深蒂固的習氣無法改變，因為課程大多是讓自己能醒覺自己的問題，但後續真的能突破的還是有限。然而在禪修的過程中最大的禮物便是可以讓你心安、心定，從一開始的無明、傲慢到後來的感恩、惜福，這些都是彌足珍貴的禮物，當然加上看到周遭好友的改變，也讓我了解許多事的因果，並放下對以前事物的執著，甚至感恩以前內心所仇視的人，真的感恩造物主、感恩 師父、感恩曾對我好或對我壞的所有人，也因為放下，我才有辦法獲得更多！

　　天時、地利、人和的掌握除了天賦外，經驗的累積當然是更不可或缺的因素，從我辦聯誼後接觸了不少人，更快速了解這社會的脈動也發現有不少財商團體可以去學習，但卻也和聯誼一樣也有素質參差不齊的，財商課程其實範圍很廣，股票、期貨、權證、選擇權、不動產……等等，甚至

各種五花八門的商機令人目不暇給，然而不少劣質團體為了賺取學費，不惜以過期資訊或違法手段吸引學生，最誇張的還有自我造神的投資團體，要學生稱自己師父，抓住一般人因資訊不充足難以求證事實而大肆批評、攻擊他人，以達到催眠學員的目的，以上種種亂象讓我真的不敢苟同，尤其自己經歷過這麼多財務、感情等相關的挫折，深深理解人生需要的絕不只是財富而已，但在這正在向下沉淪的社會卻還有很多人渾然不覺，所以才希望能出來拋磚引玉，教導一般的小資族，情況比我還好的很多朋友，勇敢跨出舒適圈，能夠積極努力甚至敢於冒險，而不是只會原地不動地在那裡抱怨，這樣永遠無法突破，我相信我的經歷能對於那些狀況和我一樣的小資族提供更實質的幫助。

本書書名《從魯蛇到魯夫的創富之路》，書名中的兩個名詞形容我的狀況可說是非常貼切，魯蛇是英文「loser」的中文音譯，是流行語常用來形容一個人收入不高，無穩定感情對象，或是在人生道路上不太順遂，崎嶇難行的人，魯夫則是知名漫畫海賊王的男主角，魯夫如同孩子般性格開朗樂觀，熱情且善惡分明，十分重視夥伴，夥伴們也非常信任他。也因為我人生路上的起伏如同驚濤駭浪，而我沒有因為有不少人說我是魯蛇而自我放逐，相反地我努力當自己人生的領航者，和魯夫一樣為自己的夢想乘風破浪，我也相信很多人都想當自己人生的男女主角，為自己的夢想努力，無論是人生的哪個區塊都能盡自己最大的努力圓滿夢想，相信透過積極學習，我們大家都能是魯夫船長！

當今社會，不管我們做什麼，都需要一定的財富作為基礎，如果沒有金錢，我們可能寸步難行。這個世界不會有人提供免費的午餐，我們每個人都需要通過自己的勞動來換取財富，而一個人所擁有財富的多少，在一定程度上也體現出個人的價值。然而相同的時間內，不同的人所創造的財

富價值卻相差千萬倍，有的人收入每天數以萬計，甚至以十萬、百萬來計算，還有很大一部分的人每月只能領取那一萬多微薄的工資，不僅累得半死，冒著最大的風險，還要頂著最大的壓力。這是為什麼呢？

不可否認，我們都希望自己能夠擁有足夠的金錢，然後去做自己想做的事情，而不用擔心資金短缺。而要做到這一點，我們就得先實現自己的財富自由，讓自己擁有足夠的財富。有些人可能會認為這很可笑，可我們連成為下一個比爾‧蓋茲的夢想都沒有，又怎麼可能會成為下一個比爾‧蓋茲呢？如果自己有了這個夢想，而不去實行，又怎麼會知道自己到底行不行呢？

創業，已經成為這個時代的熱門話題，在各行各業當中，不斷有新的佼佼者脫穎而出，而他們正是透過創業這條途徑發展起來的。但是，當我們將視點聚焦在這些風光人物身上時，卻忘了還有更多的失敗者依然在那黑暗的角落裡苦苦掙扎，而這些掙扎的人卻占了創業總人數的將近97%。為什麼同樣都是創業，而成功的創業者卻少之又少？當我們聽到那些創業失敗者抱怨說：「創業太難了，完全不是想像中的那麼回事。」甚至有些創業者公司都已經註冊好了，卻還不知道自己要幹什麼，有些知道自己要做什麼的卻又不知道從哪裡下手，那麼造成創業成功率低的原因到底是什麼呢？歸根究底還是經驗的不足和方法使用不當，以及對於自己、市場和大局都沒有清楚的認識。這就是為什麼那些成功的創業者在談論創業時，他們總可以說出一套套的實踐方法和理論。

本書讓你擁有實現財富目標的可能，結合大量的實際案例與方法，以及每單元的財商 Tips，告訴你如何用行動去實現財富目標，並且在每章的結尾，都會結合實際內容設計一套測試題，讓你知道自己目前的狀況，然後通過章節裡面的方法改進自己所存在的問題，力求達到完美的行動計畫。此外，對於那些正準備創業和剛開始創業不久的人，本書主要針對當

前市場環境下影響創業的因素，著重寫出創業的方法和創業過程中需要注意的事項，為了讓讀者更理解創業、掌握創業的過程，本書從創業者的創業適應性、尋找創業的機會點、如何利用自己的創意進行創業、在創業的過程中如何去規劃、如何去規避風險等，清楚地列出創業過程中的每一個步驟，所面臨的每一個問題，以及所應對的解決方法，讓讀者能夠一目了然，輕鬆地掌握創業 Know-how。

有不少朋友曾問我這麼好的工作為何要離職？當然最主要原因是我要尋找自己人生的舞台，因為我認為改變環境遠不如加強自己創造屬於自己的未來，我始終相信吸引力法則，在我下了決定的同時，也感恩川晟機構曾總的賞識，讓我有機會擔任行銷總監。加上小資富足學苑的平台資源整合雙管齊下，財商、情商的經驗和 Know-how 可以讓我幫助到很多人。我提供一個優質沒有負擔的學習環境給想要改變、想要成長的朋友與我一起翻身達成夢想！在通往成功的途徑當中，有著千萬條道路，只要找到對的方法，你就能在這些道路中開創一片屬於自己天地。我衷心希望那些正準備創業的人和已經走在創業道路上的人，透過本書實現自己的人生理想和目標，最終邁向成功。

黃義盛

創辦小資富足學苑成就夢想

舉辦聯誼活動開啟了我的平台契機

財商培育，實現創富、守富和傳富

　　我這兩年來運用人脈和平台學習了無數寶貴的經驗和兩岸一些企業家實際成功的案例，除了對這些專家深深佩服之外，也希望能整合資源甚至可以創造獨特的獲利模式，這段時間讓我學習最豐且真正直接受益良多的平台有川晟機構、實踐家機構及王道增智會等優秀組織團隊。光是那些兩岸成功企業家的分享就不是我之前工作接觸的人脈和管道所能學習到的，所以，我才說雖然我離職的機會成本是百萬以上，但我所能回收的效益卻會是十倍百倍以上。也因為我曾破產兩次的經歷，希望可以用本身的實際經驗，在這混沌不明、群魔亂舞的社會中，成立一個平台讓大家有心可依、有法可循、有資源可共享，讓大家可以真正的享有財務自由、心靈自由，也才有本書的誕生。更有鑑於不少人覺得這個資訊爆炸、業務轟炸的時代，一般人根本難以分辨什麼是非好壞，甚至連財商平台都發生了劣幣逐良幣的奇怪現象，所以在我的平台裡開創了多元收入實戰營的實戰課程，讓外面只有學到一籮筐理論，課後卻依然面臨無處發揮甚至是虧損深淵窘境的同學，能在實戰課程中學習財商教練依每人的財務狀況予以不同指導，進而實際操作達到真正因材施教、因時制宜的效果！

　　在整合了這麼多資訊及系統性的分享後，大家應該發現

感恩各位老師的指教和提攜

到筆者很重視自我審視及執行力，所以，本書中有許多財商 Tips 及 Test 幫助大家找尋自我及找機會執行，當然也有許多人想要借力使力找到對的平台先學習，看看何種創業或是創造多元收入的模式是適合自己的。接下來，我將分享自己在現實生活成功的關鍵和經驗，歡迎想直接跟著團隊事半功倍的朋友一起參與！

1. 找到自身需求並創造優勢

其實我最常聽到的就是學員對我說：「老師我沒錢、沒人脈、沒資源。」那是因為沒透過對的人或平台學習，當然無法了解該如何借力使用人脈或是資源的訣竅，以我本身實例來說最簡單的例子，便是我之前因負債、破產狀態感情一直受到莫大阻力而被甩五次，沒有人願意介紹女生朋友給我認識，所以我轉向參加單身聯誼認識新朋友，雖然也是因為負債、破產狀態陸續收到十五張好人卡，後來我自辦聯誼創造被動收入，還如願找到真愛，這些都是不願意預設立場向命運低頭的最好實證，而後我再運用平台創造股票抽籤互利模式，讓整個系統運作在安全且獲利的三贏機制下日益茁壯，再次創造一項被動收入。另外在川晟機構、實踐家機構及王道增智會等優秀組織團隊的學習、互助下，也已經和多位優質老師合作以終生教育為志向，回饋社會為己任的方向，開設對現今社會大眾朋友有實質效益的課程，我的堅持也在這些優質老師的響應下，陸續幫助了不少同學在各領域上獲得真正的幫助，感恩大家的付出及認同！

2. 讓貴人看見你

說實話當初如果我沒有下定決心改變，依然循著傳統觀念謹守方圓之地只做好本分，在百大企業內好好打拚升官，我是無法讓外界看到我的存在，更遑論要把理想散播出去、把能量傳遞出來，果然在小資富足學苑成

立後，川晟機構的曾總和我一聊理念便一拍即合，他本身除了是二十年的不動產專家，也有著許多不凡的人生起伏，因此我也更加了解不動產實際運作模式，進而開創了以不動產為主的安全獲利模式，更加造福一般投資人，一改不動產只能大筆資金進場的傳統！

另外，也因自己不斷地去外面優質學習平台學習，如林偉賢老師帶領的實踐家機構及王擎天博士帶領的王道增智會等超優課程，在學習中除了增強本身技能，當然最重要的是收穫優質人脈，甚至是讓老師看見你並願意和你資源整合！我就是最佳的例子。除了自己開辦數百場課程外，也獲邀至其他眾多優質平台演講，進而出書分享理念，這就是讓人看見你的威力！

在實踐家兩百人大會中嶄露頭角

3. 發揮執行力並找到夥伴

這段時間以來我看過很多四處上座談會或課程的同學，但說實話大部分屬於兩大類型：

一.積點型

他們真的有努力學習，但並沒有先找到自己真的要什麼及自己的優勢在哪裡，覺得上越多課就累積越多離成功越近的紅利點數，但可惜的是並沒有掌握自己的優勢，幾乎各型活動都有他們的身影，但若真的問他們有

什麼實質效益，通常也都只是說再看看，連一些實質計畫也都還沒有，花了時間、金錢和精神學習，可惜卻沒有找到方向。

二.虎頭蛇尾型

我遇過不少滿腔熱情的學生，一開始信誓旦旦要跟著平台到學習並發揮執行力達成夢想，那股殷期盼的眼神或文句，相信只要看的的人都會動容，只是一段時間後連影子都不見了，通常就是工作、學業、愛情或家人，任何一方稍有微詞，這些可愛的夥伴便會被影響，周遭的人不是冷嘲熱諷，就是強勢說天下沒這麼好的事，隨後也輕易的讓自己和夢想遠離。

以上是現在最常發生的學習狀況，其實我了解在一般生活環境下想要有所突破，去做那些平常人都沒想過的創業或是學習，都很容易招來異樣眼光、冷嘲熱諷，所以除了自己的決心也要有很強的執行力，當然很鼓勵大家找到好平台結交一樣努力的夥伴，大家一起固定聚會、隨時互相勉勵，若再加上專屬教練指導，不論財務自由還是創業都可大大提升成功率！

很多人想要創富、想要財務自由，但卻迷思地以為創業就會財務自由，所以我才一再強調做任何事前要先了解自己，財務自由不一定要創業，創業也不一定會財務自由，因此我並沒有鼓勵大家要破釜沉舟，捨棄眼前工作馬上創業，所以本書第一篇「創富體質篇」先是讓讀者了解創富和金錢、財富的定義，學會駕馭金錢的能力，打造有

超強師資群針對學員給予財商指導

小資富足學苑帶領擁有執行力的同學邁　成功一定是屬於愛學習的夥伴
向成功

　　錢腦依自己優勢找到學習方向，進而借用平台互助達成目標。第二篇才是談到「創業基本功」學會創富的能力，這是一本所有小資族一定要會的脫貧創富財商培育術。而在我的財商平台，秉持著不設限的概念，不管是投資理財、財商教育或是心靈成長、兩性關係等多元化主題分享會講座，都能讓讀者們在追求財富目標的每一步得到有力的指示，以確保你能夠做出正確行動，幫助願意努力的人一起得到財務自由、心靈自由帶來雙贏！事業是一步步做出來的，成功的法則也很簡單，但簡單並不代表容易，在我們的一生當中，都為某個目標而不停地追尋、奮鬥，就是為了能夠讓自己成功。只要你懷著使命必達的決心和執行力跟著本書學習並歡迎你來參加我的課程，一定可以輕鬆創富！

創富體質篇　駕馭金錢的能力

Chapter 1　打造你的財富吸引力

Chapter 2　啟動創富行動力

Chapter 3　勇敢推銷你自己

2 創業基本功篇　創造金錢的能力

Chapter 5 你真的適合創業嗎？

Chapter 6 創業機會點，決定市場未來

Chapter 7 創業力養成

Part **1**

創富體質 篇

駕馭金錢的能力

FINANCIAL
QUOTIENT

Chapter 1

打造你的
財富吸引力

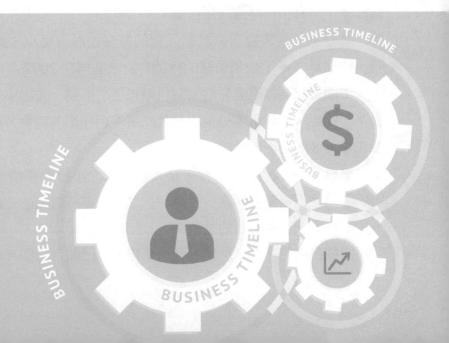

明白什麼才是真正的財富

財富是什麼？怎樣才算真正的富有呢？這取決於你對財富的定義。儘管對不同的人，財富有著不同的意義，但有一點是肯定的，財富並不僅僅指金錢，它還包括很多有形和無形的價值體現。

在擁有所謂的財富之前，你首先要明白什麼是財富，問問自己，我想擁有的財富到底是什麼？如果你還不確定財富到底是什麼，那麼不妨來看看那些成功人士，是如何定義財富的。

① 不想做什麼就不做什麼的自由

有人說：「真正的自由不是想做什麼就做什麼，而是不想做什麼就不做什麼。」真正的財富就是自由。

曾登上《新聞週刊》封面人物的臉書創辦人馬克・祖克柏接受採訪時，依然是一身 T 恤和便鞋的休閒打扮，甚至在 2007 年的一次科技論壇上，他面對採訪露出虎牙的同時也翹起了二郎腿，秀出穿著愛迪達拖鞋的腳丫。據說，當年祖克柏拒絕微軟高層主動提出的約會，就只是因為微軟要求早上 8 點見面而他起不了床。

微軟高層主動提出約會，是一般人求之不得的事情，而祖克柏拒絕了。因為他不需要借助微軟去得到一個令人羨慕的職位，也不需要仰賴別人的影響力去獲得所謂的財富。

這種自由的方式，世界股神巴菲特也早已開了先例，從年輕開始，他

對於自己不喜歡的事情,一概拒絕。足夠的財務自由,讓他並不會為金錢而委曲求全。他可以拒絕一切他不想做的事,專心投入他所感興趣的事。

最好的自由,也莫過於此。巴菲特和祖克柏都知道,在財務上擁有足夠的自由後,就可以拒絕一切不利於個人利益的請求和命令,不必違背己意去做不想做的事。這是他們真正的財富,也是真正的自由。

② 財富就是讓金錢運用得更有價值

拿破崙‧希爾是著名的成功學家,他在拜訪美國鋼鐵大王安德魯‧卡內基時,卡內基對他說,自己擁有的最大財富不是金錢,而是哲學。他一生的基本哲學就是:「人生中任何有價值的東西,都值得為它而勞動。」

真正的財富不是金錢本身,而是讓金錢去實現更有價值的事情。把錢給那些有才華的人,是用金錢換取智慧;把錢獎勵給那些有愛心的人,是用金錢來激勵善良;把錢投入事業,是用金錢來創造成就。金錢投資而來的,將是更多的有形的、無形的財富。

所以,你必須明確一點,你不是在努力賺錢,而是在努力尋找將錢用在最合適地方的方法。找出你所需要的!留心觀察生活中的點點滴滴,帶著善於思考的頭腦——我應該如何改善這件事?這件事還能有什麼其他新的方法?然後你就需要想辦法滿足這些需要,只要你找出了滿足它們的方法,你就應當自信地去做,然後財富就會自動源源不斷地流入你的口袋。

③ 真正的財富就是給予和付出

真正的財富,不是獲得和索取,而是給予和付出,最高尚的財富表現形式,也莫過於用已有的財富去幫助那些需要幫助的人。

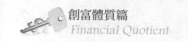

　　亞洲首富李嘉誠 1980 年創立基金會，已向其捐出上百億港元。他坦言，對賺錢的重視程度不及捐錢，李嘉誠形容基金會是他的第三個兒子，對於財富，李嘉誠說：多年前的一個晚上，他輾轉反側，最後豁然開朗，他頓悟了把基金會視作第三個兒子的道理，這樣才會全心全意地愛護，給其分配財產，使基金獲得所需資源，落實一切公益專案，把自己的心願永遠延續下去。

　　基金會成立幾十年，李嘉誠從不向外募款，捐款人只有他一人，他從不求名，在內地捐款更是拒絕所有的建築物以他的名字命名。他規定基金會 80％以上的捐款用於大中華地區，不超過 20％的用在海外。

　　最高尚的財富形式，就是付出的形式，給予金錢的過程，就是傳遞價值和愛的過程，它可以讓財富的存在更有意義。

4 財富是別人無法拿走的東西

　　所有的富人都不會無緣無故地富有起來，他們的富有總能從內心找到根源——那就是他的智慧。真正的財富在於你的智慧，而不是錢。

　　有人把智慧的眼光看成是獲取財富和成就的必要條件。他們認為遠見卓識都是成就一個人必不可少的條件。如果缺乏了智慧和遠見，那麼一輩子都與財富無緣，只能被當作牛馬被人役使。

　　所謂別人拿不走的東西，也就是你內心的智慧，你憑藉這種智慧去開創可以令你發揮潛能的事業，去獲得更多人的信賴，去創造更多價值，去打造想要的未來。

　　如何才能擁有這種智慧呢？那一定是因為你從自己的內心深處去尋找成功的方法，一定是你不停地向外界汲取成功的秘訣，這樣你才能擁有別人搶不走的財富智慧。

商業鉅子李嘉誠始終保持兩個好習慣，第一個好習慣，是在睡覺之前一定要看書，如果是專業書，再難也要看下去，如果是非專業書，也要挑重點，看明白。第二個好習慣，是在晚飯之後看一段英文電視，而且跟著電視大聲說英文，學習英語，以確保自己的知識量與時俱進。

也正因如此，李嘉誠在香港華人商業領袖中，始終保持著清醒的頭腦、敏銳的洞察力和更有遠見的眼光，以及更具創新的思考，他不斷憑藉智慧在實業和資本之間建立起更好的溝通橋樑，率先找到以資本運作實業的成功密碼，成為同時代商業領袖中打破傳統經營模式，成為商業世界裡的傳奇人物。而所謂的成功密碼，也正存在於李嘉誠長期累積的智慧當中，這是最有價值的財富之源。

財商 Tips

📣 找一張紙，把你認為的人生中最大的財富寫下來，比如：金錢、健康、愛情、朋友、事業……並為它們進行財富排序。

📣 找到你的財富偶像，說出他們都擁有哪些財富，又缺少哪些你認為重要的人生財富。

📣 問問你身邊的親人和朋友，聽聽他們心中對財富的定義，記錄那些你認為對你有益的。

📣 給自己畫一個財富路線，讓自己明確在什麼樣的年齡，要實現什麼樣的財富目標。

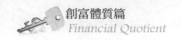

想像成功的自己

80/20 法則告訴我們，全世界 80％的財富集中在 20％的人手中，另外 80％的人只擁有剩下的 20％的財富。其實，這些擁有無數金錢的人與一般人沒有什麼差別，唯一不同的只在於「思考的模式」與「行動的投資」。所有的研究也都指出，全世界的財富都是由思考與想像而來。

比如，當我們想像自己是有錢人，這個時候信念將會刺激並帶動我們去賺更多的錢。除此之外，真正有錢的人，對待時間及與人相處的方式與一般人不同：當一般人將時間花在聊天、逛街及享受上時，而他們會將時間用在對自我的充實和提升上，並好好經營人際關係。

愛德溫‧C‧巴恩斯是愛迪生唯一的合夥人，他成功地銷售了愛迪生送話器（麥克風），並使之成為辦公室必備設備，晉升為百萬富翁。這一切都開始於巴恩斯的信念明確而堅定，他想「與」愛迪生一起工作，而不是「為」愛迪生工作。當巴恩斯有這個想法時，他並沒有超強的實力，甚至可以說一貧如洗，當時擺在他面前的問題有兩個：其一，他根本不認識愛迪生；其二，愛迪生的實驗室在新澤西州的西奧蘭治，而他連一張去那裡的火車票都買不起。

對很多人來說，如果自己的情況是如此糟糕，卻要夢想著與愛迪生合作，那簡直是不可能的事情，而巴恩斯卻始終堅持這個信念。

當巴恩斯見到愛迪生時，便主動表明要和他一起共事的想法，愛迪生發現：站在他面前這個人年齡不大，看上去就像個普通的流浪漢，但是卻能感覺到他身上散發出來的自信和幹勁，可以肯定：他是有備而來的。雖

然巴恩斯第一次與愛迪生見面時並沒有得到合作的機會，但他卻得到了一個能在愛迪生辦公室工作的機會。

幾個月過去了，機會終於來了。愛迪生先生發明了一種愛迪生送話器（麥克風）的機器，而他的業務員對銷售這種機器並不熱衷，他們認為這種玩意兒即便絞盡腦汁也很難賣得出去。巴恩斯發現了這個悄然而至的機會，而且這個機會隱藏在一台不起眼的機器上，除了巴恩斯和發明者之外，沒人對它感興趣。

巴恩斯認為他可以賣愛迪生送話器（麥克風），他把這個想法告訴了愛迪生。愛迪生決定給他這個機會，結果巴恩斯真的把機器賣了出去。事實上，他做得很成功，因此愛迪生與他簽訂了一份包銷合約，讓他負責全美的市場銷售。巴恩斯在事業上獲得了成功，擁有了財富，但更重要的一點是他用自己的行動證明了：他從想像自己成功變成了真的成功。

回頭看看巴恩斯的財富秘訣，就在於：他把自己「想像」成了偉大的愛迪生的夥伴！同時也把自己「想像」成了富豪，「看」到了自己成功的樣子。他從一開始就知道自己想要得到什麼，是他對信念的堅定與執著使他實現了自己的理想。

雖然，從表面看來，窮人和富人的差別是錢多錢少，但本質的差別是對待財富的態度。具體而言，在富人手裡，錢是雞，錢會生錢；而在窮人手裡，錢是蛋，用一毛就少一毛。

所以，許多人看起來是有錢了，但是實際上他們根本稱不上是真正的富人，因此從科學致富的觀念看，靠穩定的工資收入和儲蓄來實現富裕的思路完全是不可取的，依靠儲蓄，不僅多數人無法獲得最終的財務自由，甚至不可能得到正確的理財觀念。那麼，你要如何去做，才能成為真正的「有錢人」呢？

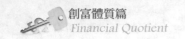
① 學會像有錢人那樣思考

如果想讓自己加入有錢人的行列，我們首先就要改造自己的思維。雖然我們現在不是有錢人，但一定要學會像有錢人那樣去思考問題，看他們如何面對生活中的一切，並學習、模仿他們的一些成功方法並加以運用，或許幸運之神就會很快來到我們身邊。

大部分有錢人在成功之前都有著強烈的企圖心，而正是這種企圖心幫助他們找出了致富之道。比如，富人為了讓自己變得更有錢，他們利用股票致富，考慮的不是如何買股票進行投資，而是怎樣賣「股票」膨脹財富，這個「股票」就是他們經營的公司或產業，這便是許多富翁得以脫穎而出的秘密之一。因此，我們從一開始就應該有這樣的思路，經營自己的事業，然後把它作為「股票」賣個好價錢，我們就能像他們那樣成功。

② 嘗試自己創業當老闆

一直為別人打工，我們也許永遠也不可能實現財務自由，也很難變成大富豪，因為你的老闆基於「我付錢你辦事」的原則，自然要對你物盡其用，他怎麼會讓他的員工超越自己變成有錢人？所以，要想實現財務自由，讓自己變成有錢人，我們先得脫離剝削，成為一個能夠掌控自己命運的人，那就是自己創業當老闆。

我們既然要自己做老闆，就要擔得起做老闆的責任，並不是每一個老闆都是有錢人，甚至他的負債都比我們想像中的還要龐大。所以，要想做一個成功的老闆，我們就要多與那些成功的老闆打交道，領悟他們成功的經驗和經營心法。然後根據自己的資源、優劣勢等，找到自己擅長的行業，確定好創業的方向和目標。

在自己當上老闆以後，遇到問題就不要想著退縮，無論如何都要保持一種敢想、敢做、勤奮、吃苦耐勞，積極進取的心態，並且捨得付出，敢於拚搏，能勇往直前，遇到困難不妥協，認準目標，不輕言放棄。我們可以看到那些每天工作八小時，抱著「打工心態」的人，他們永遠都只能淪落為「窮人」。所以，我們要永遠為自己工作，悟透「天道酬勤」這個道理。這樣我們才能慢慢向「有錢人」的圈子殿堂邁進。

③ 學會一再投資

錢最好的管理方式就是讓錢生錢，如果把錢放在那裡不理它，那麼它的價值只會變得越來越低。所以，不要讓自己的金錢空閒著，要想成為有錢人，就要想辦法把自己的錢繼續投資下去，不管是投資在別的事業上還是股票上，只要能讓錢滾錢，替自己增加財富就可以。不過不同的行業有不同的投資規則，在確定投資目標時，請留意以下這幾點：

⭐ **清楚自己目前的資產狀況。**在投資之前，要瞭解自己的存量資產，以及未來收入的預期，知道有多少錢財可以進行投資，這是最基本的前提，不能盲目地把錢全都投進去，避免對自己的生活造成影響。

⭐ **設定理財目標。**進行投資時，要對自己投資的行業確定一個目標，然後從具體的時間、金額的描述，來瞭解自己投資未來的收益，評估投資的收益是否符合自己的預期目標。

⭐ **瞭解清楚風險的類型。**投資都會存在一定的風險，在投資之前，一定要先瞭解到行業風險的類型和大小，看風險是否在自己的承受範圍之內。比如，很多人把錢全部都放在股市裡，沒有考慮到父母、子女，沒有考慮到家庭責任，而一旦遇到股災、金融風暴，將嚴重影響到自己的正常生活。

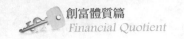
★ **進行戰略性分配投資。**「雞蛋不要放在同一個籃子裡」這句話也適用在投資界，既然投資有著不確定性，那麼我們在進行投資的時候，可以把錢分開投在各個不同的行業領域，有效分散投資風險。

在我半工半讀銘傳大學會計系畢業後面臨了最現實的就業問題，說實話我對會計這領域並沒有多大興趣，在學校成績反倒是英文和投資理財相關課程成績名列前茅。大學半工半讀期間我並沒有找便利商店或加油站這類型的工作，幾乎都是找業務類的，尤其是重視教育訓練的公司，因為我知道這些是我以後重要的武器和資產，但也因此和專業會計漸行漸遠，畢竟真的想在會計領域站得一席之地的同學早就去四大會計事務所打工卡位了。自己心裡也清楚自己和四大事務所幾乎是不可能有機會連結，當然也有朋友說你之前保險不是也做得不錯？怎不好好發展起來？這部分我當然有考慮過，但保險事業要經營長久必須要有團隊的支持，當時新進夥伴根本撐不到兩個月，更別說能一起打拚？

後來只好四處投履歷應徵工作，發現會計領域職缺的薪水都不高，雖然有不少公司通知可上班，但我心裡還是想多考慮一下，此時從同學口中得知績優公司亞洲水泥正在徵人，我滿懷忐忑和期待的心前去應試，結果初試因職缺需求是儲備外派人員，考的竟然不是會計而是英文問答及讀稿，反而讓我有機會參加複試，主考官正是公司最具資歷和專業的財會邵副總經理，或許是因為我有很深的社會經歷，深知口試該如何因時制宜，面試過程聊得很融洽，也很感恩她讓我有機會在亞泥工作，另外也很慶幸自己從以前就開始相信吸引力法則，雖然當時還沒有相關書籍盛行，但我仍相信自己一定找的到一個優質且穩定的工作，縱使自己學校相關成績中等，我始終不預設立場，想像成功的自己，相信自己辦得到。成功考進績優公司讓我相當振奮，當然在一個大企業工作絕不是輕鬆就能勝任的，學校學的理論和實務更是兩回事，一開始真的是很難適應，而且當時正在導

入新 ERP-SAP 系統，更是讓人印象深刻，也真的讓我短期之內學到很多東西，不論是會計實務、財稅差異、經營管理、內控制度……等，尤其是成本分析及管理簡報製作更是一般在企業工作無法涉獵之處，各項工作職掌也有機會輪調培養不同的實務經驗，著實可以讓想在相關領域成長的我大有所獲。

窮人總是羨慕富人有花不完的錢，卻忽略了他們的智慧與學識，以及成功路上所付出的努力及經歷的苦難。雖然大家都想從窮人轉變成富人、Loser 變 Winner，但如果沒有獲取財富的思想和行動，永遠都不可能實現財富夢想。

所以，窮人要想成功，先「想像」自己成功的時候是什麼樣子，並且站在富人堆裡，汲取他們致富的思想，比肩他們成功的狀態，才能邁開致富的第一步，持續努力，真正實現自己的財富目標。

財商 **Tips**

📢 看看自己目前的生活狀態，如果不滿意，就要學會改變自己的觀念，「想像」自己成功的樣子，並下決心成為一名真正「財富自由」的有錢人。

📢 從現在開始與那些有錢人交朋友，瞭解他們的成功經歷、致富思路、理財方法和投資觀念，並在自己能力許可範圍內效仿。

📢 要想挖掉窮根，從現在開始積極地去尋找創業機會，或者在工作之餘，去投資一份另外的事業。

不止心想，還要思考

　　莉莎・妮可絲是美國深具影響力的個人潛能宣導者，她也是激勵大眾及激勵青少年課程的創始者。她認為：人們在思考時，思想在運作。對於財富渴求的欲望，不僅要想，還要思考如何行動才能得到。我們最常想的事物，會讓我們展開行動，從而出現在自己的生命中，也就成為我們的人生。

　　日本有一位名叫龍太郎的詩人，卻很少有人欣賞他的作品，更別說有人願意花錢買了。所以，他有時連一日三餐都難以維持。

　　有一天，他正專心地寫詩，要修改時卻找不到橡皮擦。好不容易找到一塊，擦去了需要修改的詩句後，回過頭來卻又找不到鉛筆了，這讓他很懊惱。冷靜下來後，他從中吸取教訓，便把橡皮與鉛筆用絲線拴在一起，這樣就可以避免其中一個不見了，都要找半天。但這種方法並不理想，用一會兒橡皮就掉了下來，很不方便。

　　龍太郎決心想個辦法裝好這塊橡皮，試了多次，終於想出妥善的辦法。他剪下一塊薄鐵片，把橡皮和鉛筆的末端包繞起來，再壓兩道淺痕，使兩者連接得很緊密，這樣，使用時再也不用擔心橡皮會掉下來了。

　　這件看似微不足道的事情，卻給龍太郎帶來了巨大的機會。他想：「這樣的困擾，其他作家、學生肯定也遇過，今後的鉛筆如果都能附帶著橡皮擦，定會大受作家和學生們的歡迎。」於是他去申請發明專利，結果很快得到確認。不久，這項專利被一家鉛筆製造廠買下，龍太郎一下子就獲得 500 萬日圓專利費。

　　正如牛頓觀察蘋果落地發現萬有引力一樣，許多的發明和發現都是源於日常生活小事。因為是日常生活的小事，大多數人往往視為理所當然，不去思考，也不想去改變；有一些人卻經過思索，努力去改變，並做到更好，在獲得大家認可的同時，財富也隨之而來。這看似是「無心插柳柳成蔭」的意外收穫，其實卻是一個人勤於思考的結果。

　　筆者因為父親遺留一筆龐大負債的關係，學生時期的我就非常省吃儉用，總是能存多少錢就存多少錢，除了下課去打工賺錢外，還不斷想辦法利用財商概念來賺錢，我想到可以先去找比較相熟的便當店，跟老闆談好訂多少量的便當可送一個便當，再找同學揪團買便當賺取免費便當，同時也因為樂於幫忙付出的關係，建立了我在同學間的好人脈，也讓我從小就培養出的財商概念越來越完整，對賺錢的敏銳度越來越高，更是懂得善用周遭可以賺錢的機會，努力讓自己賺取更多錢來還債。所以，老是夢想獲得財富還不夠，還得思考怎麼做才能獲得財富。一個善於思考的人，才是一個真正有力量的人。

　　思考的力量源自於思維的力量。每個人的客觀環境和一切生活際遇，都是主觀思維在客觀世界中的反應。思維主導著我們的行動，從某種程度上說，每個人的思想以及思維方式決定著這個人的現狀和未來。

　　英國學者愛德華博士被譽為 20 世紀改變人類思維方式的締造者，他開發了一種思維訓練模式──六頂思考帽，這是一個全面思考問題的模型。在日常生活中，當我們遇到問題時，如果考慮得更全面、更具體，解決問題時就會更加得心應手，將會使混亂的思緒變得清晰，使無意義的爭論變成集思廣益的創新。

　　接下來就，為大家介紹一下六頂思考帽的具體內容和運用方法。

1 六頂思考帽的內容

六頂思考帽建立了一個思考框架，並指導人們在這個框架下按照特定的程式進行思考，這種思考方式極大地提高了效能。這六種功能可用六頂顏色的帽子來做比喻。

⭐ **白帽子：白色是中立而客觀的**。代表著事實和資訊。中性的事實與資料帽，具有處理資訊的功能。

⭐ **黃帽子：黃色是樂觀的帽子**。代表與邏輯相符合的正面觀點。樂觀帽，具有識別事物積極因素的功能。

⭐ **黑帽子：黑色是陰沉的顏色**。意味著警示與批判。謹慎帽，具有發現事物消極因素的功能。

⭐ **紅帽子：紅色是情感的色彩**。代表感覺、直覺和預感。情感帽，具有形成觀點和感覺的功能。

⭐ **綠帽子：綠色是春天的色彩**。是創意的顏色。創造力之帽，具有創造解決問題的方法和思路的功能。

⭐ **藍帽子：藍色是天空的顏色，籠罩四野**。控制著事物的整個過程。指揮帽，具有指揮其他帽子，管理整個思維進程的功能。

六頂思考帽發明之初曾成功地運用到了很多知名企業當中，大大降低了運營成本，締造財富，提高了企業的效能。事實上，它同樣也可以運用到我們個人的思維當中，分開進行不同方面的思考，取代了一次解決所有問題的做法。

2 六頂思考帽的運用方法

在日常生活中，由於我們的性格、學識、經驗等，都具有一定的局限

性，從而也就使我們的思維模式形成了定式或者受到限制，不能有效解決問題。運用六頂思考帽模型，我們就可以不再局限於單一的思維模式，而且思考帽代表的是角色分類，是一種思考要求，它可以隨時提醒我們在遇到問題時，思考要靈活、全面。

六頂思考帽代表的六種思維角色，幾乎涵蓋了思維的整個過程，既可以有效地支持個人的行為，也可以支持團體討論中的互相刺激。比如，當遇到問題時，我們可以提醒自己透過以下這個步驟解決。

⭐ **理清思維，把問題從頭到尾闡述一遍（白帽）。**

⭐ **提出解決問題的建議（綠帽）。**

⭐ **列舉建議的優點（黃帽）。**

⭐ **列舉建議的缺點（黑帽）。**

⭐ **對各項選擇方案進行直覺判斷（紅帽）。**

⭐ **總結陳述，得出方案（藍帽）。**

利用六頂思考帽的思考方式，依次對問題的不同側面給予足夠重視和充分考慮。如同彩色印表機一樣，先將各種顏色分解成基本色，然後將每種基本色列印在相同的紙上，最終得到對事物的全方位「彩色」思考。如果我們每次遇到問題時都能這樣理性地思考，並做出有效的行動，那麼，我們在追尋財富的過程中，還有什麼問題能難倒我們呢？

📢 回想一下自己在遇到問題時，是不是常常心存僥倖，祈禱上帝
「別讓事情變得那麼糟糕」呢？如果回答是肯定的，那麼你就
要注意仔細練習六頂思考帽的方法了，讓它來幫你理清思路。

📢 在我們思考的過程中，總有一種顏色的思考帽是自己可以用到
的，我們要根據自己不同的情況，不同的問題，利用不同的思
考帽子方法，來幫助自己解決實際的問題。

激發內在的正能量

　　柏拉圖說：「思維是靈魂的自我對話。」思想告訴我們下一步的方向，決定著我們的行為，也間接決定著事態的發展。如果一直讓自己充滿正能量，時刻往積極的方向思考，我們就能時時享有積極的信念，擁有持續的力量，去牽引身邊的一切朝積極的方向發展，就能為自己走出一條出色的財富之路。

　　我第二次破產是因為我遇上了金融投資詐騙案，我向銀行融資數百萬的資金也在瞬間化為烏有。那是在我才剛還清家裡第一次破產債務沒多久，這感覺就像是剛冒出水面吸一口氣卻又被重重打入海裡，本以為三十歲以前可以拚個五子登科，卻在詐騙案件事發生隔天我嚐到瞬間一無所有的恐懼，財產、感情、自信、未來……，我開始瘋狂求助，但也發現我一直自以為是地認為自己在別人眼中是很重要的，現實是殘酷的，大家都有自己主客觀的想法和困難，我憑什麼認定大家一定要和我站在同一陣線？我第一次感受到如此無力和無助，我告訴自己無數次，這只是夢，醒來就沒事了，但一次又一次的失望後，我開始酗酒麻痺自己，我躲在家裡不敢出門，腦袋裡有好幾種聲音在開會，有激進派的向全世界復仇、有繼續喝酒、有乾脆自我了斷、有不放棄向外求助、有去賺錢繼續拚下去……，我真的不知道自己在做什麼，只知道呼吸好痛，隔一段日子因為已經還不出貸款，房子遭法院查封時母親才約略得知狀況，母親感嘆地說好不容易定下來，又得漂泊了？忽然我心裡的聲音告訴自己，我不能像父親那樣輕言放棄，我還要扛起這個家，我不能倒！一股正面的能量帶著我開始想辦法

去突破現狀。

　　然而一團亂的生活狀況剪不斷理還亂，迫使我只能面對銀行查封剛買不到兩年的房子和假扣押三分之一薪水的事實，這次和第一次破產不同，之前是欠債主（知道我家狀況也願意無息展延），還有祖母留下的房子可賣，當時我還年輕本就孑然一身沒什麼好怕的，這次是欠銀行信貸加上信用卡、房貸近千萬，我真的不敢去看、去想這數字，尤其一個人自信心完全喪失才是最可怕的，還好我之前上過心靈成長課程，原本十足武裝自己的狀態瞬間崩潰，之前我一直沒哭地硬撐著，我好累、好煩、好無助，他們只是安慰著我讓我盡情的哭，從小到大第一次哭這麼慘，終於我開始覺得不再是只有我一個人，之後走頭無路的我一直在找方法和銀行協商，發現外面的代辦機構根本只是在做一般債務人就能爭取到還款條件，只不過因為大多數債務人不敢面對銀行而讓代辦機構有機會賺這「服務費」，其實我們自己就都可以依自己狀況和銀行談折扣，當然其中也有些溝通、談判的小技巧，不放棄的我終於陸續和不同銀行談下各種折扣，其中甚至有不到三折，回想起來，真要感恩一開始沒有借到錢，否則真的也只能還最低應繳或是要完全連本帶利清償，所以千萬別認為這世界欠自己什麼或是別人該做些什麼，其實一切從反求諸己是最有效益和最符合秘密法則的。

　　這種正能量，就是在人們遇到困難或挫折時，大腦中所產生的一種將事件和感覺向積極方向牽引的思考，這種思考可以為我們帶來強大的積極力量，幫助我們保持心態的平和與微笑，使我們的心靈變得堅韌，充滿彈性，能夠接受一切困境，並找出解決方法。但是這種正能量並不是伴隨在每一個人的身上，而是需要透過有效方法激勵。那麼，我們應該怎麼激發出自己內在的正能量呢？

① 瞭解成功者的正能量模式

思考決定行動，行動導向結果，思考決定著一切。相對那些失敗者，成功者面對問題的思考和處理方式總是充滿著正能量，這也註定了他們從始至終都會獲得這種能量的支援。那麼，成功者的正能量模式是什麼樣子的呢？我們可以透過以下幾個方面去學習：

★ **對自身的理念**。主要包括感情和性格方面。成功者熱愛生命，並確信自己的生命對世界來說是有價值、有意義的，他們相信自己可以主宰自己的命運，把握屬於自己的一切權利，相信自己擁有巨大的內在潛力，只要付出勤奮和努力，就能實現一切希望達到的人生高度，在他們的性格與感情字典裡看得到友誼、寬厚、愛情、自豪、自尊、熱情和快樂。

★ **對人際社會理念**。對於自己採取謹慎、獨立、負責的處事態度，擁有獨立的人格魅力，同時對於自己身邊的人，採取積極接受、關懷、幫助、相互分享快樂的交往態度，對外界的事物都採取積極的態度。

★ **對現實世界的理念**。用變化和運動的眼光看待和認識世界上存在的真理，並希望透過自己的努力進一步求證並完善它，思想開闊、能夠快速接受變化，並會隨之前進和發展，擁有高瞻遠矚的眼光和心境。

② 學會自我激發正能量

單純模仿別人的正能量，並不能帶給我們持續的力量，在實現財富夢想的道路上，唯有從自己不斷發出的正能量，才可以幫自己戰勝困境，因此，我們必須學會建立自己的正能量。正能量的產生來自於強大的內心，培養積極思維需要從堅固內心的力量和提升內心的高度開始。相信並堅定自己的信念，寬容現實世界和社會中的一切事物，是激發內在正能量的前

提。

但是正能量的建立並不僅僅是一個簡單思維模式的培養過程，而是一個長期的、需要調整、強化和反覆的過程，這個過程不是簡單的修身養性，而是需要經歷反覆實踐和循環的。每一次的反覆與循環，都可以使內心達到一個新的高度。這個過程主要表現在以下幾個方面：

⭐ **培養正能量。** 正能量是對自身的主宰、人際的接納、現實的接受，需要我們從積極方面或者資源取向的角度思考問題。

⭐ **思維導向成功。** 正向代表美好、充足、擁有、獲得，因此也就註定了積極思維可以吸引與之相關的事物到來。

⭐ **強化積極思維。** 在第一次受惠之後，你會明確體會真理與實踐之間的關係，認識到思維之於現實的重要意義，再次強化積極思維，以驗證它對現實的作用。

⭐ **再次獲得成功。** 正向思維對成功的效力再次被驗證，思維得到了再次強化。

透過以上環節的多次循環，你會認識到內心力量對於成功的必要性，你的內心會進一步提升到一個更高的高度，自我價值也會得到再度體現。

③ 將正能量傳遞出去

正能量能夠讓我們衍生出向上的力量，積極面對和思考一切事物，積極展開行動，在惡劣環境下，擁有正能量可以使人們處於興奮的情緒狀態中，排除一切消極的、無所作為的思想干擾，促使人體各個器官和系統朝著積極的指令方向發出能量，並將這種正向的力量傳遞到身邊的人或事物上，並在自己周圍形成一個正向的能量場，不斷激發出自身的潛力、能力和創造力。這也是那些成功者之所以擁有更強生命力的原因。這種正能量

促使他們完成了在很多人看來很難實現，甚至不可能實現的事物，帶領他們抵達一個又一個輝煌的時刻。

　　所以，要想成為一個成功的人，我們就要把自己身上的正能量傳遞出去，學會用美好的心情去感染別人，帶著快樂的心情去和別人交往，將快樂傳遞給別人，這樣既能讓自己感受到快樂，也能讓別人變得快樂。要多說一些能激勵別人的話語，因為在激勵別人的同時，也能夠有效地激勵自己。時時刻刻以積極的態度面對一切，不管是對他人還是對自己，都要予以肯定的態度：肯定自我、肯定他人，接受自己、接受他人，熱愛自己、熱愛他人。讓自己保持一種開闊的心境，積極地接納周圍的一切，將正能量傳遞給身邊的每一個人。

 **財商** Tips

📢 如果你覺得自己正能量不夠，那麼請看看那些成功人士，看他們是如何面對他們生活所遇到的一切，瞭解他們激發正能量的方式，並以此來激勵自己。

📢 時刻讓自己保持積極的心態，每天早晨起床之後，暗示自己：我很棒，我能戰勝一切。

讓欲望成為一劑良藥

　　王忠信是一家軟體開發公司的老總，早在十幾年前，他發現國內的特種飛行器研發落後國外許多，再加上兒時就曾對「飛碟」有過夢想，於是他便有了研製「飛碟」的想法。而如今他的「飛碟」終於飛上天空，就像傳說中的 UFO 那樣引人注目。但王忠信自己卻說：「首先喜歡，心裡若不是那麼喜歡，那麼在實際去做之後就很難執著下去。」

　　對於財富的追求也是同樣的道理，我們要讓自己喜歡追求財富這個過程，不管這個過程多麼的艱苦和辛酸，依然要樂在其中，培養賺錢的欲望，就好像饑渴的人對食物追求的欲望一樣，讓欲望成為自己追求財富的一劑良藥。

　　但是，這種欲望並不是透過不擇手段去斂財，而要透過正確方法去獲取，對於財富的欲望應該包含著理想，而理想必定在這個物質世界中，在追逐的過程中，我們可以把欲望當成自己的動力，理性地去實現對財富的欲望。那麼，我們應該怎麼正確地培養對於財富的欲望呢？

① 設定目標增強欲望

　　對於財富的欲望，在我們心裡應該有個具體的目標或者一個具體的數字，比如「我今年目標是開三家分店」或「今年要賺 100 萬」等。在設立目標之後，就會產生一種動力，提高自己對財富追求的欲望。

　　在實踐當中，如果我們不是正向目標前進，就是離它越來越遠。我們

可以想像在五年之後，十年之後，或者某年某月的某一天，自己應該要達到一個什麼樣的階段，只要不是想一直待在原來的位置，任何有再往上提升的想法都能成為自己的目標。很多人認為設定人生目標就是找一些遙遙無期的夢想，但永遠不會實現。那是因為那些都只是暫時性的想法，並非真正想實現的目標。

所以，在設定目標時，我們可以先寫出一個人生目標清單。也就是自己的人生抱負和想達到的理想狀態，並且只要願意投入精力去做，就可能達到的。因此，自己這一生真正想要的是什麼？什麼是你真正想去完成的事情？哪些事是如果你突然發現你不再有足夠的時間去完成的時候，會後悔不已？這些既是自己的人生目標，也是自己渴望實現的財富目標。在設定好目標之後，把每個這樣的目標用一句話寫下來，放在自己每天都能看得到的地方，以此來激勵自己，要有一種不成功誓不甘休的決心和企圖。

② 時刻充滿好奇心

如果一個男人對女人一點好奇心也沒有，就不可能會有找女朋友的欲望，那麼永遠也不會有心愛的女友。賺錢也一樣，想要致富實現自己的人生目標，就要對一些外界充滿好奇心，這種好奇心就會激起自己去瞭解那些未知領域的欲望，並想辦法獲得一些自己感興趣的東西。

好奇是人類生活進步的原動力，是一種創造力，也是一種魄力，有了這種魄力就會去做投資、冒險，而這種行為正是致富的主因之一。絕大多數白手起家的百萬富翁都是出身貧窮的人，除了對累積金錢有著不可抗拒的力量和欲望，還都對一切都保持著強烈的好奇心。如此一來，他們就能發現很多平常人發現不了的機會，多瞭解到一些別人不知道的事情，也多一份追求和欲望。

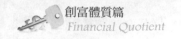
③ 擁有不甘平庸的心態

富翁之所以能夠成為富翁，因為他們不甘心做一個只拿死薪水的打工族，他們敢於冒那些腳踏實地、像苦工似掙錢的人所不敢涉足的風險，並且相信自己可以成就一番事業，不願意就這麼平凡地過一輩子，賺錢就成為了他們絕對全神貫注的追求，這給他們勝於一切的最大滿足和快樂。那麼，我們應該怎麼去培養這種心態呢？

⭐ **擴大自己對財富的佔有欲**。尋找需求，滿足需求。追求財富者的最大天分是佔有欲，要想自己做「大」，首先就要在腦子裡想「大」，想辦法怎麼才能更多地佔有財富。

⭐ **謹防從眾心理**。從眾心理弊病多，即使它是正確的，追著它一般是無利可圖。在一般情況下，擁有財富的人都是帶頭人而不是追隨者。

⭐ **發展你的支配技巧**。追求財富的人常常也能支配他人的能力，然後為自己所用，而且是個行家能手。

財商 Tips

📢 想成功，我們就要知道自己最想要什麼，並把這種的欲望寫下來，並想像自己未來要達到一個什麼樣的高度，然後設定自己的目標，透過對目標的追求，激起自己成功的欲望，並讓人生目標成為自己對財富的指引力。

📢 在我們的生活當中，對於身邊所發生的一切，多懷著一份好奇心去觀察，看看這裡面是否存在機遇，或者能否給自己什麼指示，一旦有什麼啟示或者靈感，就儘快記錄下來。

心存感恩，並不是為了獲得

　　以感恩之心對待我們周遭的事物，我們將獲得更多的感動和快樂，這並不是為了索取什麼，因為感恩讓我們與世上所有的美好事物產生共鳴，能夠將美好的事物吸引到我們的身邊來，同樣也可以吸引一切有形的、無形的財富。這也是 Loser 與 Winner 的差別，Loser 總是不知感恩；而 Winner 則時時感恩惜福。

　　感恩是一種美好的品德，我們要將感恩變為一種習慣，時時刻刻心懷感激，我們也將因此獲得更多的正向力量。感恩是轉變你的能量、為你的生命帶來更多你想要的東西的方法。感恩可以創造快樂和滿足，也是吸引一切美好事物的力量。感恩是一種思考，一種態度，更是一種愛的表現，帶有回報意識，感恩的心靈常常會發生巨大的力量，將感恩化作一種真實的存在，並透過做出回報來詮釋感恩的意義，它常常會在無形中為你吸引資源和財富。

　　在一片竹林裡，生活著一隻小鳥，牠每天都過得很快樂。然而有一天，這片竹林著火了，竹林裡的小動物都被大火嚇壞了，紛紛逃出了熊熊大火的竹林。但是小鳥卻沒有離開，牠飛去竹林外的小河裡打濕翅膀，然後飛回竹林讓翅膀的水滴落下來，就這樣一次次地往返於小河與竹林之間，希望可以撲滅大火，保住這片竹林。

　　小鳥的行為被天神看到了，祂好奇地問小鳥：「你帶來的幾滴水根本無法撲滅這麼大的火勢，你為什麼還一直持續在做呢？」

　　小鳥回答道：「從我來到這個世界上就生活在這裡，竹林帶給我很多

快樂，所以我愛它，我願意為它付出我的愛，我落下的每一滴水都是我的愛，就算我不能撲滅大火，我也要將愛留給竹林，灑下帶著愛的水滴，即便是死去也不會後悔了。」

天神終於明白了小鳥的心思，於是幫助牠撲滅了大火，小鳥又重新擁有了那片它熱愛的竹林。

懂得感恩的小鳥沒有放棄那片生養牠的竹林，感恩的心讓牠珍惜自己所擁有的，因而感動了天神，吸引了巨大的能量，最終與自己熱愛的竹林相伴。在現實生活中，也許我們看不到所謂的天神，但是感恩意識能讓我們擁有更多的愛，從而做出充滿愛意的行動，實踐於生活，於是那股強大的支持力量便會漸漸向我們靠近，那麼我們所希望的最終就會成為現實。

感恩讓我們懂得珍惜，變得執著，珍惜讓我們守護擁有，吸引財富。所以，讓我們對自己所擁有的充滿感激，學會珍惜，並用自己十倍、百倍的付出來回報，財富便會不請自來。

① 培養感恩意識

對於同一件事情來說，不同的思考方式會產生不同的結果，面對窘境，有人會怨天尤人，不停地抱怨，而有人卻意識到要感恩，並將其攻破；面對順境，消極的人仍然會為了不必要的事情擔驚受怕，而懂得感恩的人則將美好留在心中，感謝生活給予自己的恩賜。想要使感恩成為習慣，首先需要培養感恩意識，從感恩的角度與高度出發，感受和思考自己身邊的一切。在現實生活中，我們該從哪些方面去培養自己的感恩意識呢？

★ **感念父母的養育之恩。**父母把我們帶到這個世界上，並撫養成人，才有了現在的我們。所以，面對自己的父母，我們不但要常懷感恩，

還要懷著一顆敬仰之心。

★ **感念師長的教導之恩。** 老師開啟了我們那一顆懵懂之心，在我們心裡種下理念，並傳授知識的養分，讓我們不再迷茫，尋覓到自己想去的方向。在我們走入社會之後，長輩和老闆繼續傳授給我們社會經驗，讓我們學會生存的技能。所以，對於師長的教導，我們也要常懷感恩之心。

★ **感念社會對我們的供養之恩。** 在這個繁雜的社會當中，有人歡喜有人憂，也有人感到無奈。但是正是這個複雜多變的社會，存在各式各樣的需求，才有了各種職業，也給了我們謀生的空間，所以，對於這個社會上的一切，不管我們認為是好的還是壞的，是高雅的還是俗氣的，我們都要報以一顆感恩之心，因為他們給我們提供了生存的機遇。

② 列出讓你感恩的事情

當你擁有感恩意識之後，你就會發現生活中存在許多值得感恩的事情，這時你不妨用筆列出這些事情，將這些感恩的事情列在清單上。不一定要列出什麼重大的事情，比如你可以住在舒適的房子，享受窗外明媚的陽光，你正在吃的食物，你房間裡明亮的燈光，甚至是你喝下的一口水，這些讓自己過得更好、更愉快的事物，我們都可以去進行感恩，重要的是寫出使你感恩的事情。

也許你會奇怪為什麼要這樣做。在一個研究中發現，參與者每天將自己感恩的事情列出來，經過兩週之後，他們的幸福指數便提高了百分之二十五。因為在我們記錄那些感恩的瞬間時，感恩的力量也會為我們吸引來更多美好的事物。當我們每天都列出感恩清單，我們就會更會去關注那些值得感恩的事情，並會努力地去做好它。

記錄下這些美好的感受，寫下讓自己感恩的事情，並給自己設定一個

標準，可以是三件，也可以是五件，只要能讓自己感恩的事情，我們都可以記錄下來，慢慢地，我們就會發現，我們列出的越多，就越接近自己期待的一切。

③ 每天不忘進行感恩練習

有句話說：「生活是一面鏡子，你對它笑，它就對你笑，你對它哭，它就對你哭。」同樣，當你為了獲得那些你暫時沒有，但又十分渴望擁有的東西而產生消極情緒時，你所做的一切也是消極的，這些做法幾乎毫無例外地被生活所預覽，生活面對你的消極，也會同樣將那些不喜歡的、你認為消極的事物返還給你，因為你缺少一顆感恩的心，對生活沒有感激之情，你的生活就會失去樂趣，失去許多你想要的東西，甚至是你現在所擁有的財富。

財富大師華勒思・華特斯（Wallace D. Wattles）指出：每日的感恩練習，是財富降臨你身上的途徑之一。因此每天的感恩練習必不可少的，「真實財富與成功」的終生學習者詹姆斯・雷發明了一種「強效感恩練習」的方法，這種方法是在練習時運用感恩意識，努力將感恩用在自己身邊的事情上，為自己營造感恩的氛圍，並感受這種感覺。

比如，每天早上從起床開始，對自己身邊的事物說一聲「謝謝」，當自己洗漱、穿衣、坐車上班的時候，對這些給自己提供便利的事物都懷著一顆感激的心，在心裡對它們說一聲「謝謝」，營造一種感恩的環境和感覺。它能讓我們的心中始終充滿愛，充滿對自我生命的尊重，讓我們對一切事物都能充滿希望。

所以，我們要懷著一顆感恩的心，並時常進行練習，感恩自己擁有的一切，哪怕是一個晴朗的早晨、一杯白開水、一張舒適溫暖的床，我們都

可以對它們進行感恩，甚至那些在自己看來不順利、不如意的事情，我們依然要學會去感恩，並且發自內心地去感恩，感恩壓力，感恩挫折，也感恩不幸，感謝它們讓我們學會堅強，學會勇敢，學會百折不撓地向人生發出挑戰，教會我們排除困難。透過每天這樣不斷地練習，懷著感恩的心去發現生命中更多可以進行感恩的事情，我們就能在感恩中朝人生的頂峰邁進。

財商 Tips

📢 對自己身邊的人，當他們做錯事情，在你想怨恨他們的時候，多想想他們曾經幫助自己時的樣子，並感謝他們曾幫自己走過困難，始終懷著一顆感恩的心去回報他們。

📢 無論何時，當別人幫你的時候，報以一個微笑，讓對方知道他對你的幫助得到了你的尊重。養成感恩的習慣，讓感恩充斥在自己的生命當中。

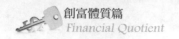

甘願每天過得一成不變嗎？

人的一生當中，除去睡眠的時間，我們只有一萬多天。魯蛇（Loser）與溫拿（Winner）的不同在於：你是真的活了一萬多天，還是僅僅生活了一天，卻重複了一萬多次。過一成不變的日子不難，那樣的日子安全、平靜、朝九晚五、平靜無波，但是永遠只能在原地踏步，註定一生碌碌無為。要想生活過得精彩不凡，有一番作為，這樣的日子註定艱辛，我們要不斷地付出、忍耐、蛻變、忍受孤獨和質疑。如果將自己的一生寫成一本書，它是平淡到不值得一讀，還是歷經波折讓人流連忘返？

所以，如果你真的有夢想，那麼請放下你的安逸，走出舒適圈拿出你的幹勁去努力，找到人生真正的財富價值。那麼，在這一萬多天當中，我們應該怎樣去尋找其中的價值呢？

① 放棄舒適的環境，不斷接受新的挑戰

只有不斷接受挑戰，激勵自己，戰勝途中的各種困難，才能不斷突破自我。時時刻刻要鼓勵自己，不要迷失在「舒適圈」裡，因為沒有努力奮鬥過，就不會擁有長久的安逸，舒適只是一個暫時的避風港，而不是安樂窩，這只是我們迎接下次挑戰之前恢復元氣的地方，而不是永遠迷戀的地方。所以，在應該奮鬥的年齡階段，我們要有不斷接受挑戰的精神，不斷超越自我、完善自我。

② 給自己緊迫感，讓生活有目標和計畫

20 世紀阿內絲‧尼恩（Anaïs Nin）曾寫道：「沉溺生活的人沒有死的恐懼。自以為長命百歲無益於你享受人生。」然而，大多數人對此視而不見，假裝自己的生命會綿延無絕，唯有哪天心血來潮的時候，才會籌畫大事業，將目標和夢想寄託在丹尼斯‧魏特利（Dr. Denis Waitley）稱之為「虛幻島」的汪洋大海之中，然後接著日復一日地重複，最終就這樣結束一生。

所以，你不想你的生命在這種虛幻中耗盡，就要加強自己的積極度，把還未完成的目標都寫在自己能看到的地方，每天完成多少，應該如何去做得更好、更快地完成，自己需要做哪些改變，我們都要在心裡設定一個時間界限，一步一步推著自己以最短的時間完成最多的任務，這樣的人生才有意義。

③ 學會勇敢，讓心中充滿自信

恐懼存在於每一個人的心中，有些人將恐懼壓在心底，不讓它有翻身的機會；有些人雖然一味想避開恐懼，結果它卻像瘋狗一樣窮追不捨，越逃避越是逃不掉。但是，我們可能都深有體會，當我們戰勝恐懼後，會迎來一種成就感，哪怕是克服很小的恐懼，都是自信心提升的展現。要想戰勝恐懼，提高自己的信心，我們需要做到以下幾點：

⭐ **肯定自己的能力**。天生我材必有用，首先我們要相信自己的能力，試著去肯定自己的價值。

⭐ **要戰勝自己**。世界上沒有十全十美的人，每個人都有不足之處，也都有自己的長處，所以既不用無限誇大別人的優點，但也沒必要隨意擴

大自己的缺點。

⭐ **正視心中的恐懼。**每個人心中難免都有一些害怕的事情,我們應該去克服這些恐懼感,而不是一味地逃避。

⭐ **不要害怕讓別人失望。**我們不可能做到讓每一個人都滿意,只要我們盡到了自己最大的努力,就不必介意別人怎麼想、怎麼看。

④ 保持身心的良好狀態

我們一旦達到某個目標,就會無比舒暢,覺得世間萬物都是美好的。那麼,我們在未達到目標之前,就不能擁有這種良好的感覺嗎?答案是否定的,人生道路漫長且艱辛,但是一定不會缺乏快樂,若是將快樂建立在還不曾擁有的事情上,無異於剝奪自己創造快樂的權力,跟自己過不去。記住,快樂是天賦權利。所以,不管自己處在一個什麼樣的狀態,一定要善於去發現沿途風景中的美,永遠要保持一個良好的感覺,讓自己在整個旅途中充滿快樂,而不是等到成功後才去感受屬於自己的歡樂。

⑤ 與快樂、積極、有夢想的朋友交往

「物以類聚,人以群分。」對於那些勸自己放棄夢想的朋友,一定要敬而遠之。我們所交往的朋友往往會影響到自己的行動。如果你的身邊都是些憤世嫉俗的人,那他們就會拉著你向下沉淪,深陷怨天尤人的泥沼。相反地,如果身邊的朋友都是些樂觀向上、堅持追逐夢想的人,那麼我們也會被這種積極氣氛所感染,大家在一起也能互相勉勵,一起向上提升。所以,要多結交一些快樂的人、成功的人、積極向上的人,堅持與夢想者同行。這樣,我們就在追求快樂和成功的路上邁出了重要的一步,對未來

的坎坷，我們也多了一份安慰和勉勵。

⑥ 把握當下，放眼未來

　　要時刻提醒自己鍛鍊即刻行動的能力，充分利用對現時的認知力。不要沉浸在過去，也不要沈溺於未來的美好，要著眼於今天。當然要有夢想、籌畫和設定創造目標的時間。不過，這一切就緒後，一定要腳踏實地、注重眼前的行動，懷著使命必達的決心與執行力，這才是對自己、對未來負責。

財商 Tips

📢 找到自己想追求的目標之後，就勇敢地去挑戰，並付出實際行動，把那些關於成敗的心得和方法都記下來，隨時帶在身邊，避免再犯錯誤。

📢 在早上刷牙時，可以對一整天的行程、計畫和目標做一個大致的安排，刷完牙之後就可以直接寫出來，或者直接記在心裡。

📢 平時有時間多結交一些有夢想、想創業的朋友，和大家一起交流成功的心得，一起分享經驗，並多向他們諮詢一些問題的解決方法。

你想到達的層次，就是你的未來

在這個世界上，每個人的大腦就像一座寶藏，我們獲取了多少財富，在於我們挖掘多少。也許我們永遠不知道自己內心潛在的能量有多大，我們心中的一切，都是大腦的思維波動所吸引過來的，細心的人會發現，只要是我們最想做的事情，自己總是能夠想辦法去完成，達到理想的目標，並且在完成之後自己都會覺得很驚訝。

柏拉圖曾經指出：「人類具有天生的智慧，人類可以掌握的知識是無限的。」而據現代科學研究發現，愛因斯坦的大腦使用率還不到 10%，普通人的使用率用不到 5%，甚至連 1% 都不到。如果一個人的大腦全部被開發，那麼他將學會 40 種語言，拿 14 個博士學位，他的資訊儲存量將是世界最大的圖書館——美國圖書館 1000 萬冊書籍的 50 倍。

其實，不只是記憶力，人的潛能也是巨大的。人類最大的悲劇並不是天然資源的巨大浪費，而是自己不想去利用這種潛能。所以，我們都能擁有自己想要的，只要知道如何在思想裡塑造出它的雛形，只要學會透過自己來使用創造力，任何夢想都能成真。

而我們要想激發自己的內在潛能，挖掘這座巨大的寶藏，在平時工作和生活中要注意以下幾點：

① 提高做事的期望

有些人做事常常習慣自我設限，比如面對公司給你制定的季度任務，

你可能會想：我只要能完成就好了，不用超出很多，這樣的你是怎麼樣也進步不了的。有了這種想法，通常你的業績也就剛剛好達標，或者索性未能達成。自我設限就像給每個墳墓早就安上墓碑一樣，給自己的意識也設定了一個最高的警示線，多數情況下，你最後所得到的結果都會低於這個警示線。這其實是一種惡習，破除這種惡習的一個重要方法就是不斷給自己制定新的高度、新的目標。

人生的遠大目標，正如筆者前文所說的那樣：你想要什麼，通常就能得到什麼，而你所得到的正是由一個個小目標所實現的。你已經具備了自我設定目標並完成的能力，那麼我們現在所要做的，就是把之前自我設限的低目標稍微提高一下，每個小目標都提高一點點，人生將會提升一個層級！

例如，老闆交給你一項工作，要求你在三小時內完成，這也是你完成此工作的心理時間，那麼你自己要給自己設定一個目標，比如二小時完成。在這樣一個新的標準下，集中精力釋放自我潛力，當你在二小時後完成工作時，你會重新認識自己，覺得原來所認為的三小時工作時間還有縮短的空間。你會為此感到振奮，如果經常能找到新高度並且超越原來的界限，那麼成功的機率將迅速增大。

現在，你來做一件很重要的事，就是把原來的標準提高一個層級，經過自己的努力打破原來的標準。這樣做的目的在於，當你的自信心達到一定的高度時，你根本不需要想任何界限，而是自動高效地實現長遠目標。

② 關鍵時刻要敢於逼自己一把

當一個人處於絕境的時候，往往會擁有不同尋常的潛能。因為人沒了退路，就會產生一股爆發力。在當前這個社會，有越來越多的人不再安於

現狀，他們想尋求更大的發展，常常不按遊戲規則行事，當生活所迫、將其逼到絕境時，他的潛能就開始得到發揮，而這種瞬間爆發的潛能往往就成了走向成功的助推器。

在我高三正年少輕狂愛玩時，我遭遇了人生中第一次破產，當時家裡正從事經營六合彩中盤組頭，由於父母的濫好人個性，總是讓賭客欠錢幫忙先借錢參賭，說好等賭客賺錢再還，但總是有賭客欠錢不還甚至想一次翻身豪賭，所以必須要承擔這些債務把錢還給上面的大組頭，就在這樣不斷支出卻沒有利潤賺回的情況下，導致家裡的負債越來越龐大，最終宣告破產，根本不了解實際狀況的我馬上就被逼著面對這極糟糕的慘況，儘管當時愛玩的我沒有很喜歡念書，但突然被父親告知我不能再補習和讀書，要開始工作償還債務時，簡直是不能接受，但父母的無奈、現實的生活讓我沒得選擇與反抗，因此我只能無奈地到父親朋友工作的酒店當起了少爺（服務生非牛郎），一個未成年的孩子處在這種龍蛇混雜的環境，開始經歷人生百態和被壓榨欺負的窘境。由於從小就討厭父親抽菸因而發誓絕對不抽菸的原則讓我在裡面簡直就是怪胎，甚至有酒客拿出一支菸壓 1000 元和一杯純高粱壓 500 元要我選擇抽菸，我仍然二話不說一口乾掉了那杯 58 度純高粱，因為我絕對不會違背自己的原則，就在這環境的壓迫下不斷成長的我，學會了察言觀色和揣摩對方的心態，好讓自己可以適應環境，在越來越熟練的情形下，我月收入可以到近十萬！

所以，不管處於什麼環境，明確了目標，知道自己想要什麼，就要相信自己一定能做到，不管前方的路多麼艱難，我們總有辦法去衝破阻撓，這便是讓自己走向生命另一個高點的機會。

財商 *Tips*

📢 在自己一個人的時候,我們不妨問問自己,對於自己現在的理想,以後想達到一個什麼樣的層次,然後再根據這個層次,把自己的目標和期望稍微再定高一點,為的是將自己的潛能最大化地挖掘出來,打造一個更加出色的自己。

📢 如果決定做一件事,我們就要把目的、計畫、方法和完成的時間都列出來,一旦開始執行,就絕不含糊,盡最大的能力做到最好,把自己的價值展現出來。

你的信念夠堅定嗎？

你覺得自己信念堅定嗎？做事都有條理嗎？遇事容易激動嗎？為了瞭解你的性格特徵，請你對以下的問題用「✓」、「×」進行回答，並把答案填入表中。

1 我覺得自己比別人更不會感情用事。 （　）

2 我覺得自己的生活過得相當平淡，在感情上極少有起伏。 （　）

3 每當自己有情緒問題時，我希望有人能聽我傾訴心事。 （　）

4 我講話時會利用手勢和身體動作來強化語氣。 （　）

5 我在感情上是個很容易衝動的人。 （　）

6 我常覺得有些人、事、物會令自己產生傷感或激動的情緒。 （　）

7 我常會突然情緒激動。 （　）

8 有時一點小問題就能讓我情緒激動。 （　）

9 在生活中喜怒無常。 （　）

10 我非常容易興奮。 （　）

11 我極易被感動得大笑或流淚。 （　）

12 我的朋友都把我看作感情用事的人。 （　）

13 我是一位客觀和講事實的人。 （　）

14 我的感情生活相當溫和平淡。 （　）

15 對人或對事，我的看法和處理態度都是適度的。 （　）

16 我從來沒有過度興奮或生氣。 （　）

17 要讓我傷感或感情用事，非常困難。 （　）

⑱ 在我提出一個看法或建議之前，我一定會從各種立場考慮後果。　（　　）

⑲ 有許多人、事、物能令我情緒激動。　（　　）

⑳ 我無法抑制住激昂的情緒。　（　　）

㉑ 有時，我變得情緒激動，無法入眠。　（　　）

㉒ 我很少有性問題的困擾。　（　　）

㉓ 已經規劃好的事情，我幾乎未曾因情緒問題而改變或耽擱過。　（　　）

㉔ 我幾乎從不理會身體受到的小傷害。　（　　）

㉕ 我比一般人更能容忍身體方面的痛苦。　（　　）

㉖ 我從未暈車、暈船或暈飛機。　（　　）

㉗ 有時，我會憤怒得想要摔東西。　（　　）

㉘ 我喜歡跟別人討論我的感情。　（　　）

㉙ 有時，我會未經大腦思考，就出口講一些不可理喻的話。　（　　）

㉚ 有時，我糾正別人的行為只是因為他們的行為激怒了我，並非因為他們做錯事。　（　　）

㉛ 我總是將我的情緒埋在心底。　（　　）

㉜ 當情緒逐漸激昂時，我常把他們壓抑住，不表現出來。　（　　）

㉝ 我在表達自己的想法時，非常小心謹慎，而且相當客觀。　（　　）

㉞ 每當有事時，我會多想、少講話。　（　　）

㉟ 我從不向別人抱怨目前的遭遇和困境。　（　　）

㊱ 即使與我討厭的對手談生意，我也會識時務地忍住我心中的不快。　（　　）

㊲ 我常常要很努力地抑制自己，使自己不哭出來。　（　　）

㊳ 有強烈的好惡感。　（　　）

㊴ 有時，我會尖叫，以使自己感到暢快。　（　　）

㊵ 只要有可能，我喜歡做些如種花、養魚、釣魚等能修身養性、陶冶性情的事情。　（　　）

計算得分

下列題號，選擇「是」得1分：

1、2、14、15、16、17、18、22、23、24、25、26、31、32、33、34、35、36、40

下列題號，選擇「不是」得1分：

3、4、5、6、7、8、9、10、11、12、19、20、21、27、28、29、30、37、38、39

解析

把得分相加，即是你的總分。總分越高，信念堅定程度越高，在追尋財富夢想的過程中，實現的機會也就越大。

★ **33** 得分以上，你很堅定，遇事不慌不忙，不動聲色，平時不易激動，不輕易流露感情，善於自我控制，做了決定就不會輕易改變，雖然有時會顯得有些冷漠，不近人情，卻是一位堅定的夢想追逐者。

★ **28～32** 得分，你的信念堅定適中，既能保持鎮靜，又能適度流露情緒。

★ **21～27** 得分，你的堅定程度一般，容易流露喜怒哀樂，在某些方面你能比較堅定，但有時你又比較急躁、衝動，需要適度控制一下自己，不要因小失大。

★ **20** 得分以下，你容易急躁，易情緒激動，遇事不會控制情緒，信念不堅定，平時情感豐富，喜怒哀樂溢於言表，喜歡表達自己的情感，容易衝動。如果想在追尋財富的路上更平坦一些，就要學會控制自己的情緒，不要因此破壞了和周圍人之間的關係。

Chapter 2

啟動創富行動力

知道而不去做，等於不知道

人人都知道，只有行動才有結果，但在許多人身上並沒有引起足夠的重視，因為他們常把失敗歸罪於外部因素，而不從自身的努力上去找原因。「心想事成」固然不錯，但更重要的是行動起來，把你的夢想付諸於實踐，這樣才能證明你的目標有多好，你的能力有多強大。有人會說「其實我知道怎麼做，只是暫時不想動而已」，那這和不知道有什麼差別嗎？就像吃飯時我們說：「我知道飯是什麼味道，只是懶得吃而已」，這樣下去，下一個餓死的就是你。

生活中總是存在兩類人：一類是天天沉浸在計畫和夢想中，知道怎麼去做，卻沒有行動，所以他們成為魯蛇；一類是把夢想落實到計畫中去，成為敢於行動的人，成功也屬於他們。那些成大事者，都是勤於行動的人。傑克·威爾許曾這樣說：「如果你有一個夢想，或者決定做一件事，那麼，就立刻行動起來。如果你只是想而不做，是不會有所收穫的。要知道，100 次心動不如一次行動。」在人生的道路上，我們需要用行動來證明自己所知道的一切，否則，知道再多也等於不知道。那麼，在追逐財富夢想的道路上，我們應該怎麼將自己的夢想化為實際行動呢？

① 找出不願行動的原因

很多時候，夢想是可行的，各方面的條件也都具備，但就是遲遲沒有行動，決心要存錢，卻每個月都把錢花光光，總是想著還是從下個月再開

始吧；想早起慢跑，但每天仍然睡到太陽曬屁股；想戒煙戒酒，但依然一點進展都沒有。有些人有夢想，為什麼沒有行動呢？大致有以下幾個原因：

★ **怕**。怕在行動中做錯、怕出醜、怕尷尬、怕結果不好、怕被別人笑話。這些怕往往出現在行動之前，有了這些怕，更是不敢行動。

★ **弱**。意志力薄弱，一遇到阻礙、挫折，就想當縮頭烏龜，輕易就動搖，不能忍受行動帶來的痛苦，動不動就中途放棄。

★ **懶**。身心都懶，思想上不積極思考，有想法，卻不去想進一步實行的具體方案；行動上，則是拖遝拖延。

★ **賴**。習慣依賴他人、父母或者朋友，依賴外界的客觀條件，總是會為自己的不行動找到各式各樣的理由。

★ **假**。有一些人所謂的宏圖大志，只是一時的表現，出於當時的某種目的，並不是他真實的想法。

如果你缺乏行動力，就要認真尋找一下原因，思考一下為什麼沒有行動，問題到底出在哪一點上，再針對自己的弱點進行補救，改變現狀。

② 讓自己立即行動起來

自己知道什麼，光是嘴巴說是沒有用的，我們得用行動去證明。所學的知識只有經過實踐的驗證才有實際意義。當我們確定自己的目標之後，實踐就是證明自己學識的決定性因素，當我們在每一件小事情上都能把自己的才幹展示出來，成功自然也就降臨到我們的身上。所以，不要在猶豫中錯失機會，更不能守株待兔，等待著大的機會來找自己，而是要行動起來。你可以這樣做──

★ **想像和別人競爭激勵自己行動**。當我們與別人競爭做某事的時

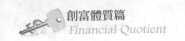
候，就會全神貫注，不會耽誤一分一秒地去執行，因為在與別人競爭時，我們的心態是「必須開始行動，一秒也不能浪費」。當我們發現自己有些倦怠時，想像一下有個人正在和自己競爭，把自己調整到「一定不能輸」的狀態，我們就會不由自主地行動起來了。

⭐ **從最小的地方開始行動。**比如你說過要畫一本手繪本，但總覺得一本的量太多；是個大工程，便老是找藉口拖延。如果我們告訴自己只畫一幅畫，也就不會覺得任務繁重，而我們一旦真正開始的時候，所有的懶惰情緒便會一掃而空。所以，我們不妨先從最小的一點開始做起，讓自己行動起來，而不是等待。

⭐ **給自己一點小獎勵。**儘管完成任務這個成果就是最好的獎勵，有時候我們還是給自己一些額外的獎勵，以促進完成工作。當我們不想行動時，一旦想到完成工作就可以吃一頓大餐、給自己買個小禮物，或者找朋友一起去玩，心情就會變得愉快，而這種期待和愉快的心情，能夠有效促使我們立即行動起來。

財商 **Tips**

📢 當自己懶得行動時，問問自己為什麼不去行動，是不知道還是不願意行動？如果是不知道，那就設定一個學習計畫；如果是不願意行動，那就找出自己不想行動的原因，告訴自己不願意行動可能造成的後果，逼迫自己行動。

📢 當自己不想行動時，想像一下這個世界上的某個角落，正有另一個人在做與你相同的工作，並要排擠掉自己，而你若是不想被淘汰就必須要超過他。

對每件事設定你的時間底線

　　同樣的事，由不同的人來做，所花費的時間也不同，有些人可以在十五分鐘內看完一份報紙，也有些人可以看上一整天；你一天可以完成五件事，也可以磨磨蹭蹭地只做一件事；你的工作報告規定要兩天完成，你也可以花一個上午的時間來完成；這關鍵就是看我們對每件事設定的時間底線。

　　我曾經有個室友小陳，在晚上十一點之前，你永遠看不出小陳今晚有多忙。比如明天有一個重要的報告要交，但他卻一個字都還沒寫，十一點之前，他會怡然自得地打遊戲、看新聞、看電視劇，不到睡覺之前，他是不會想去處理那些必須要處理的工作，結果第二天都是頂著黑眼圈打著哈欠上班，由於過度疲勞，上班總是無法集中注意力，等到下班就不得不帶著「家庭作業」回家繼續加班。長期以往，就形成了惡性循環。

　　相信多數人都有類似的經歷，面對工作中的事情，總是喜歡一拖再拖，不到主管定下的最後期限，就不會想辦法去完成。認為工作中的事情只要能完成就行，從來不會去設定一個時間底線，結果有時候無所事事，有時候忙得不可開交，讓工作和生活失去了節奏，變得雜亂無章。

　　但是，筆者也不是要讓大家把自己所有的時間全部填滿工作內容，而是要有計畫地利用工作時間，在每件工作都設定自己的時間底線。那麼，這些工作和問題，只要安排得適當，就會像機器的主軸帶動整個機器運轉那樣，促使其他的事情按時完成，並形成一種良性運轉。而在實際的工作當中，我們應該如何正確把握並設定這種時間底線呢？

① 練習準確地判斷時間

你能夠精確地預測一件事需要花費多少時間完成嗎？有時候人們會低估所需要的時間，他們認為：「我可以在兩個晚上看完長篇小說《戰爭與和平》」或者認為「從訂貨到收貨只要一天的時間」。還有些時候，拖延者會高估所需要的時間，而將一些比較繁瑣的事情推遲進行，因為他們認為「我現在沒辦法做這個，它很花時間。」在這兩種情況下，就沒有辦法準確地預測完成事情所需要的時間，對設定完成的時間底線也就有可能出現些失誤，可能少估，也可能多估。

所以，我們就要練習準確地判斷時間。怎麼做呢？那就是將你對完成時間的預測與實際使用時間做對比。例如，預估一下早上從你聽到鬧鐘鈴響到你離開家裡的時間，然後拿它跟你實際記錄的時間做對比。或者，猜測一下當你開始工作的時候要花多少時間處理電子郵件，然後看看你實際使用的時間是多少。透過對平時的預測和實際時間的對比，我們對事情完成所需要的時間就會有一個比較清晰的概念，在以後對事情設定時間底線時，也會設定出一個比較精準的時間。

② 預防意外干擾

墨菲定律表明：「任何可能出錯的事情都會出錯。」但那些做事總愛拖延的人並不相信這條法則，他們認為只要自己下定決心專心去做某件事情，這條法則就不會在自己身上應驗。如果你回想自己曾經拖延的一些事情，以及處於一團糟時所發生的事情，也許只是一個電話沒回，或者文件放錯了位置，你就會發現，這些沒有預料到的事情就夠讓你忙得暈頭轉向。

　　你沒有為可能出錯的事情做好準備，這是為什麼呢？也許你已經克服了自己的抗拒心理，做好準備去大幹一場，這時你可能會期待著一切都會順順利利。不幸的是，這個世界並不是圍繞著你的設想運轉的，如果沒有做好有效預防，原本設定的時間底線就可能會被突如其來的意外給打亂。

　　例如，麥克在週一下午有一個面試。在面試之前的一個星期當中，他早就知道自己應該先把西裝拿到洗衣店清洗，但是他一直拖延著沒有做，到了週一早上，他一早起床急急忙忙地將西裝送到洗衣店，因為他知道在上午七點半之前送過去，就可以在下午一點去取。等到一點半的時候，他把襯衫、領帶、皮鞋和牛仔褲都穿好，準備去洗衣店拿衣服穿好就去面試。沒想到當他來到洗衣店時，卻怎麼都找不到他的西裝，店員告訴他可能還在洗，讓他晚點再過來取。麥克急著要去面試，於是他沖到櫃檯後面的洗衣區，把所有衣服都翻了個遍，最後還是沒找到他的西裝。由於在洗衣店擔誤了太多時間導致麥克面試遲到，加上整體表現失常，而失去了這個工作機會。

　　麥克的失敗，源於沒有做出任何預防措施，一切都按照最順利的發展去安排。但是，這個世界並不會注意到你是否處於緊急狀態，事情還是會以它們通常的機率在出錯，你所能控制的範圍是有限的，如果你在去機場的路上碰上嚴重的大塞車，你就可能無法準時到達機場，順利搭上飛機。而聰明的人在設定每件事的時間底線時，一定會做好預防準備。如何預防呢？有以下三點：

1. 把每個計畫都預先留出彈性時間，以防萬一。

2. 讓自己在沒有選擇的餘地，並且飽受干擾的情況下，完成預計的工作任務，這並不是沒有可能，因為那些工作快的人通常比慢吞吞的人做事更加精確、到位。

3. 另外準備一套應變計畫。當 A 計畫無法實行時，這時你就能立即

換成原先就預備好的 B 計畫，將大大提高成功率。

③ 分配好時間

如果你能為每件工作立下時間底線，分配好各個不同的時間段，你將發現，有三件事已經慢慢在改變了：

1. 發現自己能夠在規定時間內完成工作了。
2. 對自己的能力越來越有信心了。
3. 能夠仔細分析將做的事情，並把它們分解成若干部分，從而正確並迅速地完成。

所以，要想讓自己的工作效率高起來，讓自己能夠掌控手裡的每一件事情，就必須分配好自己的時間，把每一件事情都設定好執行的時間。

在看到今天的工作清單時，就必須決定該花多少時間在這上面，我們把這稱為「分配時間」。比如，一大早起床加洗漱的時間一般是十三分鐘左右，那麼我們設定的完成時間就不應該超過十五分鐘，預留出的兩分鐘就是用來預防突發事件的發生。藉由這樣的方法，把當天需要完成的任務都列下來，計算每件事情需要花費的時間，就能分配好每一件事情所需要的時間，然後把每件事情分配好時間段，並且在這個時間段內一定要完成。

這樣做的秘訣就是能夠確定眼前的工作，到底要用多少時間，透過利用「經驗」的幫忙，設定好完成時間，將每件事情都掌控在自己能夠控制的範圍之內，就能避免突發狀況造成不必要的損失。

財商 Tips

📢 每天記錄上下班的時間,最後得出一個平均值,如果上下班時間總是超過平均值,就要檢視看看自己是否還能透過改變交通方式來縮短上下班通勤的時間。

📢 拿一個計時器放在自己面前,設定自己工作所需的時間,並要求自己在規定的時間內完成。如果不能按時做完,就給自己一些小的懲罰。

📢 同樣一件事情,觀察那些工作效率高的人在多長時間內完成,自己完成又需要多長時間,如果對方比自己快,那就學習他們的工作方法,給自己的工作設定一個更短的時間限制,並爭取做到更快。

找到適合自己的工作環境

那些成功的人之所以能成為「人生勝利組」，常常是因為發揮了較多的自我優勢，找到了適合自己的環境，充分展示了自己的天賦，所以成就了令人稱羨的事業。因為人一旦找到了合適的環境，就會在相應的領域中如魚得水，發揮無窮的能力，就像被某種思想和感覺所指引，行動起來比其他人更容易獲取成功，從而輕鬆地創造自己想要的財富。

所以，要想實現自己的財富夢想，我們就不能只靠運氣，而要行動起來，在適合自己的環境中尋找機會，這樣才能充分發揮出自己的價值，大大提高自己的成功率。那麼，在實際的工作當中，我們該如何去找到這個「適合自己」的工作環境呢？

① 根據性格特點找到適合的工作環境

每個人都有不同的性格，不同氣質和性格類型的人適合從事不同性質的工作。只有找到適合自己性格的工作職位，你的優勢才能進一步發揮。所以，我們在選擇職業要考慮自己的性格特徵，儘量選擇適合自己的工作，因為每一種工作都對從業者的性格有特定的要求。如服務人員，就必須具備親切、熱情、周到、體貼他人的性格，才能做得更好。而作為一位技術工程師，則要有嚴謹認真、一絲不苟、精益求精、善於合作的性格。通常，不同性格的人適合的工作分為以下幾種：

✪ **嚴謹型**。對任何事情都比較細緻、嚴格，並努力認真地工作，以

便能欣賞自己付出努力後完成的工作效果。這類型的人就比較適合從事會計師、精算師等職業。

⭐ **變化表演型**。這一類型的人善於表現自己，追求多樣化的工作方式，能夠迅速地轉移注意力，並適應各種工作環境。這類人就比較適合從事記者、業務員、演員等一系列職業。

⭐ **重複型**。這一類的人喜好比較單一，不喜歡複雜多變的工作環境，可以連續不斷地從事同樣的工作，並嚴格按規則和標準進行工作，能夠在計畫內完成工作。像這類型的人就適合從事排版、校對等各類專業技術工作。

⭐ **勸服型**。這類人善於勸導、說服別人，這對於別人的反應有較強的判斷力，能夠有效影響他人的態度、觀點和判斷。這類性格的人適合從事談判人員、輔導人員、行政人員等工作。

⭐ **服從型**。自己不願意獨立做主，但是願意按照別人的指示做事，喜歡服從別人的調動和安排，並能夠做得很好。這類性格的人比較適合從事辦公室職員、秘書、翻譯等工作。

⭐ **獨立型**。這和服從型工作者恰恰相反，喜歡自己做主並安排別人工作，不喜歡被差遣，敢於承擔責任，喜歡對將要發生的事情做決定。這類性格人員比較適合從事管理人員、律師等工作。

其實每個人也並不是只會具備以上性格中的其中一種性格，有很多人可能同時佔有其中兩項，甚至兩項以上的性格，但是只要能夠正確地分析自己的性格，掌握自己的性格特徵，再結合自己的專業能力，去尋找適合自己性格特徵的職業，就一定能夠找到適合你發揮優勢的工作。

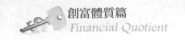

② 根據擅長的能力找適合的工作環境

成功者心中都有一把丈量自己的尺，知道自己該做什麼，不該做什麼。比爾·蓋茲說過：「做自己最擅長的事。」據調查，有28%的人正是找到了自己最擅長的職業，掌握了自己的命運，並把自己的優勢發揮到淋漓盡致的程度；而剩下的72%的人，正是不知道什麼才是自己擅長什麼，只知道羨慕他人、模仿他人，看不清自己擅長的能力，總是做著自己不擅長的事，所以只能碌碌無為地過一生。

魔術師劉謙，曾經榮獲無數國際獎項，並多次受邀至國際級魔術大會擔任嘉賓。在他七歲時，因為觀看一場魔術表演而對魔術產生濃厚的興趣，並在童年時期就顯示出了魔術方面的天賦，他一直對魔術悉心鑽研，希望自己未來能成為一名魔術師。然而他的想法卻遭到家人的反對，他聽從父母安排學習了日語，卻也沒有因此放棄對魔術的喜愛，仍不斷鑽研魔術知識及技巧。

雖然沒有受過專業的魔術訓練，劉謙卻無師自通，最終夢想成真，在自己存在天賦的魔術領域取得了斐然的成就，成為兩岸知名的魔術師。

我們每個人都有自己擅長的領域，也許是口才，也許是思想策略，也許是獨特的技能等。只是很多人沒有去發現、去明確、去執行，如果我們找到自己擅長的能力，並且明確、執行這種能力，不僅能縮短自己與成功的距離，還能創造出更加可觀的價值。那麼，我們應該如何找到自己擅長的能力呢？

⭐ **大家都稱讚你什麼。**有時候我們自己並沒察覺，但是自己在做某一件事情的時候，很多人都會情不自禁地讚揚你，這就表明在這件事情上你比別人強，甚至具有他人不可比擬的擅長優勢。比如無意識地畫畫塗鴉，卻總能畫出令人驚歎的作品；唱歌的時候別人總稱讚你唱得好等。

⭐ **在做某些事情時感覺特別輕鬆，也做得特別好**。自己在做某些事情事，別人可能覺得很難，但自己卻可以很輕鬆完成，這就證明了自己在這方面的絕對優勢。比如在勸說一個人，別人總是不知道如何開口、或辭不達意，而你卻能輕而易舉地說服別人，這種口才也是一種能力優勢。

⭐ **特別喜歡做某一件事，並且能從中獲取自信**。對某件事情總是樂此不疲，不管是否時間充裕，總是喜歡去做，而且較少存在挫折感，總是充滿信心。這既說明自己對它有興趣，也說明自己做的也不錯，只要稍微下點功夫，肯定事倍功半。

如果覺得自己的工作並不如意，自己的優勢和能力並沒有發揮出來，這時你就應該認真想一想自己真正的能力在哪裡，去做自己擅長的事情，充分施展自己的才能。

③ 根據所學專業找到適合的工作環境

我們所學的專業，在一定程度上代表著自己的優勢，而利用自己這些優勢去找工作，就更加適合自己。但是我們在自己所學專業上找工作時，要做以下幾點分析：

⭐ **充分瞭解自己的專業**。對自己的專業要做一個全面的瞭解，它適合哪些性格的人去做？自己能透過這個專業做什麼？

⭐ **專業的未來發展**。分析一下自己所學的專業未來前景如何，是朝陽產業還是黃昏事業，目前自己專業方向所對應的工作有多少？步入這個行業，自己適合從事什麼具體職業？自己未來的發展如何？

⭐ **以後能給自己帶來什麼**。當自己從事自己所學的專業領域，如果自己步入行業的巔峰會是一個什麼樣子，它是否符合你人生的價值觀，能否給你帶來想要的東西？

　　之所以要分析專業，是讓你在思考中漸漸明白，對於自己的專業所對口的工作領域，有哪些是適合自己的，而那些理想職位對自己而言有多大把握能爭取到，以及瞭解自己透過進入此專業到理想行業的把握和勝算，然後再選擇自己將要進入的工作領域，做好計畫，確定自己未來的工作目標，並透過這種方式來找到合適自己的工作。

財商 Tips

📢 進入職場找工作時，首先要認清自己的性格，瞭解自己的性格適合從事哪方面工作，根據自己的性格去找適合自己的工作，不要把自己放在一個不喜歡、不適合的工作環境當中。

📢 對於自己所學的專業，把和自己專業對口的行業一一條列出來，找出適合自己性格的領域，然後再在這些領域中去尋找自己喜歡的職業，再根據自己喜歡的職業去提升相關的技能，讓自己能夠勝任這份工作。

不要去揣摩，直接問就對了

揣摩是最耗費精力的無益舉動，它不僅不能改變現狀，而且還會浪費不少精力，我們總認為自己能夠看透別人的想法，想盡辦法去揣摩別人的心思，到頭來不但沒有確實理解別人的意思，反而還弄巧成拙，最重要的是，耽誤了自己的時間，讓效率也變低了。

在工作中也是一樣，不要總是喜歡去揣摩別人的心思，卻很少主動去問應該如何去做，這樣只會白白浪費不少精力，問題卻一點也沒得到解決。想要解決問題，就必須要讓行動變得有實際意義，而不是靠自己的揣摩去解決問題，要直接問當事人，讓他告訴自己怎麼去做，要怎麼做才能解決問題，這樣的行動才有意義，才會轉變成巨大能量，並切實有效地解決問題。然而，要想自己能夠坦然地做到這一點，我們要讓自己具備哪些條件呢？

① 提高對自我價值的肯定

習慣揣摩的人常常因為膽怯，而不敢開口去問，質疑自己的重要性，對自我價值產生疑慮，又缺乏足夠的安全感和自信，所以他們希望「不打擾」別人，而照樣把事情做好，以此來獲得別人贊許的目光和誇獎，以得到內心的安慰和滿足。他們不承認也害怕別人認為自己的能力不足，希望自己在別人看來是有能力的人，其實這正是缺乏自我肯定，不敢面對真實自我的一種表現。

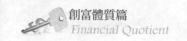

　　我今年未滿四十歲，但我破產過二次，感情路上也曾經被拋棄了五次 被發過十五張好人卡，我很感恩這段經歷，雖然我人生中長達十年多都處在負債破產的泥沼中，但這情況反而更激勵了我一定要成功的不服輸精神，再加上與生俱來的商機敏感度及後續累積的財商，讓我真的成功三年內將財產從負七位數翻轉為正八位數！儘管我深陷巨額負債，應該是最沒自信的時期，我仍然勇敢追求愛情，雖然感情這件事我無法阻止它的來去，但我始終相信我值得擁有幸福！

　　在實際工作中，這種表現是因為對自己缺乏足夠的自信心，不敢確定自我價值，害怕做錯事情，結果往往是越怕越錯。所以，要想脫離這種惡性循環，就要增加自信，正確地看待並肯定自我價值，提高對真實自我價值的認可，為真正確信自己的價值增加相應的核心重量感，擁有足夠的自我確信心理，以保證使自己能夠勇敢、果斷地去執行每一件事。

② 放下消極、害怕的心理

　　面對工作中需要解決的問題，有的人往往帶著消極心態，而這也成為他們產生害怕主動去問的原因，而消極心態在很大程度上會影響一個人對事物的判斷方向，進而影響他對事物的處理方式。這也是為什麼那些習慣揣摩的人不能有效地解決問題，始終無法獲得突出的成就，甚至還會在某些時候對自己造成嚴重的負面影響。

　　相反，那些成功人士在對待工作中的問題和壓力時，他們多有著積極向上的心態，並持有飽滿高漲的工作熱情，這讓所謂的「困難」在他們手裡解決起來變得輕而易舉，這正是積極的心態給了他們解決問題的推動力，讓他們敢於去問，勇於行動並少走彎路。

　　其實，只要是你期望得到的東西，就完全有可能得到，關鍵是我們是

否積極去做，是否能夠衝破行動中的阻撓。所以，當工作中遇到所謂的「不如意、不順利」時，請收起你的消極心理，不要再說「公司不給我機會」、「老闆要求太苛刻」、「工作任務太重」等這樣消極的語言，而要學會丟棄消極心理暗示，告訴自己只要有正確的方向，就一定能夠戰勝一切困難，並將事情辦好。如果遇到不懂的事情，不要揣摩，積極詢問，讓他們告訴你怎麼做才是對的，不要自己打擊自己的積極性，多給自己一些正向的暗示，積極地面對工作中的一切。

③ 打起精神，敢於面對未知的挑戰

優秀的人多是在經歷過無數挑戰和艱辛之後，被歸附到成功者隊伍的行列當中的，而且他們都有一個共同的特點：面對挑戰和艱辛，他們採取的是勇敢、積極、直接面對、接受的態度，而不是恐懼、退怯、躲避、膽怯，這正是那些喜歡揣摩的人所缺乏的。

因此，當我們面對那些不如意的事情時，我們不能將它們看成是一種負擔，更不能認為委屈，而是要試著去做那些「最害怕做」的事情，敢於開口去問、去說、去做，多去嘗試，不斷地去挑戰自己的弱點，戰勝自己的膽怯心理，學會突破自我，並迎難而上，慢慢就會變得越來越有勇氣，越來越不怕困難，也不再懼怕行動。

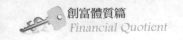

📢 如果需要執行一件自己不怎麼熟悉的事情，我們就應該多去請教同事，或者那些資深的員工和老闆，讓懂的人教我們去做，或者指出一個執行的方法。

📢 我們可以寫一些積極勵志的語言，貼在自己的床頭和辦公桌上，在自己每天早上和上班的時候看一眼，以此來激勵自己，或者在自己沒有動力，甚至產生一些消極的情緒時，還可以用來為自己加油打氣。

全心投入，是一種智慧

　　有人生性懶散，有人熱情十足；有人整日抱怨，有人老實實踐；有人投機取巧，有人全力以赴；有人感覺前途迷茫，也有人將夢想照進現實。在追逐夢想中的人看似形形色色，迥異多樣，但是探究緣由，歸根到底只有兩種，那就是全心投入的人和消極怠慢的人。

　　全心投入的人善於迎接挑戰，踏實肯幹，超越對手，也超越自己，不斷創造業績，展現才能，努力地向自己的夢想前進，這是一種智慧。也只有全心投入，才會讓工作和事業有轉變、有創造、有突破。

　　一個年紀輕輕的小夥子獨自來到香港發展，他懷著滿腔熱血，想闖出一番大事業。但是現實卻徹底把他的夢想打翻了，因為他不會英文，甚至不會廣東話，沒有人願意錄用他。

　　但是年輕人並沒有放棄，而是找了一份清潔工的工作，雖然又髒又累，一天的工資也只有 60 元，而且上班的往返路的交通費就要花費 40 元，但是年輕人還是每天按時上班，沒有任何牢騷和計較。

　　工作一段時間後，年輕人發現，雖然清潔工每週上班五天，但是公司其他部門總會有員工在週末加班，但是因週末沒有排清潔工，公司的環境很快就變得很髒亂。於是，他自發性地週末也來公司加班，打掃整個公司。雖然沒有人給他額外工資，但是他仍然打掃得很認真。時間長了，公司的老闆注意到了這個全心投入工作的年輕人，於是就提拔他為內勤助理，負責辦公室內雜事的處理。

　　後來，憑著自己的努力，年輕人最後成了公司副總經理。再後來，年

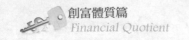

輕人又自己建立公司，在地產業、飯店業蓬勃發展，成為知名的企業家。他就是「胡潤慈善榜」上排在第一位的慈善企業家余彭年。

余彭年憑著自己的信念，加上全心投入的行動，最終實現了個人的價值。而全心投入正是工作的始發點，面對一個新工作，全心投入可以使你迅速進入狀態，盡最大的努力去做好工作，戰勝工作中遇到的困難。財富也是留給這種全心投入並積極主動去爭取的人，只有讓自己變得更積極一點，更主動一點，全身心地投入到自己的事業當中，財富才會離自己更近一點。在追求財富的過程當中，我們應該如何全心投入到自己的事業當中呢？

① 保持對工作的熱情

如果我們厭倦自己的工作，感到前途一片迷茫和暗淡時，就會感覺身心憔悴，精力不夠，認為工作索然無趣，就算什麼事都不做也感到非常疲憊。相反地，如果我們對自己的工作充滿熱情，就能全身心地投入到工作當中去，時刻感到精力充沛、幹勁十足。

有個培訓講師在一天之內持續講了七堂課，但仍顯得精神抖擻，一點也不疲憊。一位朋友便問他：「你一整天講了七堂課，不累嗎？」他卻回答說：「因為我對自己講課的內容都有絕對的自信，而且再次上課的學員也都不一樣的，互動的感覺也不一樣，所以我對每一堂課都充滿了熱情與期待。」

這便是他成功的智慧，對自己的工作充滿了熱情，所以才不覺得累。我們在追求財富之前，要先培養自己對工作的興趣，全身心地投入工作中，鍥而不捨、持之以恆，要把自己從「缺失興趣、容易疲憊、工作無趣」的惡習中擺脫出來。然後再設定自己追求的目標，為自己的目標而奮

鬥不懈，而不要整天怨天怨地，多想一想自己為什麼不行動，不要去管別人做不做，讓自己能夠集中精力、全身心地投入到工作當中去。這樣，就不會因工作的壓力過大而疲憊不堪。

② 提高自己的專注力

很多人想全心地投入到某件事情當中，卻總是在不經意當中被一些不相關的事干擾，把注意力給吸引走了，等到回過神來，卻又得重新整理思緒，浪費更多的時間。甚至有些在追求一個大目標的同時，卻被旁邊的小事分心，甚至還影響到了自己的整個事業進程。

面對這樣的情況，我們就要提高自己的專注力，不要輕易被一些不相關的事情打亂原有的計畫。我們不妨給自己設定一個提高自己注意力和專心能力的目標。比如，我要集中注意力把今天的工作計畫圓滿、快速地完成。

當我們有了這樣一個目標並切實投入相應的行動時，就會發現，原來我們是可以在規定的時間內完成計畫，並且可以不受到紛亂環境的干擾。先透過設定目標，然後自我肯定，認定自己一定會集中注意力，而且還認定自己不論做任何事情，一旦投入其中就能夠迅速地不受干擾，這時我們的內心就會強化自己的這個認定，時間長了，就會形成一種習慣，那時候我們也就能不受干擾而高效地完成任務。

③ 積極主動地投入工作

積極主動是工作中永遠的主旋律，有了它，我們才能演奏出財富的優美樂章，展現出自己的才華，利用才華創造財富。在工作中，我們也要時

刻保持積極主動，才能讓自己全心投入到工作中。那麼，在具體工作中，怎樣做才算積極主動呢？

⭐ **主動承擔責任，為上級分憂**。真正的積極主動不僅是要完成好自己的本職工作，還要為公司著想，照顧到公司利益，在必要時主動協助上級工作。

⭐ **做出工作計畫**。機會總是留給有準備的人，提前做出工作計畫讓你事半功倍。

⭐ **按時彙報工作情況**。彙報工作是對工作的總結，也是一項工作完成的尾聲，在工作尾聲也毫不懈怠，你才真正做到了積極主動。

⭐ **主動與上級溝通**。溝通有助於你準確掌握工作進度，完成得更好。

📢 如果自己注意力不集中，可以自己練習從 1 寫到 200，中間不可以寫錯或者塗改，一旦寫錯就要重頭開始，當自己能夠控制在 5 分鐘寫完的話，你就會發現你的專注力大大提高了。

📢 找一張白紙，畫一個 5mm 的黑點，然後盯著黑點的中心看，堅持看 3 分鐘，不管眼睛有多乾澀，即使流眼淚也要堅持下去，每天堅持做幾遍，慢慢地就會發現自己的專注力明顯提高了。

📢 工作中無論職務大小，你都要抱持積極主動的態度，保持對工作的熱情，全心地投入到工作，多給自己一些鼓勵和暗示，即便是在整理文件、接待客人這些瑣碎的小事情時，也要如此。

給你的未來人生設定最低標準

　　有了夢想和目標，卻沒有底線，等於說我要賺錢，但是不在乎賺多少。如果這樣，賺一億元是賺錢，賺一元錢依然是賺錢，而這兩者卻相差千萬里。所以，在追求人生財富目標的過程當中，我們可以對上限沒有要求，但一定要設定最低的目標，只有跨過這個最低的目標，我們的人生才可以說是沒有遺憾的。

　　但是在確定自己人生的最低標準時，也不可毫無根據地給自己設定不切實際的目標，就好比天上的星星，看得到卻永遠觸摸不到，這樣只會打擊自己的自信心。那麼，在整個人生的過程當中，我們應該怎樣給自己設定最低的人生標準，讓它既不會遙不可及，又不會徒留遺憾呢？

① 找到適合自己的標準

　　人們常說「適合自己的才是最好的」，在給自己人生定目標的時候也是一樣，只有透過努力可以實現的，並且是自己最想要的，才是最適合自己的。所以，我們在設定目標之前，要符合以下幾個原則：

　　⭐ **順著自己的意願。** 如果我們充分地相信自己，從某種意義上說，就具有了從事任何活動，並且達到任何一個目標的信心和能力。一旦敢於自主地確定自己的目標，並為著這個目標投入自己幾乎所有的精力時，我們才有可能獲得想要的東西，最終實現自己的人生目標。

　　⭐ **由自己的興趣和實力來決定。** 目標也不一定是一成不變的，它可

以隨著自己的實力的變化而變化，無須過高，也不能過低，但一定要有最低的標準。有個富翁說過：「30 歲的時候，我只能保證自己賺 1000 萬元；40 歲變成了 1 億元；到了 45 歲，我便把目標鎖定為 10 億元，並為此奮鬥。我喜歡這樣的追求，去追尋遙遙領先的理想，在追求的過程中，我才覺得自己是自己人生的主人。」

☆ **讓目標吸引自己前進**。目標是能促使你克服各種挫折和困難，並為之奮鬥的，能對自己發揮良好的約束和督促作用的。

② 根據實際情況確立目標

找到適合自己的標準，我們就要根據實際情況來確定自己的人生目標，人生的目標可以分為兩部分內容：

☆ **確立總目標**。自己要知道設定這個目標到底是為了什麼？為自己？為父母？或是為其他需要感激和感恩的人？為了將來的發展？為了致富？為了證明自己的價值？這都是很不錯的理由。只要你認為它可以給你帶來源源不絕的動力，促使你向著自己希望的方向去發展，去努力，就可以當作自己的目標確定下來。

☆ **確定分階段目標**。這是實現總目標的步驟性目標。由這些步驟性目標最終才能實現自己人生的總目標。比如說，我這個月要完成哪些任務，今年要達到一個什麼樣的標準，今天一定要做完哪些事情等。大到若干年，小到某一天甚至某個小時，都要有目標，只有這樣，才可以不懈怠，不放鬆，一步一腳印地朝著自己的最終目標前進。

③ 分析現狀，制定行動計畫

設定目標為自己的未來勾畫了一個藍圖，描繪了到達最終目的地的時間和要求，而分析現狀是為了讓自己設定一個最低的人生標準，這樣才不會脫離實際。因此，在設定行動計畫時，要充分分析自己當前的狀況。例如，自己有哪些優勢和不足？如何發揮優勢，克服不足？自己的潛能如何？是否已經充分發揮出來了？目前取得了哪些成果？自己的毅力和勤奮程度如何？自己的做事效率怎樣？需要改進什麼？針對這些問題都要做好認真的分析。

然後根據自己的潛能、成果、方法和努力程度等實際情況，設定對目標的最低要求，並做出行動計畫，明確將要在哪些方面採取什麼樣的措施和成果要求。如在人際交往方面，要加大時間的投入；在行業方面，選擇一個自己擅長的領域，充分發揮自己的能力等。透過這種方式制定的行動計畫，既不會脫離實際，也不會讓自己的夢想成為空想。

財商 Tips

📢 當自己有了夢想，我們就要想辦法實現，學會仔細分析當前的情況，制定一個符合自己實際情況的計畫，然後根據制定的計畫開始行動起來，勇敢去追求。

📢 在行動之前，我們為自己設定目標是為了什麼，我們一定要有清楚的認識，然後把自己這個目標劃分好階段，將總目標和階段目標都做好詳細的規劃，設定一個最低界限，要確保自己能夠完成目標的最低標準。

不要犧牲自我去成就他人

華勒思・華特斯（Wallace D. Wattles）曾說：「即便我們過上了富足的生活，具備了足夠的『給予』力量之後，也請記住，不能以犧牲自我去幫助他人。」因為，這是對自己極不負責的行為，不管什麼事情，我們都要把握好一個「度」。

財富的價值並不是累積不動，也不是揮霍無度，而是靠合理規劃利用才能實現最大的價值，這也要求我們要掌握一個「度」。而成功似乎有很多相似之處，這些聖人的話也都關注在一點上，那就是「度」。有意識地、理智地犧牲自己而幫助別人的人是一個高尚的人，但許多人卻在無意識中不自覺地，或者說是盲目地犧牲自己而迎合別人，這就是非常不值得做的事情了。漠視自己的感受，一味地讓出屬於自己的東西，這只能說是失去自我了。

盲目犧牲自己，迷失自我，那麼自己的內在價值就無法傳遞出去，與你接觸的人自然無法受到你一切美好品質的感染，這對於良好人際關係的建立是一種致命的缺陷。那麼，我們應該如何去把握這種「度」呢？

① 不用一味地遷就他人

我們都有自己的想法，不管做什麼，不要因為別人表露出一種不以為然的態度就改變自己的立場，不要害怕對方不與你合作而委屈自己，也不必因為別人不同意你的意見而感到消沉、憂慮，也不必害怕因此失去致富

的機會。我們要保持自己原來的本色，也就不會處心積慮地尋求別人的讚美與肯定，更不會因為渴望得到別人的賞識和提供的機會，而迷失自我。

有一個年輕人曾這樣訴說他的苦惱：

每次聽到同事吆喝下班後一起去吃飯、喝一杯、唱歌時，他便陷入糾結的掙扎中。就他個人意願而言，他是一點也不想去，只希望回家好好休息，看書，聽聽音樂，靜靜地享受一個人獨處的樂趣。

但是他害怕失去這難得的工作機會，害怕被其他同事排斥。於是他壓下了自己的意願，順從同事的模式，在喧鬧、嬉笑中，度過一個又一個吃喝玩樂的夜晚。他越來越不快樂，想改變這種令他厭惡表面和諧的友誼，想大聲向同事們說「不」，可又總提不起勇氣。他甚至覺得自己就像一頭被人牽來牽去的牛。

這位年輕人害怕失去機會，而犧牲自己的內心感覺，一味地在意別人的看法，結果讓自己處於極度苦惱之中。而且，最不划算的是，即便按大家的意思做，自己的不情願也會不自覺地流露出來，對同事良好關係的建立並沒有多大好處。

再看另一位年輕人的表現：

一位書生氣息很濃的年輕朋友要經商，但他的朋友都說他不是做生意的料：不抽煙、不喝酒、不會拉關係，不太會與人討價還價等，好像商人應具備的資質他都沒有。這位年輕人並沒有放棄自己的想法，結果他的公司在經過了一段艱難的沉寂之後，竟然生意興隆，財源廣進。他說：「我只是做好了最基本的幾點：以誠待人，信守承諾，保證品質。客戶們剛開始有些不習慣，現在都挺喜歡和我打交道的，省心省力還踏實。」

我們不要被一些約定俗成的東西或大家都習慣的做法所束縛，也不要為了迎合他人的觀感與喜好而放棄你的想法，甚至犧牲自己的價值。因為

那未必是完全正確的，也未必適合自己，犧牲自我成就他人，未必就能帶來自己所想要的，有時候還會適得其反。所以，我們要保持自我，不要刻意地去遷就他人，尊重自己內心真實的感受，做好自己該做的事情，財富自然隨之而來。

② 善良需有度

列寧說過：「只要多走一步，彷彿是向同一方向邁出的一小步，真理也就會變成錯誤。」可見，恰到好處才是「真」。如果真理不能覆蓋適用範圍，就是不全面；如果過了適用範圍，就會變成謬誤。因此，可以說真理與謬誤只有一步之遙。

「善」同樣需要度，對人心懷仁慈之心，為人處世多行善良之舉，可謂是人生的一大美德。但是，善也應是恰到好處。如果過分疼愛子女就變成了嬌慣；過分幫助別人，就會讓別人對你的幫助有了依賴感，而不思進取，不願奮發自強。而且，行善也需要範圍，並不是所有人都要對他們行「善念」，否則就會像唐僧對妖怪講慈悲、東郭先生對狼談善良那樣，結果是得不償失的。

這也正是華勒斯思·華特斯告誡我們的：「請你務必打消這樣的觀念：人人都應該為幫助他人而犧牲自我。我們對自己、對他人最負責的行動應該是：充分地發展自己，最大限度地實現自我的人生價值和社會價值。每個人都應該充分地發展他自己，只有當他自己無比強大富有的時候，他才更有能力去幫助和影響周圍的人，也就更有利於他人。」

財商 Tips

📢 在說服別人時，要根據實際情況進行分辨，不要對所有需要幫助的人都伸出援助之手，只有在自己有能力去幫時，我們才能去做。

📢 在與別人合作時，不管對方給自己什麼好處，都不能以犧牲自己為代價去成全對方，而是要有自己的計畫，規劃與人合作之後自己最底限的獲益標準，然後按自己制定的計畫執行，並保證不被別人影響和干擾。

丟掉負擔，讓自己輕裝上陣

在人生的長路上，我們常常會有這樣的感覺：越往前走，就會感到肩上的包袱越來越沉重，比如悔恨、傷害、虧欠，它們會隨著時間變長越來越沉重，成為心中的「結石」。

在追求夢想的過程中，成為包袱的東西有很多，錢財可以成為我們處世的憑證和工具，但也會成為我們日益顧慮的沉重包袱；美麗可以成為與人交往中突出的資本，但也可能會成為精明張狂的象徵；家庭可以成為你避風的港灣和溫馨的所在，但也可能會成為拖累你事業發展的障礙；過往的情感可以成為你人生前進成熟的過程，也可能成為你欲忘不能的心病。如果我們一直抱怨或責怪過去的某人或某事，你只是在傷害自己。所以，我們要試著減輕並丟掉這些負擔，為實現財富夢想掃清障礙。

英國前首相勞合·喬治有一個習慣，他總是會隨手關上身後的門。有一天，勞合·喬治和朋友在院子裡散步，他們每經過一道門時，勞合·喬治都不忘隨手把它關上。朋友覺得很奇怪：「你有必要把這些門都關上嗎？」

勞合·喬治笑了：「當然有這個必要，我這一生都在關身後的門。你知道，當你把門關上時，就將過去留在後面，不管是多麼美好的成就，還是多麼讓人懊惱的失誤，都已經成為過去。你必須重新開始。」

我們每個人都是從昨日的風雨中走過來的，如果不能總結昨天的失誤，仍然對失誤耿耿於懷，就等於背負了沉重的負擔，白白浪費眼前的大好時光。要想自己能夠輕裝上陣，就應該像勞合·喬治那樣，關上身後的

門，關上昨天的門。學會將過去的錯誤和失誤通通放下，不要再沉溺於懊惱和後悔之中，畢竟時光是一去不復返的。只有每天盡力做好當天的事，明天才會是一個嶄新的開始。

雖然有些東西我們覺得彌足珍貴，不忍心扔掉，但正是這些東西加重了我們的負擔，讓我們患得患失，躊躇不前，而錯失了很多成功的機會。面對來自上司的壓力、同事的挑戰、新知識的增加、公司政策的改變，每個人都有很多的壓力。如果我們總是背著沉重的負擔，那麼我們前進的道路將變得寸步難行。

所以，要想向前看、往高爬，想更快地實現夢想，追尋財富，我們就要丟掉負擔，輕裝上陣，這樣才能離目標更近一些。所以，在實踐當中，以下幾種負擔是我們首先要丟棄：

① 悲傷的過去

每個人的過去都會有悲傷的成分，或多或少，或輕或重。有些人的悲傷來自於家庭的困苦，有些人的悲傷來自於父母的不理解，有些人的悲傷來自於情感的傷害，有些人的悲傷來自於經歷的坎坷……

但無論是何種悲傷，它們都是我們成熟的一個過程，這些經歷，會讓你的生命多一分思考，多一分執著。但過去的已經過去了，不要再停留在那些過往的痛苦上苦苦掙扎。只有放開，才會讓自己輕鬆起來。

② 並不出色的外表

有些人對自己的相貌總是不滿意，總覺得或多或少存在著缺憾，這和個人的心態有關。但是相貌問題，往往會成為阻礙個人自信的一個因素。

相貌漂不漂亮從來就不是什麼問題，但如果有人把這一點當成包袱，就會真正失去自己的美麗。相信沒有人會說馬雲長得很帥，但我們看到過他為自己的長相擔心嗎？

所以，不管你的外型如何，只要擁有強大的內心，一切都不是問題。我們不妨在一張紙上寫下對自己的評價，喜歡自己哪些地方，哪些地方是可以改變的，哪些不能，不能改變的就接受它們，我們要學會用強大的內在力量去征服世界。

③ 別人的批評

每個人都曾受到別人的批評，但不要過分計較它們。當受到反面評論時，我們應該把它當作能夠改進工作、改善自己的建設性批評。但如果別人的批評是侮辱性的，請不要為這樣的批評所氣惱，不要讓對方低下的素質影響到自己的心情，更不能讓這些話語阻礙了自己追尋夢想的腳步，我們可以一笑了之，也可以透過正當手段來維護自己的尊嚴。

④ 生活的壓力

到底是什麼壓垮了我們？是工作，是人際關係，還是家庭生活？我們必須弄清楚。生活的壓力誰都會有，應對這樣的壓力，我們可以採用一些方法來減壓，比如暫時將壓力拋開，休息一下，或者參加一些娛樂活動，在工作時不要太個人英雄主義，要依靠團隊的力量。

當然，這些方法都是減緩和分散壓力的，並不能真正消除，我們要調整好心態，以更主動、自信的心態進入生活，挑戰工作，這樣就能真正化被動為主動，拋棄心理上的壓力，把生活中的負擔轉變成前進的動力。

　　當代大提琴演奏大師帕波羅‧卡薩爾斯在他 93 歲生日那天說過一句話：「我在每一天裡重新誕生，每一天都是我新生命的開始。」既然 93 歲高齡的老人都可以重新開始，那麼我們還有什麼丟不掉的負擔？追逐夢想是一個很艱辛的過程，但是我們丟掉身上的負擔越多，我們就能夠跑得越快，就能越早實現目標。

財商 Tips

📢 沉著、冷靜地處理各種紛繁複雜的事情，即使做錯了事，也不要過於責備自己，每個人難免都會有犯錯誤的時候，學會讓心情保持平衡，但是要把所犯的錯誤記下來，知道自己錯在哪裡，保證下次不會再犯，並制定一個解決方案。

📢 勇敢地面對現實，不要害怕承認自己的能力有限，在某些不能辦到的事務中，坦然地說一聲「不」，不必強行逞能，要放下這些沉重包袱，而是要丟掉那些讓自己痛苦的心理負擔，讓自己輕鬆上陣。

未雨綢繆，為更快到達做好準備

目標固然重要，但是有了方向，卻缺乏準備，那麼即便機會來臨，也會被我們錯過。所以，在生活中，確定了前方的目標，我們還要準備好腳下的航程，為達到目標鋪好道路。

有人可能會很迷茫，做好準備是要準備什麼？這就需要根據自己的目標所需要的條件而定。比如農民要去種菜，得先學會怎麼施肥；漁民打魚，先要學會怎麼划船、撒漁網。雖然我們不用種菜也不用打魚了，但是要想實現心中的目標，就需要鍛鍊自己的思維能力、洞察力、專業技能、交際能力等，這都能給未來的路掃清障礙，鋪好道路，鋪得越好走起來才會越平坦、順暢。那麼，我們應該為自己未來的目標做哪些準備呢？

① 在技能上做好準備

你的夢想是什麼，要達到什麼樣的目標，這肯定會涉及到一個行業領域。也許想做個網路巨頭，但我們就要深入瞭解網路知識，學習相關技能；若是想當電影演員，那我們要學會表演，並且不斷專研；如果想經商做生意，就得瞭解整個市場需求的變化，具備商人的頭腦和眼光。

所以，如果確定好了目標，我們就要為之付出努力，而首先就要讓自己精通這一行，比同行的人瞭解得越多，我們成功的機率就越大。俗話說：「擁有多少知識就擁有了多少力量」、「知識就是財富」。因此，我們應該多瞭解一些與目標相關的專業技能，多豐富自己的學識，才不會

「書到用時方恨少」的窘境。

② 在思想上做好準備

面對激烈的競爭，我們一定要充分相信自己的實力，敢於挑戰比自己強的對手，加強自己的競爭欲望，隨時做好參加競爭的準備，透過競爭去達到理想的目標。在競爭的過程中，還要學會正確對待挫折，不能因為暫時的失利而垂頭喪氣，俗話說：「勝敗乃兵家常事。」切不可因此自卑，失去信心。

如果一個人喪失了自信心，就等於失去了開拓新生活的勇氣，生活中的挫折是造就強者的必由之路，挫折是鍛鍊意志、培養能力的好機會。所以，我們要讓自己隨時都能保持樂觀和自信心，在思想上做好準備，遇到困難要冷靜分析原因，爭取下次取得勝利，迎接新的挑戰。

③ 為加強競爭力做好準備

我們在認清性格特徵、選擇適合行業之後，還要善於運用其他方面的特長彌補專業技能上的不足，提高綜合素質，適應競爭要求。這就要求我們在平時就應該打好基礎，養成良好的生活習慣，除了不斷發展自己的專長外，還要多培養自己其他各方面的技能。比如自己想做一個演員，那麼除了磨練演技，若是能加強自己在舞蹈和音樂方面的才藝，就能大大提升自己的競爭力。

常言道：「藝多不壓身」，結合自己專長和社會對人員的要求，爭取把自己培養成一專多能的複合型人才。這樣，才能讓自己更優於競爭對手，為自己的成功添加助力。

④ 在人際交往上做好準備

俗話說「人脈決定財脈」，而人脈是需要相互交流才能取得的，在和人交流時，好的形象往往能夠為你加分，讓對方認可自己。所以，從外貌精神和文化氣質以及心理素質方面，都要不斷提升自己，讓自己有端正的優雅體態，大方得體的舉止和成熟自信的氣質。

在和對方正式交流之前，要先充分瞭解對方的情況，不打沒有準備的仗，要儘量展現自己的價值。這樣，在交流時才能先在氣場上感染對方，博得對方好感，在交談中透過展示自己的涵養和長處，給別人留下美好的印象。

📣 對於自己未來的目標，我們要不斷地提升自己的技能，在自己的專業技能方面，更加深入去學習，努力做到更好，對於一些輔助技能，多利用業餘時間去學習。

📣 確定了目標，選好了行業，就要讓自己變得更加優秀，多做一些能夠讓自己提升內在修養的事情，比如看書、和有智慧的人交流、多看訪談節目等；並且還要學會打扮，讓人看起來覺得舒服、得體、有氣質；這些都將成為我們追求財富的最佳助力，讓自己更加順利地實現目標。

你的行動力如何？

行動力對於每一個人來說，都是必不可少的能力。如果行動力太差，就不可能有大的成就。那麼，你覺得自己的行動力如何？以下測試能幫你提高對自己的瞭解，共 18 題，你只需回答「✓」或「×」即可。

❶ 做一項重要工作之前，你是否盡可能地多聽取建議呢？　　　　　（　　）

❷ 如果你瞭解到在某件事上老闆與你的想法截然相反，
你還能直抒己見嗎？　　　　　　　　　　　　　　　　　　　（　　）

❸ 你認為自己勤奮而不偷懶嗎？　　　　　　　　　　　　　　　（　　）

❹ 對自己許下的諾言，你能否一貫遵守嗎？　　　　　　　　　　（　　）

❺ 你能輕而易舉地適應與過去的工作習慣迥然不同的新規定、新方法
嗎？　　　　　　　　　　　　　　　　　　　　　　　　　　（　　）

❻ 你能直率地說出自己拒絕某事的真實動機，而不虛構一些理由來掩
飾嗎？　　　　　　　　　　　　　　　　　　　　　　　　　（　　）

❼ 做一項重要工作之前，你會為自己設定工作計畫嗎？　　　　　（　　）

❽ 你有能夠順利完成工作的自信嗎？　　　　　　　　　　　　　（　　）

❾ 對於工作中不明白的地方，你會向老闆提出疑問嗎？　　　　　（　　）

❿ 辛苦工作之時，你是否會對自己計分評估？　　　　　　　　　（　　）

⓫ 你是否善於傾聽？　　　　　　　　　　　　　　　　　　　　（　　）

⓬ 你是否充分信任自己的合作者呢？　　　　　　　　　　　　　（　　）

⓭ 進入一個新的部門後，你能很快適應這個新團體嗎？　　　　　（　　）

⓮ 老闆要求你星期五下班後提交報告，到了規定時間，你發現自己的
報告有不完善的地方，而且週末老闆外出度假，你會想等到下星期
一再交嗎？　　　　　　　　　　　　　　　　　　　　　　　（　　）

⑮ 你善於為自己尋找合適的藉口，來掩飾工作中的小錯誤嗎？ （ ）

⑯ 對於一項執行困難的工作，您是否能全力以赴地執行呢？ （ ）

⑰ 今天天氣似乎有轉壞的跡象，但出門帶雨具又很麻煩，你能立即
做出帶與不帶的決定嗎？ （ ）

⑱ 為了公司整體的利益，你敢得罪他人嗎？ （ ）

計算得分

每回答「是」一題得 1 分，第 14 題、15 題回答「是」扣 2 分，然後把所有得分相加起來。

解析

★ **17～18**得分，你的執行力較好。你有較開闊的眼界與合理的知識結構，再加上你的果斷與敬業，可以肯定的是，你是同事們和合作夥伴信賴的對象。如果輔以正確的行動計畫與方法，你肯定會有很高的工作效率，成就也會更突出。

★ **11～16**得分，你的執行力一般。工作中，你效率不高，但你也不會拖公司的後腿。也許你正為自己有遊刃職場的能力而沾沾自喜，這就是你最大的缺點，千萬別以為能蒙混過關就會一帆風順，要想有突出的成就，獲得實現自我價值的機會，你還需要更努力地發揮實力，埋頭苦幹。

★ **10**得分以下，你做事有拖延傾向。比如一件工作，只要有人替你去做，你往往不會親自動手去做，你使人覺得難以信賴，與你共事會很疲憊。也許對你來說，不做事才是最逍遙，但在你拒絕做事或不負責任的時候，你也失去了一次成功的機會。

Chapter 3

勇敢推銷你自己

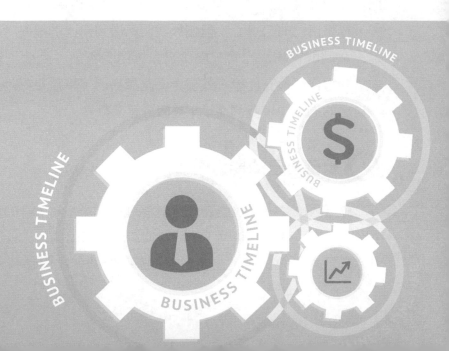

首先知道你是誰，知道你有什麼

那些「人生勝利組」的人，並不在於他們所處的位置多麼優越，而在於他們懂得應該把自己放在一個什麼樣的位置，能夠正確地認識自己，知道自己有什麼，知道自己在每一個階段需要做些什麼。他們不會因為看到現實與夢想的落差而盲目抱怨，而是能夠理性制定自己的職業發展規劃，懂得在工作中該屈就時屈就，該突破時突破，始終都對自己的職業發展之路把握清晰，從而正確地找到自己的價值和方向，即使遇到困難和問題，也都能安然對待。

但是，在認識自己的過程中，有些人容易走極端，有的過分地看好自己，有的則過於看低自己，導致對自己產生了一些錯誤的認識。比如我們把目光都集中在痛苦、煩惱上，那麼就會覺得處處不如意，自己一無是處，打擊自己的自尊心；但如果我們只看到自己的優點，看不到自己的不足，我們就會沾沾自喜，驕傲自大，停步不前。因此，要想知道自己是誰，知道自己擁有什麼，就要全面認識自己，以便更好地展示自己。在認識自己的過程中，我們從以下幾個方面進行：

① 明確自己的能力價值

在這個社會中，我們為社會創造的財富越多，自身的價值也就越高，在別人看來也就能力越強，為社會創造的財富就是個人能力價值的一種體現。自己的能力如何，在競爭中有哪些優勢，我們應該有一個清晰的認

識，瞭解自己在這個社會環境中大概是一個什麼樣的價值，就要知道自己有什麼，哪些能力比較突出，能夠做什麼，能夠創造多大的價值，這些我們都需要對自己有綜合的考量。那麼，在實踐過程當中，我們應該從哪些方面去瞭解自己的能力價值呢？

⭐ **人際交往能力**。良好的人際交往能力是我們步入社會的起點，也是將來在社會立足的生存需要，更是借用他人之力為自己謀求財富的一種手段。人際交往能力強的人，往往能夠建立強大的人脈關係網，並有效地掌握所需的資訊，瞭解別人的需求，也有更強的財富創造能力，交際能力弱的人則相反。所以，人際交往能力越強，能力價值也就越高。

⭐ **知識水準**。知識是形成才能的基礎，是一種創造價值的力量。知識水準高的人，對問題剖析會有更深刻、全面且獨特的見解，處理問題更加讓人信服，從而可獲得人們的信賴感，在工作當中也能獲得更多人的認可。而一個知識貧乏的人，其個人能力價值就要大打折扣。

⭐ **工作能力**。我們在工作中的位置高低和職能，體現了自己在工作中的影響力，工作能力越強的人，往往職位就越高，影響力也會越大。所以，我們工作能力價值的高低，可以從自己目前的職位去瞭解。

⭐ **抗壓能力**。如果一個才華橫溢的人不能承擔壓力，那麼他無法利用自己的才華去做一番大事，做大事的人一定要經受住壓力的考驗。所以，我們抗壓能力的高低，也影響著自己在競爭中的優勢。

⭐ **特長**。一個人的特長越是突出，利用的價值越高，在競爭當中就越出類拔萃。所以，個人特長優勢越明顯，也就越能展現自己的價值。

② 明確自己的形象價值

形象，它不僅僅是穿著打扮讓人看得見的那一層外表，還包括內在的

修養、性格以及個人的行為舉止，這一系列的反應都會影響自己在別人眼中的價值。你的形象如何，往往會影響別人對你的判斷，形象越好，別人對你的印象也會越好，也會更加樂意與你交往，而形象不佳的人，給別人留下不好的印象，則很有可能造成別人對你的誤判。那麼，我們應該從哪幾點入手去瞭解自己形象價值呢？

⭐ **外貌及個人打扮。**長相漂亮的人在與人初次見面時，更加容易給人好感。但是，這並不是決定性因素，因為再美的臉蛋也要配上合宜的裝扮，加上整潔的外表才能給人留下好的印象。只有看上去給人一種舒服、愉悅的感覺，才能給自己的形象加分。

⭐ **內在涵養。**內在涵養是一個人內在的道德、文化和藝術修養的映射。一個有內涵的人，他的一舉一動也會顯得優雅、端莊，讓人覺得沉穩可靠，並願意與之接觸，而缺乏內涵的人則會給人一種浮躁不安的感覺，讓人敬而遠之。

⭐ **表現出來的性格。**每個人的性格在特定場合都會發揮特定的價值，比如外向的人在交際當中喜歡說話表現活躍，讓人覺得充滿活力、有趣，在銷售員、演說家等職業中更能突顯價值；而一些沉靜、內斂的人比較善於傾聽，給人一種溫暖、可靠的感覺，在服務行業就比較佔優勢。所以，性格對於形象的價值高低，在於我們是否選對了行業的類型。

⭐ **公共生活中的舉止表現。**在公共場所當中，我們的一言一行都是自己形象價值的體現，外在的形象容易打扮，但是要在言行舉止上征服對方就不是那麼簡單了。所以，談吐、處世、待人接物是影響個人形象價值最為重要的部分。

③ 瞭解自己的不足，學會揚長避短

　　在認識自己的過程當中，我們既要看到自己的優點，又要看到自己的不足。我們不必刻意去逃避，而是要正視自己的不足，戰勝自身的缺陷，不讓那些弱點影響到自己的成功，根據實際情況來進行分辨，認清自己當前的狀況和擁有的資本，確定自己的競爭優勢和劣勢，做到揚長避短。在實踐當中，我們可以透過以下方法來實現：

　　★ **認清自己的不足**。我們要細心地注意生活中的每一個細節，對於自身存在的缺點，要加以發現並試著改進，將那些影響自己實現目標的壞習慣改掉；好的習慣則要多累積，並繼續發揚。

　　★ **發現自己的優勢特長**。全面審視自己，除了缺點，還要善於發現自己的優勢特長，做到正確地認識自己，把自己放到正確的位置上，並在自己的事業中多利用這種優勢，做到揚長避短，形成優勢競爭力。

④ 透過他人瞭解自己

　　大文豪蘇軾寫道：「不識盧山真面目，只緣身在此山中。」認識自己有時候的確比較難，俗話說：「當局者迷，旁觀者清」，周圍的人對我們的態度和評價能讓我們認識自己、瞭解自己。

　　透過別人來瞭解自己，我們可以看到很多自己看不到的地方，不管是對方的眼神、語言還是態度，都可以用來瞭解自己言行的對錯和自己的社會處境，但是在他人的評價當中，我們一定要尊重對方的態度與評價，然後冷靜地分析，既不能視而不見，也不能盲目服從。只有客觀地分析他人對自己的看法，才能更加正確地認清到自己，並進一步調整自己的行為表現。

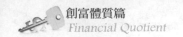

📢 在生活當中,我們可以透過詢問自己的親朋好友,讓他們給自己一個評價,或者指出自己的缺點和優勢特長,我們可以以此為參考,再檢視自己有哪些是需要改進,哪些是應該繼續發揚的優勢。

📢 根據不同的場合、不同的標準和要求,我們根據實際情況來挑選自己的穿著,確保外型打扮能夠適應場合,讓自己給人一種恰當、舒適、愉悅的感覺。

📢 細心地留意生活中的每個細節,改掉自己的缺點,累積好的習慣,注重生活中合理正確地安排控制時間,提高效率,爭取在事業上有所突破,使目標的實現更快捷、更優秀。

再天才，也敵不過好口才

有人說：「是人才的人不一定有口才，但有口才的人一定是人才。」在這個時代，那些被稱為「天才」而取得成功的人屈指可數，而依靠口才成功的人卻數不勝數。現代這個社會講究「贏」，而贏的中間是一個「口」字，說明「口」在贏字中間發揮了關鍵的作用。所以，要想成為一個「贏家」，口才就顯得非常重要了。嘴巴有兩大功能，第一是「吃」，第二就是「說」，但要「吃」好，那就得先把話「說」好。

在現實工作和生活中，好口才的帶來的好處大家應該都深有體會。比如要請別人幫忙辦事，口才好的人說一些甜蜜的話語，別人會更加樂意幫忙；一場會議中，如果你擁有能說會道的口才，台下的聽眾一定會為你歡呼鼓掌；如果要勸說別人、安慰別人、稱讚別人，甚至批評別人，更需要有好的口才才能達到預想的效果；有時候，當自己需要用長篇大論向上司介紹自己的計畫，或說明一個複雜的問題時，就更加離不開好口才。

第二次世界大戰期間，歐美人認為最有效的三種武器是：原子彈、美金和口才。到了當代社會，他們眼中的武器變成了口才、金錢和電腦。由此我們可以發現，在人類的發展中，口才一直佔據著不可取代的位置。在職場的競爭當中，口語表達能力已成為對一個人的能力、才幹的考察要求，要想成為現代的高素質人才，有效地把自己推銷出去，出色的口才就必不可少。而我們應該如何鍛鍊好口才呢？

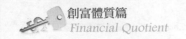
1 堅定練好口才的信念

常常有人說：「我的成長環境沒有機會練口才，所以口才不好。」、「我工作實在是太忙了，哪有時間鍛鍊口才。」甚至還有人會說：「我之所以口才不好，是因為遺傳了父母的基因。」

實際上，一個人的成敗雖然會受到環境和出生條件的影響，但並不具有決定性作用。一個人的成就如何，取決於他的思想，而一個人的思想會影響到一個人的行為，一個人的行為決定了一個人的習慣，而習慣決定了一個人的性格，性格決定了一個人的命運。我們都能夠成為自己想像中的那個人，但是要付出足夠的努力。如果你覺得自己不可能擁有好的口才，那麼你將永遠練不好口才；如果你認為透過努力鍛鍊能擁有好的口才，那麼經過足夠的努力，就一定可以辦到。因此，擁有好口才只是時間問題，只要我們堅持鍛鍊，就一定能夠把口才練好。在訓練、培養好口才之前，我們要給自己植入以下幾個信念：

⭐ **讓信念進入我們的潛意識**。世界潛能大師博恩·崔西曾經說過：「潛意識的力量比意識大三萬倍以上。」透過不斷的自我暗示，讓信念進入我們潛意識，讓潛意識監視自己的行動。

⭐ **只要有開口說話的機會，我就開口說話。**

⭐ **只要有上臺的機會，我就一定會上舞臺。**

⭐ **只要有練習的機會，我就用心練習。**

這幾個練習口才的信念，只要你真能運用到生活中去，不出一個月的時間，你的口才水準一定會有一個質的飛躍。

② 學習「聽」的智慧

很多人認為能說善道就是好口才，這個觀念是不正確的。比如有些人在閒聊時，可以滔滔不絕說上一整天，但真的要派上用場，在正式場合讓他說時，他不一定說得出來。口才好的人，話不在多，但句句都能講到重點，語言得當才是關鍵。而要把話說到精闢，首先一定要「善聽」，只有聽好了，才能說得好。在聽時，尤其要傾聽出別人的言外之意，聽出別人的話中話。很多人會說我也知道應該聽，但我真不知道怎麼去聽，我怎麼聽都聽不出來別人的言外之意。在這裡，大家可以按照以下幾種方法去傾聽：

★ **用心傾聽**。跟別人交流時，不要心不在焉，提高自己的注意力，聽明白別人說的話。

★ **積極思考**。聽了之後要思考，要去想一想，別人為什麼要這麼說，他這麼說的原因是什麼，他想要表達的意思是什麼等等，一開始時可能你想不到，但只要你記在心裡，過一段時間後，慢慢就會明白別人的言外之意了，然後再用心去體會，去總結。如果再碰到這樣的情況，別人再說類似的話，慢慢地你就會聽懂別人的言外之意了。

★ **多跟有思想的人去交流**。有思想的人，說的話往往會有很多讓你回味的地方，從這些回味的地方，你可以去領會其中的意思，同時也可以學習如何把自己的想法很巧妙地表達出來。

③ 多讀書，多思考，累積你的知識量

要想給別人一杯水，自己要有一桶水，這是一個普通的常識。我們要說給別人聽，首先就得自己知道。也許我們認為別人出色、精彩地演講幾

分鐘、論辯幾句話很簡單，但是我們自己卻無法做到，因為就這幾分鐘、這幾句話，別人也是依靠不尋常的努力，並累積大量的知識才能達到的。

要想讓自己的知識變得豐富起來，可以準備一個小本子，把每天從報紙、雜誌、書中看到的觀點、方法，以及好的詞、句子都記錄下來，有時間就拿出來看看，時間久了，就形成了自己的思想，有了自己的見解。說起話來自然也就有理有據，也就不會出現表達不出自己想法的尷尬場面了，甚至說出一些妙語驚人的話也就不是什麼怪事了，這就是累積的結果。

④ 隨時隨地訓練說話能力

一份調查結果顯示，專門受過語言訓練的人和缺乏語言訓練的人，表達能力有著天壤之別。面對同一件事，沒受過語言訓練者的表述，有可能是語無倫次、雜亂無章的，即使說上一大堆話，也只會是廢話一堆，若是受過良好語言訓練的人，他可能只須幾句話，就能十分精練、完整且合乎邏輯地抓住主要情節和情節之間的關係，將事件表達出來。

如果你很想在各種談話場合中，利用自己的言談來贏得別人的尊敬和讚揚，就要記住和做到以下幾點。

★ **多看訪談類電視節目**。電視節目往往是一場語言的盛宴，人與人之間的交流技巧都會在節目表現出來，所以可以多看看那些訪談類的節目，能讓你更有效地學習別人的口語技巧。

★ **培養目標感**。說話時要有主題、方向感，就好像走路一樣，朝著一個方向進行，避免在與別人談話時漫無邊際地東拉西扯。

★ **學一些新語言**。現在網路已經影響到我們生活的各個層面，網路新詞也層出不窮，對於那些有利於加強交流的網路流行語，我們可以有選

擇性地進行學習，吸收一些新的語言，豐富自己說話的生動度。

⭐ **訓練你的判斷力**。在與別人交談時，如果你判斷失誤，做出一些錯誤的回答，就可能導致雙方產生不必要的誤會，甚至加深彼此之間的矛盾。所以，要多訓練自己對語言的判斷能力，正確理解對方說話的意思。

⭐ **說話要有力量**。有力量的話就是指說話時能夠直接了當，行就是行，不行就是不行。比如：你最好不要說「我看……」「我想……」之類的話，而應該儘量說「我覺得應該這樣去做」等，這樣才能顯現你的氣勢與力量。

⭐ **多與人交談**。你不妨嘗試擴大你的社交圈子，增加自己與他人說話的機會，說的多了，自然就能提高對語言的駕馭能力。

財商 Tips

📢 讓自己到人多的地方，找機會強迫自己和別人搭訕，並且要求自己每次搭訕的時間要比上一次要長。

📢 多看看訪談節目，觀察主持人是如何有技巧地去問嘉賓的問題，再看看嘉賓面對主持人的各類問題，又是如何巧妙回答，把他們那些精華的問答記錄下來，並在生活中加以實踐利用。

BEST

不要做懷才不遇的那個人

　　魯蛇總是感歎自己懷才不遇，不是覺得職位低就是哀怨薪資少，終其一生都在自怨自艾中度過，他們感歎世事不公、老天無眼、老闆個個都不及他。其實，懷才不遇是一種非常消極的負面情緒，它不但嚴重影響個人潛能的發揮，甚至還會斷送自己的前程，註定魯蛇一輩子。

　　在工作當中，如果你總覺得自己真是懷才不遇，那麼不是別的問題，根本問題還是在你自己。以下幾點是懷才不遇的原因，你中槍了嗎？

　　★ **才藝不夠精。**有些人自認為才華出眾，才高八斗，其實只是略懂皮毛，真要處理一些比較棘手的問題，就束手無策了。許多剛出校門的社會新鮮人最容易碰到這樣的問題，他們對行業瞭解不深，一味相信書本上的理論，追求完美但考慮不到是否真的適應社會需求，總覺得老闆不重視自己，一旦公司交付一些任務時，不是手足無措，不知道從何處下手；要麼錯誤百出，卻還認為是老闆太苛刻。

　　★ **自己的「才」不能與時俱進。**這個時代發展太快了，知識更新換代也很快，你過去掌握的熟練技能很可能在轉眼間就沒有了用武之地，只有不停地學習才能夠跟上時代的步伐。但這類型的人往往不能適應知識的更替，總認為自己才是對的，是最好的，卻不知道別人都坐高鐵了，他卻還在平快火車裡洋洋自得。

　　★ **年少氣盛。**年輕人總是不能正視困難和挫敗，遭遇失敗時，不是歸究於自己年少氣盛，不懂世事，而是痛惜自己懷才不遇，大材小用，甚至是有才無用，開始變得憤世嫉俗，最後不得不選擇逃避這個社會。

現代市場競爭尤為激烈，企業若是不重視人才就會被淘汰。因此每個企業都會積極主動地尋求人才、培養人才，真正有才幹的人，也一定會被提拔利用的。只要你真的是一位才華橫溢的人，那麼你總會得到認可，並實現自己的價值。所以，在工作和生活中，不管你的能力如何，你所處的工作環境如何，都不要有「懷才不遇」的念頭，而是要想辦法去實現自己的優勢和價值，讓自己擁有可展示、可推銷的個人價值和資源。那麼，我們應該怎麼去做呢？

① 讓自己成為不被輕易替代的人

要想讓自己脫穎而出，讓別人重視自己，我們就要讓自己成為一個不可替代的人，擁有不可替代的優勢和能力。而這種能力也是與他人一決高下的核心競爭力，一個企業如果沒有核心競爭力，產品將只是產品，不會變成品牌；而一個人如果沒有核心競爭力，也將喪失與他人競爭的能力，即使在追求財富的道路上，也只能淪為普普通通的一員，一輩子庸庸碌碌，無法脫穎而出。

Jack 在一所大學修的是電腦專業，在大三時他透過學長介紹進入了一家科研機構實習。他進去後，上司就給他分配了一項任務，說：「三個月內完成它就行，到時我會給你一個實習評鑒。」

幹勁十足的他乾脆就直接住在公司，然後一一完成了它。當一個月後他告訴上司已經完成任務時，老闆嚇了一跳，立刻對他刮目相看。然後再給他分配了其他任務，並且 Jack 總能在老闆訂下的日期前提早完成任務。

實習結束後，上司沒有特別說什麼。但不久就直接去 Jack 的學校，點名要延攬他來為自己工作。

　　Jack 為什麼能夠在激烈的競爭中，不費吹灰之力就找到了一份令人羨慕的工作？是因為他超強的工作效率別人無法取代，所以機會自然就降落到他的頭上。因此，如果你想把自己培養成適應你期望職位的人，就必須積極提升自己這方面的工作技能，並且要以壓倒性的優勢去戰勝你的競爭者，讓自己無可取代。

② 以 120%的努力投入事業

　　任何企業都會要求它的員工盡最大努力去工作，去創造效益，這不僅是一種行為準則，更是每一個員工都應該具備的職業道德。投入 100%的努力去工作，只能說明你是一名比較稱職的員工，你做到了公司對你的要求。如果你能夠投入 120%的努力，你必然會脫穎而出的。

　　美國一位知名人士在演講指出：「比任何事都重要的是，你們要懂得如何將一件事情做好。只要你能將本職工作做得完善、無可挑剔，就能立於不敗之地，永遠不會失業。」

　　有天賦和才幹很重要，但努力工作更重要。如果你對自己的工作瞭解不夠，業務也不熟練，就不要在失敗後怨天尤人，責怪別人。你唯一該做的，就是投入更多的努力，拿出打拚事業的心態去完成手中的任務。

　　很多人感到自己「懷才不遇」，是因為他們在工作中投機取巧，懶懶散散，不守時盡責。這樣努力不夠的人，是註定要走向失敗的，財富也會離你越來越遠。因此，放棄自己那些偏執的想法，與其長籲短歎自己「懷才不遇」，不如用 120%的努力去投入工作，這樣才會將自己的能力發揮出來，真正體會到「才盡其用」的喜悅。

③ 工作中注意細節之處

要想實現自己的價值，就要讓自己擁有無可取代的優勢，成為他人欣賞並樂於合作的人。所以，我們在做事的過程當中，要多注意以下細節：

⭐ 工作時間就不要聊工作以外的事情。

⭐ 永遠不要偷懶，要知道自己做的每一件事都是為自己而做。

⭐ 不要為了賺取更多的錢，就不擇手段出賣自己的合作夥伴。

⭐ 勿將個人的情緒發洩到員工或客戶身上，這會斷送自己的財路。

⭐ 在每天工作結束之前，一定要把當天的任務完成，尤其是已經答應別人的事情，即使遇到意外情況不能及時完成，那也必須讓委託人知道，長期以往，就會建立起自己的誠信。

⭐ 不要只是一味等候或按照別人的吩咐做事，覺得自己沒有負上責任，因此出了錯也不用受到譴責。這樣的心態只能讓人覺得你目光短淺，成不了大器。

不要徒勞地抱怨自己「懷才不遇」，如果你真認為自己懷才不遇，那麼你要做的就是想辦法找個地方展示自己的才華，讓自己的才華為自己創造財富。

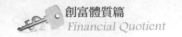

- 每天下班的時候，利用業餘的時間多學一點知識，加深自己的專業技能，多向老闆請教做事的方法，讓自己變得更加優秀，成為一個不可取代的人。

- 多上網關注一些同業的交流資訊，瞭解他們在做什麼，需要什麼，看看有沒有符合和自己發展的機會，不要等著機會來找自己，要主動去尋找機會。

- 任何一件事情做完的時候，都要細心再檢查幾遍，確保萬無一失的時候再向上級報告，以確保每一件事情都做到最好。

在合作中推銷你自己

卡內基曾說：「不要怕推銷自己，只要你認為自己有才華，你就應該認為自己有資格擔任這個職務。」銷售大師喬·吉拉德也曾說：「銷售的要點不是銷售商品，而是銷售你自己。」把自己賣出去，是成功人士實踐經驗的總結和感悟，也是每一個想要成功的人需要具備的基本能力。

在一個陌生的地方，我們碰到的全是陌生的面孔，這個時候，你想迅速地打開局面，進入成功的快車道，就必須具備快速推銷自我的能力。如果你會推銷，就能在較短的時間裡，讓別人看到你的價值。那麼，對方才願意跟你打交道、談業務、搞合作，自然就能賺大錢。

所以，在與別人合作時如何推銷自己，就顯得至關重要，一旦我們掌握了這門技術，懂得如何推銷自己，也就不愁別人不與你合作了，這便是成功推銷自己的神奇力量。

① 塑造自己的成功形象

隨時隨地都要有包裝自己、塑造良好形象的意識。因為任何時候都會有人在注意你，我們的一言一行都會給人留下印象，千萬不要認為，現在不是正規場合，大家彼此都很熟，隨便穿穿，隨便說說沒關係；也不要認為，彼此都不認識，懶散一點不要緊，放鬆對自己的要求，不注重自己的言談和舉止。如果自己不注意，做什麼都隨隨便便、缺乏分寸，對方儘管嘴上不說什麼，但心裡早已對你打了分數，做出了評判，下了結論。一旦

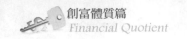
機會來了，或者需要用人的時候，他就會很公正地對待你，你可能因為平時表現不佳而失去機會。

所以，我們的穿著、打扮、談吐、舉止都在告訴別人自己是一個怎麼樣的人，我們一定要注意其中的細節。如果想成為一個高品味的人，就要讓自己穿得有質感一點；如果想成為一個成功者，所有的舉止言行就要給別人留下成功者的印象。因此，不管在什麼樣的場合，隨時都要讓自己保持成功者的形象，隨時都展現最好的自己。

② 在自我介紹中脫穎而出

要想成功推銷自己，一定要給別人留下深刻的印象，這時需要我們把自己最好的一面展現在大家面前，透過簡短的自我介紹，就要讓對方快速認識你，接納你，並認可你。

在一次創富講座裡中，秦明介紹道：「我叫秦明，憑著自己的努力，三十幾歲就當了某銀行的經理，並利用業餘時間對股票投資進行了研究，我當時購買 1000 元股票，現在已經翻了 100 倍了。我現在是一家著名投資公司的顧問。因為這些年我都在搞股票投資的研究，所以，掌握了股票市場的投資規律，如果大家有興趣，我可以和大家分享這方面的知識。今日能在這裡與大家相識也是一種緣分，我真誠地想和大家交個朋友。」

他的這番介紹，贏得在場許多人的關注，很多人都主動過來和他聊幾句。當場還應大家的要求，主辦單位另外為他安排了一個晚上的講課時段。那天晚上，他講了兩個小時，可想而知，他再一次贏得了大家的肯定，客戶也接踵而來。實際上，他就是利用這套自我介紹，達到讓他講課的目的，然後透過講座推銷自己投資公司的股票。

所以，在平時就要精心策劃好自己的開場白，準備好兩套以上的自我介紹。在和對方合作的時候，要有意無意地向對方展示你的優勢，讓對方快速接受你，並產生瞭解的興趣和欲望。這樣，我們在簡短的自我介紹當中，就能先發制人激起對方的好奇心，獲取更進一步的發展機會。

③ 學會為自己宣傳

一個企業要提高知名度，必須進行廣告宣傳，同樣，一個人要提高知名度，也要在尊重事實的基礎上，進行適當宣傳。然而，現在很多人都不善於為自己做廣告做宣傳，即使是宣傳自己，也是大肆鼓吹自己一番，結果反而嚇跑了合作夥伴，造成負面影響。

在宣傳自己時，既要敢於在對方面前說出自己目前的狀況，讓對方知道自己現在做得很不錯，並已經取得了成功，還要告訴對方下一步還打算怎麼做？把自己的計畫和目標清晰地展示在對方面前，讓對方明白自己的價值所在。

同時，還要告訴對方，現在做的這些事情，裡面存在的一些問題和困難，是否需要別人說服。因為當我們在與別人講到我們的困境或困難，也是在給別人提供一個機會。有些我們自己認為是個很困難的事情，但是在別人那裡，也許就是一個很簡單的問題。你既和對方談到了目前的成績，又談了困難，別人就會認為你這個人很實在。因為，任何人不可能事事順利，難免會遇到一些挫折與困難，這樣一說，不但宣傳了自己，還為自己找到了解決困難的機會。

但是一定要注意，在自我宣傳的時候，要掌握分寸，要把握尺度，不要說得毫無節制、志得意滿，讓別人覺得你很浮誇。因為，人與人之間，最初接觸時，雖然不是很瞭解，但都會有一種直覺，你有多大的能力，他

多多少少會有一個整體判斷。所以,在宣傳的時候,一定要從實際出發,既不能浮誇,也不能過分謙虛。

④ 學會抬高自己的身份

人們都喜歡與身份比較高、能力比較強、比較自信的人交往,而不願意與那些整天愁眉苦臉、垂頭喪氣的人混在一起。因為經常與那些成功人士交往,自己也會變得自信起來,慢慢朝著他們成功的方向前進。

所以,與別人接觸時,如果對方對你還不太瞭解,你不要過於謙虛,更不要太看低自己。如果你把自己講得一無是處,誰還會願意和你打交道?因為誰也不願和一個毫無價值、看不到希望的人站在一起,此時跟你在一起,只會增加別人的負擔,怕會沾上你的楣運。所以,我們要適當地提高自己的身份,讓對方感覺認識你很榮幸。他才會樂意並主動和你打交道、做生意、談合作。那麼,你該如何去提升自己的身份呢?

★ **與成功的人交往。**要成功,就要置身「贏者圈」的環境,就要和成功人士交往。你要提升自己的格局,就要置身於上層人士的環境,也就是要千方百計進入高層人物的人際圈。

★ **借助他人抬高自己的身份。**在談話或閒聊中,你很自然地說出一些身份比較高的人的名字。比如故意把名人和某老闆的名片拿出來。當對方看到你認識這麼多重要人物的時候,就會從心裡佩服你。

★ **談自己的經歷。**為了證明你是一個很有能力的人,你還可以把你做過的一些重要事情,參加過一些重要的活動,或者曾做過的一些重要專案分享給對方。

財商 Tips

📢 在與人會面的時候，不管是正式的還是非正式的，我們都要把自己打扮得體面一點，不要讓對方在穿著上看低自己，要讓自己整個人看上去顯得富有精神。

📢 在與人合作時，要間接地把自己的成就不露聲色地傳達給對方，讓對方知道自己的實力，給他一種無法拒絕的感覺，讓對方快速地認可你、接納你，以便達成交易。

📢 大家都樂意和一些成功人士來往，所以，我們在和對方合作的時候，一定要給對方一種成功感覺，要讓對方感覺自己在高攀。

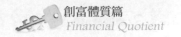

與人關係好，別人會主動推薦你

班傑明‧富蘭克林說：「成功的第一要素是懂得如何搞好人際關係。」在日常生活中，我們常提到所謂的「人緣」，其實就是人際關係。一個人的人際關係狀況，即是否有個好「人緣」，直接影響到我們的工作是否順暢，更關係到辦事能不能順利地達到目的。

一個人在社會上行走，要想達到無往不勝，就一定得懂得與「人」搞好關係，這不僅會大大減少我們通行的阻力，在一些打拚事業的過程當中，我們也將獲得別人更多的幫助。

① 懂得基本的待人之道

要想與人關係好，就先得讓別人接納自己，如果你讓人覺得討厭，就算你想與人搞好關係，對方也未必願意。所以，在與人搞好關係之前，先讓自己學會待人，讓對方樂於與自己交往。在與人交流的過程中，我們要做好以下幾點：

⭐ **要有容人之量。** 人際關係中，有時發生矛盾，心存芥蒂，產生隔閡，越是想理清，卻越來越混亂，我們應該如何去處理呢？一種方法是小肚雞腸，耿耿於懷，將關係鬧僵；另一種方法是「相逢一笑泯恩仇」，用寬容諒解對方的過錯，而在處理人際關係時，後一種態度是值得肯定的。

⭐ **做人要厚道。** 在處理人際關係時，不能待人苛刻，使小心眼，別人成功了，不要嫉妒；別人出問題了，不要幸災樂禍，落井下石，更不能

給人「穿小鞋」。在自己能力範圍之內，要儘量多幫助人，這樣，在自己以後遇到困難時，才會對你伸出援助之手。

⭐ **為人處世要有「人情味」**。在與人交往過程中，要學會關心人、愛護人、尊重人、理解人。人與人相處，儘量避免「火藥味」的產生，多一些「人情味」。

⭐ **要誠以待人**。做人要坦誠，更要有一些俠骨柔腸，光明磊落，襟懷坦蕩，使人如沐春風，這樣才能博得別人的尊敬，讓人樂意與你來往。

② 學會與不同性格的人打交道

不同的性格的人，在待人接物方面，自然差異也大，當我們看到了別人與自己不同時，有些人會覺得這也不順眼，那也看不慣。但是，在與人打交道的過程中，討厭和嫌棄別人是大忌，我們要學會接納人與人之間不同的差別，這樣才能愉快地與人交流。

我們的一生，需要和太多的人打交道，現代社會，各種資訊的交流和傳遞增多了，人們的社會活動也頻繁了，由於工作上、學習上、生活上的需要，我們每個人都不可避免地要與各種不同職業的人，不同思想的人交往，自然，在這些人中就有各種不同性格的人。那麼，我們怎麼與不同性格的人相處呢？

⭐ **學會求大同，存小異**。性格不同的人，處理問題的方式也不同，我們要學會在不同之中發現相同之處。比如，你性格比較溫和，在給同事提意見時，言談措辭會比較委婉，而身旁一位性格直爽的同事，可能覺得你過於拐彎抹角。這時候，若只看到那個同事的魯莽，可能就會覺得眼前這個人和自己合不來，難溝通；但如果你能看到大家都是出於一片好心幫助同事，你就不會計較他對你的批評。所以，我們要多看別人和自己之間

的共同點,才更容易與不同性格的人相處。

☆ **全方位地去瞭解別人**。在與人相處的過程中,我們如果對一個人不瞭解,就會和他在感情上產生距離。而一個人性格的形成,往往跟他所處的時代、環境、教育和經歷有關。我們在觀察一個人的性格的時候,要先瞭解這個人性格形成的原因。這樣,才能充分地去理解、體諒並幫助他,慢慢地,你們之間就會相互增進瞭解,甚至還可能成為好朋友。

☆ **多發現別人的優點,取長補短**。與不同性格的人相處,要善於發現對方的長處和短處。對於別人的短處,要好意地提醒並幫助他改進;同時要多對別人的長處和優點進行讚賞。

③ 用內心的熱忱感染他人

如果一個人,認為自己周邊的事物是幸福和快樂的,每個人都善良和友好,都樂於助人,那麼他一定會感受到滿足與快樂;如果一個人總是充滿怨恨和抱怨,對任何事都吹毛求疵、斤斤計較,就根本感受不到生活的快樂,那麼他必然只會壓抑沮喪、悶悶不樂。所以,你的心態決定了你的生活,憂鬱的人,只會對生活窮於應付;而樂觀的人,則會微笑著主動面對生活。

史蒂芬·道格拉斯是前美國總統林肯的政治對手,但他不得不承認林肯是一個品格高尚的人,他說:「甚至圍繞在林肯周圍的整個氣氛,都是令人感到安全舒適的。」

而法國外交家夏多布里昂說,他曾經見過美國開國總統華盛頓一次,儘管只有一次,但足以照亮了他的一生。而美國第三任總統傑佛遜曾這樣評價華盛頓:「整個國家的信任都集中在他一個人身上。」

這就是偉大心態的魅力,整個世界是一個能夠產生回音的山谷,我們

有什麼樣的心態和言行，別人就會以同樣的方式來回饋我們。因此，釋放內心的熱忱和友善，你將是個受人喜愛和尊敬的人。

⭐ **用熱忱點燃工作幹勁**。在工作中，如果你能以火一般的熱情充分發揮自己的特長，那麼不論做任何工作，都不會覺得辛勞。因此，用熱忱來點燃工作幹勁，即使最乏味的事情，也都會變得生動有趣。

⭐ **助人方能自助**。對別人表達自己的善意，期待對方善意的回應，多半能夠心想事成。

⭐ **用希望來激勵自己**。目標和理想是你的動力所在，積極成功的心態，是你成功的主旨。當一個人具有某種希望和欲望時，而且確信這就是他想要的，就能激發起行動，從而把它變成現實，這就是希望的力量，也是熱忱產生的根源。

財商 Tips

📢 在與人打交道時，不管對方是誰，都要多注意對方的感受，理解他，多說一些關心的話，給予他應有的尊重，千萬不要怠慢別人。

📢 面對工作和生活的不盡如人意，不要愁眉不展、一蹶不振，要多看一些激勵人向上的書籍和積極的話語，多和一些積極正面的朋友交流，讓自己重新煥發活力。

📢 如果同事很忙，我們可以在自己方便的同時，貼心地給同事帶份早餐、咖啡或者幫忙買個中餐，舉手之勞給對方一些幫助。

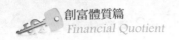

讓自己與眾不同

　　在這個個性張揚的時代，創新已成為人們追逐的時尚，改變著人們的日常生活，也改變著人們禁錮已久的思想，在創新的路上，沒有年齡的限制，人人都是平等的。在人際關係中，我們要有自己的特色，用自己的與眾不同去吸引他人，做到不做作、不輕浮的同時，又能吸引他人的注意力，留給他人好印象。

　　那麼，要想讓自己變得與眾不同呢？

① 養成看書的好習慣

　　人到了二十幾歲後，就已經開始慢慢地接觸社會了，在與人交往的過程中，談吐與修養是最能征服別人的。一個不喜歡看書的人是不可能充滿智慧的。喜歡看書的人，一定是沉靜且有著良好的心態，即使不能出口成章，也能慮事清晰，因為在書籍的海洋裡，我們可以大口地吸收書本裡的營養。認真閱讀一本好書，可以讓心情平靜，當遇到一本自己感興趣的書時，會發現書本帶來的快樂也是無窮的，而且每一本書裡蘊藏的智慧，也是我們游刃於人際圈的資本，相信沒有人會喜歡與一個膚淺的人交往。

　　所以，閱讀不僅能夠教會人哲理，也會讓人學會以一種平和的心態去迎接生活裡的痛苦或快樂。在我們空閒的時間，不妨多去書店逛逛，認真地挑幾本可以提升自己的書籍回家閱讀，不管是名著、理財或是勵志類的，總會有值得我們學習的地方。我們要透過看書讓自己的生活變得豐

富，讓書本成為我們的另一位「導師」。

② 不斷提升自己的品味

我們進入社會以後，就要開始用心經營自己了，它首先表現在提升自己的外表以及涵養上。每一個人都是特別的，都應該有自己獨特的味，可能很多人會覺得品味與時尚或奢侈品是掛鉤的，其實不是，品味是一個人去觀察事物時的態度，同樣的東西，在不同人的眼裡，看法是不一樣的，物品本身的價值與品味的高低是沒有關係的，而是與我們的欣賞能力相關。我們應該如何讓自己的品味變得高雅呢？

⭐ **讓面孔保持清新乾淨**。一張迷人的臉，最要緊的是清新乾淨，所以這方面尤其應該注意，雖然不用時刻都洗臉，但早晚兩次必不可少。

⭐ **試著走近藝術**。在床頭放一本喜歡的畫冊、美文集等，晚上擰亮檯燈在優揚的輕音樂聲中翻閱，能讓你的心平和寧靜。假日裡，去美術館、音樂廳感覺藝術氣息，拉近自己和藝術的距離，試著讓自己培養一些藝術氣質。

⭐ **掌握流行品味**。生活的各個方面都存在著流行，髮型、飲料、音樂，我們既不應拒絕流行，也不需要盲目跟隨潮流，而要懂得利用餘暇充分享受流行的樂趣，懂得讓自己與流行保持距離，使自己能夠隨心所欲地掌握流行。我們可以透過看電影、電視，透過和朋友交流，透過閱讀雜誌，參加博覽會甚至透過逛街瞭解流行、感受流行，又憑自己的喜歡選擇流行。

⭐ **擁有專長**。經過長久累積、用心領悟，你的知識比同齡人豐富許多。不管研究文學、外語還是美容、做菜，只要是自己喜歡的，都可以盡情嘗試，若是能在學習以外擁有一項得意專長，不僅令朋友羨慕，更能令

你閃閃發光。

⭐ **優雅的儀態**。同樣坐或立，有人顯得平淡無神，而有人就傳遞出一種清新的氣息，讓人看著舒服，有種鶴立雞群的感覺。正確的站姿是：抬頭挺胸，背脊伸直、下巴收縮、收小腰、雙腿內側使力，腳後跟併攏，膝蓋打直，肩膀自然下垂，不需使力。這樣人看上去才會覺得挺拔、優雅。

📢 多閱讀一些稍有深度的書籍，像哲學、歷史之類的，幫助形成自己獨到的思考方式，在遇到問題時，能讓自己有獨到的見解。

📢 平時有空多到處看看，可以去看看大自然，放鬆心情，也可以去美術館、博物館，多接觸一些藝術家的作品，以及他們獨特的思想，成長自己的見識。

成為一個精益求精的人

　　當我們進入這個社會的時候，都想成就屬於自己的一番事業，實現自己的財富夢想。但是，誰不想在事業中大有作為、一展宏圖呢？可總是事與願違，渾渾噩噩度過那麼長時間，卻依然一無所獲，是公司不懂利用人才？還是我們自己做得不夠好？相信在老闆那裡一定有一個明確的答案。

　　因此，要想出人頭地，成為別人眼中不可替代的人，我們就應該要求自己做個精益求精的人，把自己手上的事情力求做到最好。給自己提出了一個高的標準，激勵自己去刻苦努力，不斷探索，從而達到了最好的境界。這也是開發自己潛能的一種方式，因為對自己提出了更高的要求，就會投入盡可能多的時間、精力，取得更好的成果。

　　賈島是一個做事認真的人。一天，他騎著馬，忽然有了幾句詩上了心頭，其中有兩句是「鳥宿池邊樹，僧推月下門。」本來用「僧推月下門」，還是「僧敲月下門」都不錯，但他為了求得最佳的意境效果，不惜「兩句三年得，一吟雙淚流。」他仔細琢磨，是用「推」字好呢，還是用「敲」字好呢，他反覆比較，在馬背上做起「推」和「敲」的動作來，他思考入了迷，連韓愈的儀仗隊過來他也忘了躲避，因而被差人責斥。韓愈便問怎麼回事，賈島如實彙報，這也激起了韓愈的興趣。因此他便和賈島一起研討「推」、「敲」二字來，這「推敲」的典故便被廣泛流傳開來。也正是這種精益求精的精神，使賈島寫出了許多流傳千古的名句來。

　　精益求精是永無止境的，只有無止境地追求，把事情做得更好，讓自己變得更優秀，才能無限接近於心中的完美夢想。那麼，現實生活中，我

們如何才能成為一個精益求精的人呢？

① 從做好小事開始

一些人經常會有這樣的想法，認為自己現在所做的事情不過芝麻綠豆點大，無法發揮自己的才能，總希望自己能夠在更大的平台上施展才能。所以，每天面對身邊的事情，總是草草完成。但他們沒有意識到，一個大的機器往往是由每一個小零件組成的，只要哪個小部位沒運作好，都將導致整個機器成為廢鐵。而每一個成大事的人，他們也必須做好身邊的每一件小事情，只有把每一件小事情都做好了，才能把他們的能量聚集在一起，組成一個大事業。

在生活當中，每一個偉大的人都是透過做平凡小事不斷提高自身能力，並最終成就大事的。想要真正做好一份平凡的工作，同樣需要具備不平凡的能力。試想，一個屢創佳績的業務員，和一個坐在業務總監位子上，卻遲遲不出成績的領導者，哪一個更有價值呢？所以，要想做大事，就得先做好身邊的每一件小事；要想讓自己變得不平凡，就要在平凡的事情中展現不平凡的能力。不論你目前多麼平凡，多麼渺小，只要你不斷自我精進，爭取做好身邊的每一件小事，並努力做到最好，就一定能成就不平凡的自己。

② 集中精力，學會專注做好一件事

在工作中，我們也會看到，有些人在工作時無法做到集中精力，這往往是散漫心態所導致的。一旦遇到無法順利解決的問題就亂了心神，對待工作也變得三心二意，結果是「賠了夫人又折兵」，不僅沒能解決問題，

還養成了一種散漫、消極的習慣。

專注成就卓越，專注是通向精益求精最好的方法之一。當你將全部的心智都集中到工作上，認真、用心地解決問題，那麼即便是那些看起來很難的工作，你也能取得進展。工作中，那些優秀員工之所以能做出不同於常人的驚人成績，比別人做的又快又好，其實就是他們對工作高度專注的結果。用專注的態度去面對工作，解決問題，就一定能把事情做到更好、更漂亮。

③ 竭盡全力地去做，並做而不求

俗話說：「天下無難事，只怕有心人」，說的就是人將全部的能量都集中在心上，在行動中只去做，而不去思考結果，將自己全部投入進去，排斥一切干擾，全力以赴地去做，這就是教導人們如何做到「做而不求」。

只求好結果，只能被人譽為空想家，做而求，往往不能集中精力，只能成為凡人，只有那些只做不求的人，才能拋下一切，真正發揮潛力，成為成功者。只要摒棄「求」的意念干擾，將努力「做好」的能量發揮到極限，我們必定能發揮出自己最大的能量，做出屬於自己最好的結果。

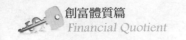

📢 當自己做一件事情總是不能集中注意力時，我們可以先暫停手中的工作，先把那些分散自己注意的事情解決掉，然後再進行手裡的任務。

📢 在動手去做一件事情時，要以認真、嚴格、細緻的態度去完成，就算遇到問題時，也不可馬虎草率，要查閱資料，看看有沒有更好的解決方法，或者問問老闆有沒有什麼好的指示或意見。

📢 把自己夢想寫下來放在一個自己經常能看見的地方，當自己想不想認真工作時，就拿出來看一看，告訴自己：「每一個不平凡的人，都是從做好每一件平凡的事情開始的。」

讓你的天賦成為競爭優勢

　　天賦，是上天賦予我們特有的才能。這種才能與生俱來，而且與眾不同，每個人都有各自的天賦，天賦是成長之前就已經具備的成長特性。天賦，可以讓一個人在與別人相同的環境中，付出同樣的努力，卻能比別人取得更加顯著的成就，而沒有這方面天賦的人，往往表現平平，甚至很差，或者只是有時表現優秀，而不是持續地表現優秀。

　　從小我對數字有著敏銳的認知，儘管零用錢不多就懂得要把錢存起來，每天看著小豬公多幾塊錢，就很開心，但也常常在想這樣要存多久，才能把小豬公餵飽啊？直到有一天，我無意間發現在市區大型的文具店中看到一次買較多量的話，竟然比平常在雜貨店買的文具還要便宜很多，小二的我靈光一閃，就想到其實自己可以把文具轉賣給同學賺取價差啊！甚至只要聽到最近同學間流行了甚麼偶像明星的卡片或是貼紙什麼的，我馬上就衝去那間大型的文具店掃貨，帶到學校賣給同學，看著小豬公裡的錢明顯得越來越多，那種歡樂和成就感深深地在我心中埋下了財商的種子，也從此開啟了我小小批發商的發財夢。

　　一個人天賦既不能增加，也不會減少，只能在有的前提下透過傳授、培訓來加強，而不能在本來沒有的情況下透過學習獲得。天賦通常表現為一種學習的能力，擁有某種天賦，在學某方面的知識技能時，你就學得比一般人快，甚至是無師自通。將天賦發展成自己的競爭優勢，你就會在競爭中更加自信，更有成就感，更加不可替代。那麼，我們應該如何將自己的天賦轉化為自己的競爭優勢呢？

1 瞭解天賦在事業中的分類

在我們日常從事的工作當中，按照天賦作用的物件，可以把天賦分為以下三大類：

1. 與人來往的天賦。

2. 與物打交道的天賦。

3. 運用資料、資訊的天賦。

有的人擅長與人打交道，與物打交道，不擅長與資料、資訊打交道；有的人擅長與資料、資訊打交道，卻不擅長與人打交道。天賦與職業的關係，天賦是一個人技能的最基本元素，一種天賦可以適用多種不同職業。假如你有很強的空間圖形辨認力，既可以表明你有成為一名成功畫家的潛力，也可以表明你有成為一名成功的雕刻家、建築師、室內設計師的潛力。空間圖形辨認力是以上這些工作所需要的技能的最基本元素。

另外，天賦也不只是單指向某一點，更多的時候是指向某一類型。比如，有創造力的人一般也善於溝通、懂得策略、又有很強的說服能力；有領導才能的人通常也充滿幹勁、野心勃勃、不畏競爭。瞭解天賦在事業中的分類，有助於我們能更有效地根據自身天賦找到相關事業。

2 選擇與天賦相關、能規避自身弱點的職業

如果自己選擇的職業順應了自己的天賦，我們不僅能夠發揮自己的特長，還能最多地用到自己的天賦優勢去開拓自己的事業，也就是揚長避短。只有選擇能充分發揮性格天賦優勢的職業，避開自己相對弱勢的職業，才更容易在事業上取得成功。

因此，在選擇職業時一定要懂得「揚長避短」，也就是揚「性格天

賦」之長，避「性格天賦」之短。每個人在他的天生優勢方面學習進步最快，成長空間、潛力最大，能夠獲得的成就也最大。所以，與其把時間精力放在克服弱點上，不如把重點放在發揮天生優勢上，來得成長更快、成效更大。成功的人懂得最大限度地發揮優勢，控制弱點，而不是把重點放在克服弱點上。

但是，我們在發掘自己的天賦時，不能把天賦與興趣混淆，雖然一個人的興趣愛好往往蘊藏著自己的天賦，但興趣愛好不等於天賦。我們可以從自己眾多的興趣愛好中尋找自己的天賦，但我們不能把興趣愛好當作自己的天賦。

所以，如果不是非參加不可，我們就不要盲目報名參加各種培訓，而是有針對自己的需要，去學習相應的知識和技能，再將它們轉化為自己的競爭優勢，這樣才能獲得最佳的效果。

③ 用本色的自己找到職業方向

職業上「做回自己」，就是能夠做符合本我的工作，甚至可以張揚自己的個性，用到自己習慣的思維方式和行為模式，不用經常戴著面具去迎合工作的需要。正如我們經常分析某某演員扮演一個角色很成功的原因，是因為演員的性格特質與角色很相似，是本色演出。做本色演員得心應手，容易成功；做非本色演員很辛苦，不容易成功。也就是說做本色演員，就是要「做回我自己」，這不僅發揮了自己的天賦，更是發揮了自己原有的本色。

這種「做回自己」也就是在自己天賦下從事「適合自己的職業」，假如職涯規劃師說你不適合做會計，儘管你是學會計的，並不是說你一點都不具備做會計的能力。其實你可能已具備了某種程度做會計的能力，雖

然能做，只是會感覺並不開心。而「從事適合的職業」就是「做回我自己」、從事適合自己的職業，它包括以下幾點：

⭐ 從事「**最有競爭優勢**」的職業。與其他人競爭時有最重要的優勢——性格和天賦優勢。因為即使一個人有專業的優勢或經驗的優勢，大家都從事同樣的工作一段時間後，有天賦優勢的人進步更快，在知識和技能上會逐步趕上並超過前者，然後取得成功。

⭐ 從事「**最成功**」的職業。所從事的職業能夠激發出自己最大的潛力，並能幫助自己登上職業的頂峰，贏得自己職業生涯的最大成功。

⭐ 從事「**一生長期發展**」的職業。所從事的工作有助於自己的整個職業生涯，而不是依靠某個機會獲取短暫的成功。

⭐ 從事「**進步和發展最快**」的職業。所從事的工作能夠最大限度地發揮自己的優勢，感覺自己的進步明顯要高於其他人。

⭐ 從事「**最有工作滿足感**」的職業。感覺自己每天都在享受工作的樂趣，能給自己帶來極大的滿足感，而不是每天一上班就覺得頭疼。

總有學員會問我什麼是財商，財商是理財的過程、是對商機、賺錢的敏感度、是把價值轉換成金錢的能力。而最多人會問說我：「沒人脈、沒資源哪來財商可言？」其實，從我小學的文具批發到大學的代訂便當的例子來看，其實生活周遭充滿了無數的商機，只要你願意找出差異化，練習對數字、趨勢的敏感度，一定會有所收穫的。

就以我參加了近六十場聯誼來說，每場約七八百元的報名費，累積下來也是筆不小的數目，參加聯誼到後期我想起之前協辦過聯誼，便順便問問場地費用及人員配置，發現即使辦的不怎樣的聯誼居然也會爆滿，這觸動了我的財商敏感神經，在詳細評估下，找了好友一起合辦聯誼，當然心裡也想著說不定我也有機會一兼二顧在裡面遇到真愛，但在第一場活動

時我發現我要校長兼撞鐘，主持引言、活動引導……樣樣都得自己來，哪裡還能自肥在裡面找對象，反倒是我發現我是很雞婆的主辦人，一直教大家要好好的表現自己才能有機會認識新朋友進而有機會交往，只不過現代單身男女幾乎以為聯誼一次就能遇到真愛，除了不願意改變自己，一個比一個眼光還要高，不然就是宅男宅女完全不會表達自己優點，一遇到異性就緊張到不行，也造成為何有一數據是平均參加十一次才會有一次交往機會，其實在主持的流程之中，我發現很多人不懂異性在想什麼，結束後不是說聯誼沒用就是一直秉持一樣的價值觀和行為模式重複參加不同家的聯誼，在我主持的當下我更發現這些狀況非常明顯。

　　第一場自辦聯誼是小場次，來參加的只有二十多位，男女各半，從我當主持人時在走動時所看、所聽，果然發現大家的狀況都和我參加聯誼時都一樣，換桌聯誼過程依然索然無味，也難怪當天的選出的人氣女王後來會成為我的女友（每次分享會提到這點時掌聲總是最大的），有人質疑我公器私用，其實不然，因為我第一時間沒辦法和參加者一樣和大家面對面互動，聯誼真正成功的要訣其實在於後續的聯繫，只不過大家都以為聯誼是萬能的，好像當場就能遇到真愛，尤其是很多男生會後即使有聯繫也依然是言之無物，這樣要是能成功那真是奇蹟了。

　　仔細想想我之所以能成功當然也是因為之前被拋棄了五次、被發過十五張好人卡及參加近六十場的聯誼活動所累積的經驗！很多人會說你之前連敗二十次，怎麼還有勇氣去追人氣女王？其實我一直主張凡事別預設立場，就算再失敗至少也沒櫻木花道破百次那麼糟吧！？後來我的成功讓我又發現一個商機，聯誼的 know-how 比辦聯誼有商機，更是單身市場的一片藍海，無論是該如何引起心儀對象的注意、異性在想什麼、該如何找到適合自己的穿著、打扮、和異性出去該說些什麼、有哪些小技巧可以化解尷尬且拉近彼此距離……，因緣際會也讓我開辦終結單身的課程，甚

至推出市場唯一兩年內依教學執行若沒交往對象即退費的保證，已嘉惠不少單身朋友！

　　天時、地利、人和的掌握除了天賦外，經驗的累積當然是更不可或缺的因素，從我辦聯誼後接觸了不少人，更快速了解這社會的脈動也發現有不少財商團體可以參與學習，不過和聯誼一樣也有素質參差不齊的現象發生，財商課程其實範圍很廣，股票、期貨、權證、選擇權、不動產……等等，甚至各種五花八門的商機令人目不暇給，然而不少劣質團體為了賺取學費，不惜以過期資訊或違法手段吸引學生，最誇張的還有自我造神的投資團體，要學生稱自己師父，抓住一般人資訊不充足難以求證事實的狀態，大肆批評攻擊他人而達到催眠學員的目的，以上種種亂象讓我真的不敢苟同，尤其自己經歷過人生這麼多財務、感情等相關的挫折，深深理解人生需要的絕不只財富而已，但在這正在向下沉淪的社會卻還有很多人渾然不覺，所以才希望能出來拋磚引玉，教導一般的小資族，情況比我好一點的朋友，勇敢跨出舒適圈，積極努力甚至敢於冒險，而不是只會原地不動地怨天尤人，這樣永遠無法突破，我相信我自身的經歷能夠引起大家的共鳴並且提供更實質的幫助。所以我毅然決然地放棄工作十三年的大公司，決定順著自己的天賦創業，創造屬於自己的未來。

財商 Tips

📢 平常多觀察自己，看看自己是比較擅長與人打交道，還是與物品或者資訊資料打交道，找到自己的天賦分類，然後從這些分類中去尋找自己喜歡的職業，發揮自己的優勢。

📢 對自己性格有個明確地認識，把和自己性格相符與不相符的職業都劃分好分類，對於那些與自己性格明顯不符的職業，在做規劃時一定要排除，避免影響到自己的優勢發揮。

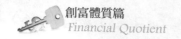

時刻為自己負起責任

我們在世上都只有活一次的機會，沒有任何人能夠代替自己重新活一次。所以，我們沒有理由不對自己的人生產生強烈的責任感，雖然在從事的工作上，有很多的責任都是可以分擔或的。但是，對於自己的人生，都只能完全由自己來承擔，別人是永遠無法分擔。

如果我們能時刻為自己負責，那麼，不管是在婚姻和家庭的關係，還是一切社會關係上，一定都能成為其中的主宰，也只有這樣，我們才能成為別人眼中不可替代的人，擁有主宰命運和追求夢想的能力。

① 增強自己的責任意識

如果一個人沒有責任意識，即使很安全的工作，也可能會出現風險，很小的問題也可能釀成大禍。而責任意識強的人，總能夠想辦法把事情做到最好，化險為夷。因此，加強你的責任意識，關係到這個事件、這個計畫、這項工作將在你身上表現出什麼樣的結果，只有懷著責任心去監視自己所有的行動，事態才會朝著好的方向發展。

所以，在工作當中，強化你的責任意識就顯得非常重要。要想增強自己的責任意識，我們就要對自己的工作負起責任，把它當成自己人生的一部分，做什麼事情都要做到表裡如一、言行一致，用嚴謹的態度、規範的執行力去做好每一件事，決不馬虎。就算面對困難，也要多想辦法解決，而不找藉口推卸責任；並隨時隨地準備學習，豐富自己的知識，提升自己

解決問題的能力。

② 多些積極承擔責任的勇氣

我們總是期待美好的事情發生在自己身上，希望自己做每件事都能成功。但是，成功的獲得需要我們付出行動，這種行動源自於你發自內心的、持續渴望取得成功的想法，並將這種想法放在每一件工作當中，這就需要負起責任，如此一來，一切將因此而發生改變。

想要讓自己變得優秀，我們就需要時刻保持積極的心態，多些勇氣和魄力，帶著責任心去做好每一件事。要想讓自己積極地承擔起責任，我們需要做到以下幾點：

⭐ **選擇積極面對**。積極面對會產生強大的正能量，更不會因為困難而選擇逃避、退縮，敢於承擔自己所做事情的責任，為了達到自己所預想的結果，會不惜一切努力。

⭐ **相信自己**。在行動中要有十足的自信，相信工作的成功已經發生，並感受這種美好的感覺，才能產生更多勇氣去承擔責任。

⭐ **寫下激勵性的文字**。當你想到了一些可以激勵自己的語言，可以用筆將它們寫下來，貼在辦公桌旁，或者其他經常可以看到的地方，每當看到這些文字時，你就能強烈感受到成功向你靠近，你會更加積極主動地開展自己的工作，並敢於承擔一切後果而放手拼搏。

③ 不要推卸責任，不給自己找藉口

魯蛇們總是會為自己的缺點或是失敗找各式各樣的藉口，他們完不成工作就責怪任務太重、時間不夠，或者就說別人影響；職業發展不順利就

怪上天不給機會、老闆不識英才。總之，他們將責任幾乎都推到一邊，自己永遠都沒有錯。仔細觀察你會發現，這類人都是一些基層員工，並且對工作抱有種種不如意，為什麼是這樣？因為他們承擔不起責任。

推卸責任比承擔責任要容易得多，但導致的後果也比負責要嚴重得多，這不僅是對工作的不負責，更是對自己不負責。所以，面對工作和生活，與其逃避責任，不如時刻肩負起責任，積極尋求解決問題的辦法。這不僅塑造自己在別人眼中的價值，也會讓你因責任感而你變得更好、更加完美，周圍的人也會因此願意與你合作，從而建立更好、更廣的人脈關係，為創富奠定基礎。

📢 在我們的生活和事業當中，如果答應別人要做好某件事，我們就要做到表裡如一、言行一致，依答應別人的要求去完成，為自己的諾言承擔責任。

📢 面對自己的事，不管是好是壞，都要為自己加油打氣，都要積極地去面對，如果覺得壓力很大，可以給自己寫一些激勵的話語，努力讓自己做好，承擔屬於自己的責任，絕不逃避。

📢 鍛鍊自己的責任意識，把自己做的每件事都設定最低完成的標準，如果做出來的結果達不到要求，就要求自己重做，讓自己做的每一件事情都貼上優秀的「標籤」。

別讓壞習慣害了你

習慣，若不是最佳的僕人，它便是最壞的主人。它既能夠成就一個人，也能夠摧毀一個人。一個習慣一旦養成，便很難再改掉，特別是壞習慣，這往往令我們頭疼。這些壞習慣像毒癮一般，一直牽制著我們的行動，影響著我們的生活，最終打破我們的夢想。

以下先和各位分享一個有趣的小故事。在一個寺廟裡，老和尚看到小和尚聰明又機靈，就讓小和尚學習剃頭。老和尚先讓小和尚在冬瓜上練習剃頭，小和尚每次練習完後，習慣性地把剃刀隨手插在冬瓜上，老和尚雖然指正過他好多次，但小和尚並沒在意。

慢慢地，小和尚的技術越來越嫻熟，老和尚看在眼裡，喜在心頭，就讓小和尚給自己剃一次頭，小和尚很高興，拿來工具給老和尚剃頭刮臉，一招一式有模有樣。老和尚覺得甚是舒服，便閉著眼睛打起盹來了。忽然，老和尚「哎呀」一聲從座位上跳了起來，鮮血順著老和尚的腦門兒淌了下來。原來，小和尚習慣性地將剃刀隨手插在了老和尚的頭上。

以上的故事雖然令人芫爾，但也讓我們明白很多的事故都與習慣性的壞行為有關，養成的主要原因就是行為性習慣意識，這種習慣意識是在不知不覺中養成的。當初如果小和尚聽老和尚的勸解，不養成壞習慣，就不會釀成這種悲劇。我們在工作中也是一樣，不要以為一些壞習慣不會有什麼影響，等到出了問題再來改就晚了。因此，發現問題時就應及時糾正，

改掉那些不好的壞習慣，可以從以下幾點做起。

① 擺脫不良的思維習慣

　　好的思維習慣能夠把事情引向好的發展方向，讓我們的行動也變得更有效率，而一些壞的習慣總是把我們引向失敗的深淵。因此，一個人一旦陷入習慣的羅網之中，便會影響自己一系列的行為方式，長期沉溺於一種「壞的思維習慣」中，就會形成惡性循環，導致一系列壞的情況發生。所以，我們一定要戒除不良的思維習慣，重塑一個嶄新的自我，就要做好以下幾點：

　　★ **別把自己束縛在固定思維當中。** 固定思維會讓人千篇一律地去做某一類的事情，而這正是成功的大忌，要想成功，就必須要擺脫固定思維的束縛，形成自己的行動規則和做事的風格，不能讓這種思維捆綁自己。

　　★ **不要只看眼前利益，把眼光放長遠一點。** 人生苦短，卻又是一個漫長的旅程，在這個旅程當中，如果只是想一步走一步，那麼不僅行動緩慢，也會碰到很多意想不到的障礙。只有擺脫掉只看眼前利益的思維習慣，做好長遠的打算，才能更好地掌控人生。

　　★ **不要總看消極的一面，而要多看好的一面。** 總是看到事情壞的一面，整個人也將變得消極起來，它將會抑制你的進取心，並縱容你的壞習慣。

② 改變不良的行為習慣

　　夢想需要借助行動才能實現，然而，我們或多或少會存在一些不良的行為習慣，而正是這些不良的習慣，把我們與成功遠遠隔開，也許是因為

優柔寡斷，也許因為遲疑不決，更可能是消極被動、得過且過……這些對我們百害而無一利的壞習慣，只能帶給我們失敗。所以，我們如果不想讓自己毀在這些壞毛病上，就一定要戒除以下這些不良的行為習慣。

⭐ **戒除猶豫不決的習慣**。機會不可能永遠都在原地等我們，不能信心百倍地做出自己的決斷，就只能與機會擦肩而過。所以，我們一定要行動起來，告別猶豫不決的行為，能夠果斷地做出抉擇。

⭐ **改掉拖延的習慣**。當你還在拖延中消耗時間時，不如告訴自己：馬上行動起來，並立刻用行動去戰勝它。

⭐ **改掉敷衍的習慣**。認真做好每一件事。當我們決心去做某件事情，就要認真做好行動計畫，用心去執行，不敷衍了事，所付出的努力就一定會得到報酬。

③ 審視自己的行為準則

在生活中，多數人無論做事情還是看問題，都習慣於從自己的角度出發，如果別人對自己不好，就責怪別人，不審視自己的行為是否正確，這些不良的習慣就像一張羅網一樣，將我們緊緊束縛住。不會做人就做不好事，不會做人就無法在社會上立足，所以，要經常檢視一下自己的做人習慣，好的要堅持、壞的要克服，在實踐當中，一定要做到以下幾點：

⭐ **做一個勤勞的人**。懶惰是自身資源的巨大浪費，那些天資聰慧的人，如果養成了懶惰的習慣，也終將一事無成。只有付出勞動才能將智慧變成財富，也只有勤奮才能讓自己越過千難萬險，獲得成功。

⭐ **始終堅持「誠實守信」的原則**。誠實守信是立人之本，也是做人的一筆財富，如果能養成一個誠實守信的習慣，他就一定能贏得別人的信任和尊重，說的話也就越有分量，周圍的人也就會凝聚在自己身邊，成為

自己事業發展的最有力資源。

　　⭐ **培養寬容做人的習慣。**忍一時風平浪靜，退一步海闊天空，面對別人的過錯，我們要學會寬容，不要耿耿於懷，這樣才能廣結朋友，人和才能萬事興，財富自然來。

📢 如果你有賴床的習慣，就可以把鬧鐘的時間調快一點，聲音調大一點，鬧鐘響的時候讓自己無法繼續睡眠，強迫自己快速起床。

📢 每天晚上入睡之前，將自己一天做的事情都反省一遍，看看自己哪裡做得不好，哪些是值得稱讚的，對於那些不好的壞習慣，制定一個改正計畫，避免下次再犯，好的習慣則要保留，讓它繼續保持。

挖掘潛能的過程，就是拼命超越原來的自己

　　經科學研究發現，人類儲存在腦內的能量大的驚人。而我們平常只發揮了極小的一部分，只要能發揮一大半的大腦功能，就能夠輕易學會四十種語言、背誦整本百科全書，拿十二個博士學位。而人的特長往往只是人某個方面潛能的表現，還有許多潛能隱藏在角落裡未被發現。

　　俄國戲劇家斯坦尼斯拉夫斯基在排一場話劇時，女主角因故不能參加演出，他只好讓他的姐姐擔任這個角色；但他姐姐從未演過主角，所以在排練的時候顯得畏首畏尾，這使斯坦尼斯拉夫斯基非常不滿，他很生氣地說：「這個場戲是全劇的關鍵，如果女主角仍然演得這樣差勁，整個戲就不能再往下排了！」這時全場寂然，她自己也沉默了許久，突然她抬起頭來堅定地說：「排練！」一掃過去的自卑、羞澀、拘謹，演得非常自信、真實。斯坦尼期拉夫斯基高興地說：「從今天開始，我們有了一個全新的藝術家。」

　　如果我們能多給自己一些積極的暗示，多一點信心、勇氣、幹勁，多一分膽略和毅力，就有可能使自己身上處於休眠狀態的潛能發揮出來，創造出的成果可能連自己也意想不到。成功與失敗並不是必然的，只要不斷地激發出自己的潛能，任何一個平凡的人，都能成就一番事業。

　　著名作家柯林·威爾森曾寫到：「在我們的潛意識中，在靠近日常生活意識的表層的地方，有一種過剩能量儲藏箱，存放著準備使用的能量，就好像存放在銀行裡個人帳戶中的錢一樣，在我們需要使用的時候，就可以派上用場。」那麼，我們如何去挖掘自己儲存起來的能力呢？

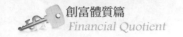

① 用自信激發潛能

如果一個人特別沒自信，總是認為自己什麼也做不好，那麼他肯定連自己應有的水準都發揮不出來，又怎麼會發揮出潛能呢？如果你對自己非常自信，將你的幹勁徹底喚起時，你就會感覺自己進入了一種超常發揮的狀態，這時你的思維和精神力量的速度和數量都會大大增加，在這種狀態下，你會真正感覺到沒有什麼是自己不能完成的。

所以，要發揮自己的潛能，就一定要先讓自己自信起來，在任何事情面前都不能畏首畏尾，要大膽地去做，相信自己的能力，這才能充分發揮自己的潛能。因為高度的自信是一切成功的基礎。我們要正確看待自己，尋找自己的長處。然後，讓自己的長處得以發揮，這是最基本獲得自信的條件。因此，你要好好利用並儘量發揮自己的長處，就能建立起更多的自信。

② 以堅強的意志激發潛能

一位哲人說過：「大多數失敗因軟弱的意志造成。」堅強的意志，是讓我們的潛能得到開發的基礎和前提條件。一位心理學家對 1850 年到 1950 年間的三百位科學家進行研究，發現這些人不但智商高，而且在青少年時期就表現得十分堅強，有獨立性，這些人充滿自信心，擁有百折不撓的意志。可見，擁有堅強的意志，可以讓我們的潛能得到更好的發揮。

所以，不管我們擁有多麼聰穎的資質，多麼強的學習能力，多麼博大精深的學問，我們都不能讓自己敗在意志力上，要學會用意志力來激發自己內在的潛能。當自己確定了一個目標，面對所有的困難與阻礙，只要還有達到目標的可能，就要堅持下去，用意志力去克服消極的想法，想辦法

去面對一切，努力解決問題，不到最後絕不甘休。

③ 以強烈的願望激發潛能

　　絕大多數胸無大志的人之所以失敗，是因為他們對成功沒有強烈的渴望，因而根本不可能取得成功。我們生活周遭到處都可以見到這一類的人，他們有最好的設施，具備一切最理想的條件，而且也似乎是正在整裝待發，然而，他們的腳步卻遲遲不能挪動，他們並沒有抓住最好的時機。而造成這一現象的原因就在於，他們的身上沒有前進的動力，對成功沒有一種強烈的願望。

　　有人說：「一個人在其夢想、雄心、目標、表現、行為，以及工作中顯現的精力、能量、意志、決心、毅力，持久的努力的程度主要是由『想』和『想要』某件事的程度來決定。」這句話可謂是放之四海而皆準的真理。世上任何人做任何事都是如此。當潛意識的神奇力量被激發出來的時候，通常是意志在發揮作用。當人強烈渴望某個事物，尤其當這種渴望的強烈程度已深入影響到潛意識時，他便會求助於潛意識中的意志和智慧的潛在力量，這些力量在願望的推動和刺激下，會表現出不同尋常的超人力量。

　　一位名叫史蒂文的美國人，他因一次意外雙腿殘廢，在輪椅上一坐就是二十年。他覺得自己的人生失去了意義，整天只知道借酒澆愁。有一天，他從酒館出來，照常坐輪椅回家，卻碰上三個劫匪要搶他的錢包。他拼命叫喊、拼命反抗，被逼急了的劫匪竟然放火燒他的輪椅。輪椅很快就燒了起來，他覺得被火燒死太痛苦了，於是強烈的求生意志讓史蒂文忘記了自己的雙腿已殘，他一心只想馬上從輪椅上站起來，拚命地跑，一口氣竟跑了一條街。

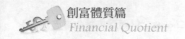
到底是什麼因素使史蒂文產生這種「超常力量」的呢？顯然，這種強烈的求生願望激發出了自己的潛能，其動機如何，我們暫且不論，但足以說明，人的潛能是存在的，而且強烈的願望是開發潛能的金鑰匙。任何平凡的人，只要具有強烈的做好事情的願望，經過潛能開發訓練，讓潛能得到適當的發揮，都可做出一番驚人的事業。只要明確目標，強烈渴望成功，並不斷堅持下去，就一定會讓我們的潛能得到開發，最終也一定會取得成功。

📢 對於自己想做的事情，如果因為缺乏自信而不敢去做，我們就在內心不斷激勵自己，告訴自己：「你一定能行，只是以前的潛力沒有激發出來，這次一定可以做好，只要大膽放開去做就行了。」

📢 當自己遇到困難想放棄時，我們時時刻刻都想著自己的目標，並想像自己一定能夠實現這個目標，不實現這個目標絕不甘休，透過對目標的強烈渴求來激發出自己內在的潛能。

在精力最旺盛的時候，
去做最重要的事

　　一些人在年輕的時候，最有活力的時候，最能拚事業的時候，卻整天漫無目的地在大街上閒逛，或者無所事事地閒聊，或者依靠玩遊戲、打撲克牌來打發時間。等到他們開始覺醒的時候，卻發現自己兩鬢斑白，活力不再，想做什麼都已是心有餘而力不足。

　　上天賜予我們的生命只有一次，這種浪費時間的行為無異於慢性自殺。如果不在我們精力最旺盛的時候，去做人生中最重要的事情，那我們還能等到什麼時候去做呢？如果我們不能做時間的主人，就只能成為時間的奴隸；若沒有學會利用時間，時間就會耗盡我們的生命。

　　歌德曾經說過：「我們都擁有足夠的時間，只是要好好地善加利用。一個人如果不能有效利用有限的時間，就會被時間俘虜，成為時間的弱者。一旦在時間面前成為弱者，他將永遠是一個弱者。因為放棄時間的人，同樣也會被時間放棄。」所以，對最高價值的事情投入最充分的時間，我們的付出所得到的回報才有所值，當我們把最高效率的時間利用到最重要事情上的時候，才會對時間獲得全新的認識，知道每一秒在自己生命中的價值有多麼重要，也才能爭分奪秒地去實現心中的夢想，做出成績，使自己變得優秀，成為競爭中的佼佼者，成為相關領域中不可替代的人。

　　那麼，在我們的生命當中，如何去發現最重要的事情，並在精力最旺盛的時刻去完成呢？

1 找到對自己而言最重要的事情

我們每天都會為生存而忙碌，只是為了解決衣食的問題，卻忘了應該為自己更好的生活去做一些更重要的事情。有人認為，每天面對大大小小、紛繁複雜的事情，哪有時間去分清主次，覺得自己做什麼都差不多，但如果我們想獲得成就，就要把時間用在「最有生產力」的地方，也就是最重要事情的地方。我們可以從以下幾個方面去識別。

⭐ 我需要做什麼？這有兩層意思：是否必須做，是否必須由我做。非做不可，但並非一定要你自己親自做的事情，可以委派別人去做，自己只負責督促。

⭐ 什麼能給我最高的回報？我們應該用 80％的時間做能帶來最高回報的事情，而用 20％的時間做其他事情。所謂「最高回報」的事情，即是符合「目標要求」或自己會比別人做得更有效的事情。最高回報的地方，也就是最有生產力的地方。

⭐ 什麼能給我最大的滿足感？最高回報的事情，並非都能給自己最大的滿足感，均衡才能和諧滿足。因此，無論你地位如何，總需要分配時間給令人滿意和快樂的事情，只有這樣，工作才是有趣的，並能保持工作的熱情。

⭐ 是否能夠更長遠？另外一個非常好的衡量你正在做的事情的重要程度的方法，是考慮它將會有多長遠的作用。對於自己現在做的事情，我們問問自己：「它會讓未來的一週、一個月或者一年不同嗎？」

透過以上「四層過濾」，就會很清楚地瞭解到自己應該做什麼了。然後把最重要的事情放在自己的最佳時間去執行，並堅持按這個原則去做，我們將會發現，再沒有其他辦法比依照重要性辦事更能有效利用時間的了。

② 透過自控法則獲得高效成果

有些事情我們無法掌控，我們又何必費盡心思去浪費時間，不如放手讓它去吧，節省出時間和精力去做能掌控的、更重要的工作上。在自控法則當中，包含三層含義：

1. 對於能自我掌控的事務，不用再花過多的時間和精力去掌控它，它會自行朝著既定的目標前進。

2. 對於你無法掌控的事務，不必為其多費心思，放手任其發展，時間會給出一切問題的答案。

3. 對於你能夠而且應該掌控的重要事務，用心去把握其發展，別讓它失控。

透過自控法則，可以透過事物的自我控制實現預定的目的，從而騰出時間和精力去做更重要的工作。透過自控法則我們要明白，應該承認並接受你無法掌控的領域，關注你可以掌控的領域，並且採取行動。當你整天為無法實現的目標而苦惱時，試著把它忘掉，追求你透過努力能夠實現的目標，說不定會達到「無心插柳柳成蔭」的效果；當你對一個問題百思不得其解時，試著把它放一放，等靈感來了再去解決，說不定會達到「眾裡尋她千里度，驀然回首，那人卻在燈火闌珊處」的效果。

所以，在我們每天、每週、每月甚至每年的時間分配當中，懂得分清優先順序，明確什麼事情應該花時間，什麼事情不應該花時間，做到未雨綢繆，搞好規劃，提前掌控自己的未來。

③ 規劃專一的目標，並認真地實現它

目標過於分散等於沒有目標，把有限的時間分散到眾多的目標上，就

像把有限的資金在眾多的項目上撒胡椒麵，最終只能導致每一個項目都虎頭蛇尾、半途而廢。只有把陽光聚集到一點，才能產生足夠的熱量把草木點燃。只有把有限的時間聚焦到重要的目標上，才能保證事業上的成功。就像把寶貴的資金都投在爛尾樓和半截子工程的建設上，最終將使你的時間帳戶徹底破產，導致你一事無成。

所以，專注與執著是成功的關鍵。我們在做那些重要的事情時，應該把最寶貴的精力都投入其中，避免過多目標的誘惑，一次應只瞄準一個目標。許多人之所以沒有成功，就是因為在完成 90％的工作後，以為大功告成而轉移了視線，而導致半途而廢，也使寶貴的時間被白白浪費。因此，一旦開始某項工作，就應堅持不懈地持續做下去，直接獲得令人滿意的結果，不做則已，要做就做到最好，這樣才能脫穎而出，更快地達到自己的目標，一步一步走向成功。

財商 Tips

📢 把自己認為最重要的事情列出來，然後分好等級，列出第一、第二、第三……在我們準備做某件事情之前，把第一重要的事情優先去做，然後依次往下排。

📢 對於我們身邊的每一件事情，我們不必事事都控制，那些無法控制的事情就讓它順其自然，把那些自己能夠掌控好的事情把握好，讓它朝著既定的目標發展。

📢 找到自己每天工作效率最高的時間點，每天在這個時間點，就安排那些對自己最重要的事情。

什麼才是你的個人優勢？

　　每個人都有著自己特定的優勢，不管是哪種優勢，只要我們能夠將它充分發揮出來，並為自己所用，這些優勢就能成為我們的財富。那麼，你知道自己的優勢在哪一方面嗎？以下測試可以幫你找到屬於自己的優勢，你只要回答「Yes」或「No」就可以了。

1 你經常說個不停。
　　A. No→3　B. Yes→2

2 你的許多朋友是透過別人介紹的嗎？
　　A. No→3　B. Yes→4

3 你的字跡是工整還是潦草？
　　A. No→5　B. Yes→4

4 不管什麼時候，都是活力十足地出現在他人面前嗎？
　　A. No→-5　B. Yes→6

5 如果你現在擁有的金錢足夠一生的花費，你還會繼續工作嗎？
　　A. No→6　B. Yes→7

6 你對自己的能力有足夠的自信嗎？

A. No→7　B. Yes→8

7 在父母眼中，你是個乖孩子嗎？

A. No→9　B. Yes→10

8 在旁人眼裡你是個聰明人嗎？

A. No→10　B. Yes→12

9 你認為自己目前的成就，都是靠自己爭取來的嗎？

A. No→11　B. Yes→13

10 到目前為止，幾乎沒遇到過大的失敗。

A. No→14　B. Yes→11

11 你覺得自己並沒付出過什麼太大的努力。

A. No→12　B. Yes→E

12 你覺得自己是一個很討人喜歡的人嗎？

A. No→13　B. Yes→14

13 你的能力能夠得到周圍人的肯定嗎？

A. No→C　B. Yes→B

14 當遇到困難時，你能找到很多幫助自己的人嗎？

A. No→A　B. Yes→D

評測規則

A：屬於第一種優勢：擁有迷人的外表

B：屬於第二種優勢：擁有傲人的才幹

C：屬於第三種優勢：擁有處世的智慧

D：屬於第四種優勢：擁有寬廣的人脈

E：屬於第五種優勢：擁有幸運

解析

A 迷人的外表。外表不僅僅局限於容貌，也包括你身上散發出來的氣質、行為舉止、穿著品味等因素，總之，你的出現會讓人眼前一亮，並能夠讓人感到快樂。而你迷人的外表往往較容易打動別人，也容易獲得機會，所以，你要利用這種特徵，在獲得機會之後再努力把握機會。

B 傲人的才幹。在旁人的眼裡，你是一個聰明、果斷、能力出眾的人，你的表情傳遞出自信、驕傲、意氣風發。大腦時刻都能保持快速運轉，並且能夠在腦海裡迅速形成計畫與應對方案，並且完美地表達出來。這也是你人生中最大的資本，讓你不管在什麼地方都能成為最出色的人之一。如果能再練就一番為人處事的智慧，那麼，成功將降臨於你。

C 處事的智慧。你做事的能力並不是最優秀的，你也不會委曲求全去討所有人喜歡。但是你是一個聰明的人，做什麼事情都懂分寸，知進退。你雖然不會把每件事情都力求做到完美，但卻可以把事情做得最周全，做到自己認為最好的程度。你知道什麼事情是自己該做的，什麼是需要自己爭取的，什麼人是一定不能得罪的。這便是你為人處事的智慧，它會幫助你離成功越來越近。

D 寬廣的人脈。你是一個社交能手，知道怎麼去擄獲人心，和你打過交道的人都會覺得你容易親近、聰慧、有趣且值得信賴。你可以在短時間內把一個陌生人變成老朋友，人家也願意向你傾訴心事，能夠很自然地適應對方的講話方式。因此，不管是同事還是上司，長輩還是朋友都很喜歡你。而你的大氣、寬容、周全，也能夠為自己累積了不少人際資本，在你追求成功的道路上，總會有人在關鍵時刻助你一臂之力。

E 幸運。也許是你常保持善意的微笑，也許是你優良的家境，也可能是貴人助你一臂之力。總之，你是一個幸運的之人，每當危難關頭，總會出現柳暗花明的轉機。因此，你一路走來都顯得非常順利。但是你要知道，要想繼續保持這種幸運，就一定不能囂張與懈怠，要保持自己的大度，並堅持不懈地努力，才會顯得更加幸運。

Chapter 4

創富人脈力

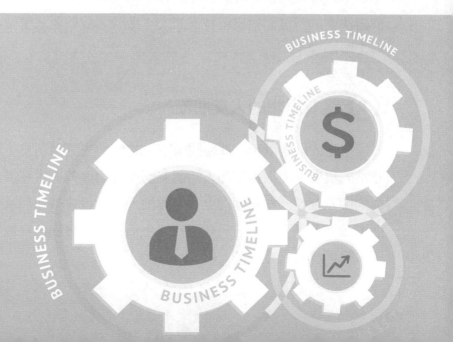

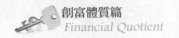

進入優秀者的人脈圈

卡耐基說：「專業知識在一個人成功中的作用只占 15％，而其餘的 85％則取決於人際關係。」擁有優秀的人脈圈，對我們來說是幫助自己走向成功的道路之一。不管是創業做老闆，還是做行銷，做業務，人脈廣闊確實比較好辦事。無論你從事什麼職業，學會處理人際關係，掌握並擁有豐厚的人脈資源，就等於在成功路上走了 85％的路程。

在華人世界裡，人脈有如氧氣那般重要。中國人認為「在家靠父母，出外靠朋友」，靠不靠得住，就看關係如何。黃金有價，人脈無價，與能力、知識相比，人脈對於我們來說有著不可忽視的作用，豐富而有效的人脈是事業成功的一個重要法寶。要想實現心中的夢想，有所作為，不僅要不斷學習專業知識，提高自身能力，還要學會建立、優化自己的人脈，用積極快樂的態度面對自己身邊的人。那麼，我們要怎麼做才能進入優秀者的人脈圈呢？

① 跟有思想的人交朋友

在進入社會以後，就要開始有目的性地去選擇朋友，出社會後的人脈非常的重要，而你選擇加入的朋友圈也會對你的人生有很大的影響。如果你的朋友都是一些積極向上、樂觀的人，你也會被他們感染的，如果你的朋友是個悲觀主義者，只知道抱怨生活，卻不會腳踏實地地工作，時間久了，你同樣會被感染的。

　　所以，我們在選擇朋友的時候，一定要找有思想、對生活積極、樂觀向上的人，如果我們經常與這樣的人為伍，他們的思想和行動都會激發我們積極進取，教會我們戰勝困難，而不是怨天尤人，那麼我們就會離成功更近一步。

② 參加優秀者的聚會

　　要想結交優秀人士，就要想辦法讓自己進入優秀者的交際圈，這樣才能讓自己有更多的機會。在眾多的選擇當中，透過參加他們的聚會，不但能夠結識更多的優秀者，還能開闊自己的眼界。但是有人會說：「我們怎麼知道他們什麼時候聚會？在哪裡聚會？會不會讓自己參加？」沒錯，這就是考驗我們能耐和決心的時候了。那麼，我們應該如何去獲取他們聚會的資訊呢？

　　★ **掌握他們的社會關係。** 很多成功人士我們很難見到，但是我們可以透過一些方式瞭解他們各式各樣的社會關係，需要和哪些人來往，比如他的親屬、家人、朋友等，然後透過第三者的介紹，或者自己製造一些機會慢慢接近他們，走進他們的社交圈。

　　★ **從業務上瞭解他們的資訊。** 看看他經營的業務範圍主要是哪些，經常出現在哪些地方，他公司的業務分佈在什麼地方，這些業務的經營者是誰，他多長時間會去查看等。利用這些資訊，我們就可以瞭解他們的行蹤軌跡，透過發展業務的機會走進他們的社交圈。

　　★ **從興趣愛好打入他們的圈內。** 看看這些優秀人士喜歡什麼運動、什麼物品、什麼性格的人，他們休閒、娛樂的方式有哪些，我們可以製造一些「偶遇」或者「巧合」來接近他們，和他們一起娛樂，這樣自然而然地就能接近他們了。

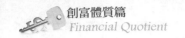

📢 在公司聚餐的時候，我們要利用這個機會多和公司那些優秀的人一起聊天，主動去瞭解他們的習慣和喜好，爭取打入他們的交際圈，並與之成為朋友。

📢 在生活和工作當中，待人要大方一些，不要在小事情上過於斤斤計較，只要不侵犯到自己的底線，能夠讓步的儘量讓步。

📢 我們可以透過成功人士身邊的一些人，去瞭解他們的動態，掌握他們的活動規律，然後再製造機會與他們接觸，爭取給自己帶來更多的機會。

人脈經營與業務開拓

　　有人說：「對於個人，二十歲到三十歲時，一個人靠專業、體力發展事業；三十歲到四十歲時，則靠朋友、關係發展事業；四十歲到五十歲時，靠事業壯大事業。」從這裡我們不難發現人脈在一個人的成就裡扮演著多麼重要的角色。特別是在當前高速發展的知識經濟時代，人脈關係在一定程度上已經超過了所學的專業知識，成為了個人通往財富、成功的門票。

　　不論是出社會工作或是自創事業，有許多成功者的身後都可以看到人脈關係的牽引重要性，其中不乏小學同學、中學同學以及有大學時代的同學，甚至各種社會階層人士的進修班、研修班的同學也比比皆是。一位創業者在接受採訪時說，他在創立公司前，曾經花了半年時間到企業家特訓班上課、結識人脈，公司成立之初的十幾筆生意，都是透過同學或是同學幫著做的。正是依靠同學這條人脈的支撐，在他創業之初給了他強有力的幫助，而他的成功，正是利用了好的人脈關係幫自己度過第一關。

　　創業者不但要經營人脈，更要把自己的人脈資源經營好，因為依靠人脈帶來效益不是暫時的，而且在長遠的發展當中發揮必不可少的作用，是開拓業務和事業發展的有利條件。

　　王棹林是是一個小企業的董事長，長期承包那些大電器公司的業務，但是他的交際方式與別人不同的是：不僅和公司重要的人物維持良好關係，一些基層職員也殷勤款待。在閒暇的時間，他總是想方設法去了解電器公司中各員工的學歷、人際關係、工作能力和業績，因為他認為這個人

對公司會有大的幫助並有可能會成為公司的核心員工時，便會盡心對待。王棹林說：「這樣做的目的是為日後獲得更多的利益做準備。」因為他知道，十個受重視的人當中，有九個會給他帶來意想不到的收益。他現在盡力經營這些人脈的目的，日後他們會用收益來證明。

所以，當自己所看中的某位員工晉升為科長時，他會去為他慶祝，贈送小禮物，並且單獨邀請他用餐，說些表示感謝和激勵的話。剛剛晉升的員工突然受到如此重視的對待，心裡自然倍加感動，便會想著日後更用心工作來回報老闆的厚愛。事實證明他的方法也是對的，在這些受到足夠重視的員工當中，在接下來的工作中更是幹勁百倍，為公司創造不菲的業績。

如此長期發展和累積，他和他的員工不僅僅是上下司關係，更有一份朋友的真情在裡面，慢慢地利用這些人脈逐漸發展成了他團隊裡的核心成員。等到王棹林的公司慢慢做大開始設立分公司的時候，他也不用再去外面招募人才，便直接從現有的團隊裡面提拔，不僅大大節省了人力和財力資源，還減少了很多潛在風險，穩定了公司業務發展。

而王棹林之所以能穩定發展壯大，他巧妙地利用人際關係建造了自己的人脈，他把自己的下屬當成了未來事業發展的資本，一直用心經營著這些人脈，讓他們為自己拓展業務、創造財富。

人脈在事業的發展當中發揮到的作用如此之大，懂得經營人脈相當於掌握成功的基本方法。所以在平時的生活中，我們要學會經營自己身邊的人脈，以便時機成熟時能為自己所用。那我們應該去如何執行呢？有以下幾點：

① 學會換位思考

要想獲得別人的青睞，得到他人的理解和支持，就要學會先去理解別人，學會換位思考，當自己處在對方的位置時，自己此時會想要的是什麼，希望從外界獲得什麼樣的支持，希望對方會如何做才是最好的等等。人都是相互，你理解別人了，反過來別人才會理解你、幫助你。

② 真誠友善待人

人是非常奇怪的動物，當別人對我們好、歡迎我們的時候，我們不一定第一時間就能感覺得到；但是，對於別人的排擠和敵意，我們總能在第一時間就感覺出來。如果你總是懷著敵意的態度排擠一個人，對方也會在第一時間以同樣的方式將你列為不受歡迎的人物。要想擁有廣泛的人脈，首先要學會處理好人際關係，要真誠友善地去接納別人、關心別人。

③ 建立誠實守信的形象

誠信是人與人之間交往的根本，如果一個人毫無信用可言，對待他人只是一味的承諾，卻從不實行，自己卻還覺得理所當然，沒什麼大不了的，相信誰也不願意浪費時間和他多說幾句話。小時候我們學過《伊索寓言》裡面的「狼來了」，結果是愚弄了別人又傷害了自己，失去別人對自己的信任。所以與人交往要做到以「誠信」為先。

④ 提升自己的被利用價值

要想利用別人，先學會被別人利用，如果自己一無是處還想著和自己

打交道的人都是社會名流，可能嗎？所以，先完善自己讓別人欣賞，讓別人覺得你是個「有用」的人，才能吸引別人成為自己的人脈基礎。

⑤ 樂於分享善於助人

不管是資訊、金錢利益或工作機會，只要是有價值的東西，學會與人一起分享，懂得分享的人，朋友願意和他在一起，因為這樣機會也多。如果有朋友需要幫助，只要在自己能力範圍內辦得到的，就要盡力去幫，因為人總是會記得幫助過自己的人，尤其是在危難和緊急時刻，也許你今天的舉手之勞將來可能成為你成功的砝碼。

⑥ 保持對他人的關心

一個只關心自己，對別人、對外界不感興趣的人，別人也會失去對你的興趣，最終導致自己孤單過日子。所以，保持對他人的好奇，多關注別人的動態，是拉近人與人之間的橋樑。

在錯綜複雜的人脈資源當中，猶如成千上萬根交織在一起的線條，不整理便會亂成一團麻，最終，自己也分不清哪根是哪根。所以，我們把人脈關係要時常進行清理、分類，誰擅長哪一行，主要是做什麼的，有什麼作用，心裡要有清晰的認識，以便事業發展時能隨時取來為自己所用，成為通向創業成功的紐帶。

財商 Tips

📢 列出你的人脈清單，並分門別類，例如：高中同學、大學同學、同事、舊客戶、商會會員……等。

📢 千萬不隨口說：「我有很多很多人脈！」不是認識交換過名片，就是你的「人脈」。那些信任你的朋友願意「挺身」幫你的才算。

📢 培養自己的人脈圈，找出自己人脈關係中的貴人，向他們借力，就能大大加快自己累積財富的速度；人脈中也有一些不為人知的潛規則，只有善於思考，提高警惕，才能避開雷區，在經營人脈的過程中做到遊刃有餘。

以人脈開拓錢脈

　　史丹佛研究中心曾經發表過一份調查報告，得出了這樣一個結論：一個人累積的財富，只有 12.5％來自知識，另外 87.5％竟然是依靠人脈關係而賺取的。一份富人調查報告顯示，2014 年全球各國富人數量排名，美國、中國和德國分別為前三名。而這些富人當中，竟然還有 8％的人既無生產經營資料也無專利技術，他們全部依靠的人脈關係致富，而超過 75％的人，他們在擁有生產經營資料和專利技術等資源的情況下，另一個最主要的原因就是善於經營人脈。

　　現在很多人在事業上已經大有成就卻依然堅持回學校繼續進修學習，為什麼？並不是「戀校情結」讓他們難以割捨對學校的懷念，他們之所以去學校進修，最主要的目的還是為了去學校「淘金」。現在各大學的進修班開設非常火紅，如企業家班、金融家班、國際 MBA 班的上課學生，雖然學費高得驚人，但是不乏從全國各地來進修的人，他們學習知識只是一小部分原因，結交朋友拓展人脈才是他們的關鍵目的所在。有些大學也認識到了這一點，在招生簡章上甚至直接標出：「擁有學校的同學資源，將是你一生最寶貴的財富。」可見人脈在事業發展當中占的比重有多高了。科技大廠群聯電子的創辦人，清一色都是董事長潘健成的同學，潘健成認為，年輕時期除了強化本職專業，也要珍惜身邊的死黨，即使未來沒有一起創業，也可相互提攜，成為轉職、異業合作的堅實人脈。

　　大二女學生史曉宇，她就是依靠同學之間的人脈關係，在大學校內創辦了一間「創意工作室」。她們的核心成員有四人，團隊六十人全都來自

於美術學院。這支年輕的團隊透過提供各類設計工作、商業繪畫、牆面彩繪、攝影攝像後製和街頭裝置藝術等商業專案的設計服務為運營模式。

雖然大家都還沒有畢業，但是良好的學術氣氛，加上同學之間能夠經常聚在一起，遇到問題時大家都能夠積極討論。尤其是遇到專業上的問題，史曉宇認為這是最容易解決的，不但團隊之間可以交流，實在不行，還可以問學長、學弟或者學妹們，甚至可以直接找老師們一起討論。反正學校這麼多人，總會有解決的辦法。

團隊的力量是偉大的，而廣泛的人脈資源的力量便是無窮無盡的。一般的大學生還在討論什麼東西比較好吃，什麼衣服比較好看時，而這幾位美術學院的同學，已經開始意識到學校裡豐富的人脈資源，可以作為自己開拓事業賺錢的創業資本了。

對業務員來說，人脈就是錢脈，不少業務員都會透過參加社團，以及活用網路社群、部落格等通訊網站，開拓有效人脈。富世達保險經紀董事長廖學茂從事業務三十多年來，也曾經歷連續三個月連一張保單都沒進帳的低潮，但他積極地參加青商會、獅子會等社團，並且積極參與企業和學校的講師，成功串起人脈網絡。

有用的人脈需要以你的專業素養來建立。光只是認識還不夠，你要進一步去想「對方對你是否感興趣？」、「我能為對方做什麼？」、「你對別人有什麼用？」當別人想到你所銷售的產品或服務時，會不會覺得你很有用，對他有幫助而來找你，甚至因為你的服務很好留下好印象而願意在他的朋友問起這件產品或服務時主動推薦你。

因此，想建立有用的人脈，絕對不是靠多參加活動、講習、派對，多交換名片，多認識人就能建立，還必須在和對方認識、交流互動的時候，明確地讓對方了解你對某個領域的專業度，並對你的熱忱印象深刻，給對方可信任感。讓他在未來的某一天想買或用到這個產品或服務時，第一個

就會想起你。

　　要想讓對方能夠第一個想起你，除了在認識時給對方留下明確的第一印象，日後還要多互動、聯絡感情。時間一久，對方對你的專業印象深刻且有相關的事情就主動找上你，而你總能給予滿意的答案時，才是真正建立了這條「人脈」。越早開始投資人脈，就越早能得到回報。孫翠鳳分享說經營人脈有個重要關鍵，就是平常就要儲存。她比喻說，如果平常沒有聯絡感情存入小豬公裡，要用時一定領不出東西，所以你平常的時候就要養成習慣儲存，真正需要的時候才有辦法拿出來用。

　　人脈資源並不是你想要，它就會主動找上你，而是你要先主動去尋找、去挖掘，平時需要多多累積並建立互動與連結，等到事業有需求時才能集中爆發，讓人脈發展成為自己的錢脈。那麼，平時我們應該怎樣累積人脈為自己的創業開路呢？

① 多結交成功人士

　　俗話說「近朱者赤，近墨者黑」。當我們身邊都是一些成功人士時，在不知不覺的耳濡目染下，會被他們身上一些積極向上的動力所感染，會從他們身上學到一些成功的因素，並且用他們的成功經驗可以指點我們前進，激勵我們不斷前行，成為我們的學習榜樣。最主要的是，在關鍵時刻可以給予我們實實在在的幫助，危難時刻拉我們一把，讓我們離失敗更遠一些，離成功更近一些。

② 充分利用同學資源

　　學生時期我們一起結交過的友誼，那麼純潔，總是讓人忍不住去回

憶。而到了創業的年齡階段，我們還要讓這些友誼更進一步，讓它變得更有價值一些。雖然同學畢業之後因為志趣不同而從事著不同的行業，但是，這樣才給了我們行業互補的可能，可以利用各個同學從事不同行業的優勢來為自己的創業計畫提供幫助。如果能有同學志同道合一起創業，那將是最好的合夥人之一了。

③ 充分利用同鄉資源

「老鄉見老鄉，兩眼淚汪汪」。這類人脈總有一種特殊的情感在裡面，共同的人文地理背景，能使同鄉有一種天然的親近感。清朝的曾國藩用兵就只喜歡用湖南人，中國歷史上最成功的兩大商幫，徽商和晉商不管走到哪裡，同鄉之間都喜歡結幫互助，在同鄉之間互為支持，才成就了晉商和徽商歷史上的輝煌。在相當長的一段時間內，中國所有商業繁盛之地，其最惹眼、最氣派的建築不是徽商會館，就是晉商會館。假如現在你已經大有成就，恰好碰上一個同鄉到你所在地開個小商店，你肯定會或多或少地照顧他的生意，總覺得同鄉之間就應該互相幫助。

所以，同鄉這個在當今社會看似不起眼的資源，在很多時候都能給自己創業帶來一些意想不到的效果，值得我們去好好利用。

④ 善用職場資源

自畢業離開學校的那一刻起，接下來的漫長工作生涯，陪伴我們的，也由同學變成了同事。同事，我們可以把他們當成社會大學裡面的同學進行交往，志同道合的我們要努力維繫，能為我所用的我們要用心結交，那些損人不利己的我們當敬而遠之。畢竟同事之間的技能都相差不多，在這

部分人脈裡，有些人可能成為你以後創業的合夥人，有些可以在人員的招募上為我們提供很多選擇，有些老闆級人物還可能為你提供資金的投入。所以，職場是給我們提供人才的人脈通道，一定要善加利用。

曾經，有些人在路上點一盞路燈跟行人結緣，有些人做個茶亭施茶與人口渴之人結緣，有些人造一座橋樑讓河兩岸互相結緣，有人挖一口水井供養大眾結緣。而現在，我們要從身邊開始，廣結人緣，拓展人脈。因為，在我們未來的事業當中，你現在所結交的人脈資源，會在某個成熟的時機轉化成為你賺錢的資本。

📢 建立人脈的核心在「奉獻付出」，「為他人著想」，而不是只想著自己的業績。抱著只想著要賣掉自己手中的產品去建立的，不是人脈，而是人人避之而後快的討厭人際關係。

📢 記得不斷給予相關產品或服務之專業資訊的方式來維繫彼此的互動與連結。

好人緣與好客源

　　袁楷本來在一家保險公司上班，每天到中午吃飯時，他和同事都會跑到公司附近的一個小巷子裡面尋覓各種美食，那裡不但價格低廉，而且味道可口又能吃飽，所以那條巷子裡每到中午一些口碑好的餐廳就會出現人擠人、排著長隊吃飯的場面。

　　一天，他看見一家小店面門口貼著「店面轉租」幾個大字，再看看自己眼前排的長隊，他想：「只要餐點口味好，食客肯定就不會少，何況自己還有不少公司同事，只要十個裡面有一個光顧，那一天的收益也比現在強。」想到這裡，他轉身來到這家餐館裡面，點了份午餐然後和老闆邊吃邊聊，除了感覺老闆過於嚴肅，不喜歡笑之外，飯菜的味道倒還不差。於是他和老闆詢問了店面承租的事，讓老闆給他五天時間考慮。

　　袁楷在家想了幾天，最終決定租下那間小店面。辭職之前他還特地印了一些傳單，發給公司的每一位同事，並且還告訴他們只要是同事來捧場一律九折，在做好這些宣傳之後，他又和一些關係比較鐵的同事說：「只要誰一天帶五個同事來吃飯，就免費招待那個人。」同事一聽都表示願意鼎力相助。

　　等他把店面頂下來，到開店的那一天，他特地和那幾位同事打了聲招呼，讓他們務必來捧場。結果開幕當天，大排長龍的隊伍差不多都把路賭了，並且絕大部分都是以前的同事，他也遵守自己的諾言，同事全部九折優待，而那幾個關係好的同事也都免費招待，並且還幫他打理店面。其他人一見門口排著這麼長的隊伍，也紛紛過來一探究竟。雖然累，但袁楷卻

從未如此開心過，並一直堅持保持良好的服務態度。

靠著同事這層好的人緣關係，袁楷成功為自己店面營造了一個好的開始，並在自己努力經營下，每個月都能保持近十萬的收入。

人緣好不一定客人就多，但是人緣不好客人一定不多，比如袁楷店面之前的老闆，服務態度差成了這家店關門的直接原因，雖然好的人緣不一定是好客源的保證，但好的人緣一定是好客源的基礎。所以，試著讓自己變成一位人見人愛的「萬人迷」，令客人一見了就有愉悅的好心情，自然樂意把錢花在你身上。

既然好的人緣能帶來這麼大的幫助，那麼我們又應該如何讓自己擁有這一神奇的功能呢？

① 尊重別人

不管是朋友還是客人，也不管對方是富貴還是貧賤，我們都要學會尊重對方，以一顆平常心去對待，不帶有色眼鏡看人。因為，你對別人的尊重換來的將是別人對你的尊敬。所以在平時生活中，要留心尊重別人的人格，尊重別人的勞動，尊重別人的感情、習慣和愛好。前《經濟日報》副刊版主任王家英常常專訪大企業家，他強調要取得他們的信任，關鍵就是舉止要有禮貌，並懂得心存同理心，站在對方立場設想，更要尊重對方的意願。在與人相處時，要注意用語、相互尊重，才能建立起良好的人際關係。

② 關心別人

人是情感動物，我們都期盼著有人能關心自己，因為，一份真誠的關懷總能溫暖一顆炙熱的心靈。貼心得靠用心，法樂琪主廚張振民只有初中

畢業，但認識的政商名流卻比許多部長還多，台灣三大家族都是他的常客，他投入許多心力做功課寫筆記，顧客用餐習慣、愛吃什麼、對什麼過敏，他都記得清清楚楚；例如有位企業家到法樂琪慶祝結婚十五周年，他拿出當年婚宴菜單，就讓對方感動不已。

經營人脈的最高境界就是靠真誠，所以，我們在對待他人時，可以多說一些關懷的問候語，或者在對方難過時遞上一張紙巾，在天氣變化時提醒注意添加衣服等，都可以拉近彼此之間的感情。關心別人不一定要是物質上的幫助，有時候舉手之勞或者一些關心的話語，就能讓對方感動不已。

③ 感激別人

俗話說：「滴水之恩當以湧泉相報」，在生活中，人與人的關係最是微妙不過，對於別人的好意或幫助，常存一份感激之心，讓別人能夠體會到幫助帶來的成就感，這樣，容易使人際關係變得更加和諧。人貴交心，時時算計反而很容易被人看穿手腳；有人說，真心才會感動人；站在別人的立場思考，將心比心，很容易就會變成一個好相處的人。

生性內向的東方人往往不太好意思當面稱讚別人，也不擅於表達感謝；日本參議員藤卷幸夫總是在桌子抽屜裡放著許多美麗的明信片，在與剛認識的人見面之後，他會寫下自己的感謝或想法寄給對方。在如今的網路時代，親筆書寫的文字卻反而變得珍貴，接到的人心中都會流過一股暖流。從新聞界轉戰百貨業的SOGO百董座黃晴雯，也喜歡透過卡片寫上感謝。對於初見面的人，她一定把名片放在桌上看了再看，反覆唸他的名字，到了下次見面，她已經能牢記對方姓名，很自然地和對方打招呼。

情感的紐帶因為有了感激，才會更加堅韌，學會感激別人，你會漸漸

成為一個好同事、好朋友、好家人,甚至一個好老闆。

④ 讚美別人

人人都喜歡從別人那裡得到肯定,來提升自信心和動力。人類行為學家約翰‧杜威也說:「人類本質裡最深遠的驅策力就是希望自己具有重要性,希望被讚美。」因此,對於他人的成績與進步,要肯定,要讚揚,要鼓勵。我們也可以透過這些方面去讚美別人,比如:

1. 做出肯定對方的評價。

2. 見到、聽到別人得意的事,要立即讚美。

3. 指出對方好的方面的變化。

當別人只要有值得褒獎之處,你應大膽地給予誠摯地稱讚,從而使得交往的過程變得和諧、溫馨。

⑤ 風趣幽默

「幽默是人際交往中的潤滑劑」這是句真理,人們在交往的過程中更喜歡和機智風趣、談吐幽默的人交談,這樣得以使人放鬆,帶來歡樂,從而使人與人之間更容易變得親近。

美國作家馬克‧吐溫有一次他去一個小城,臨行前朋友提醒他,那裡的蚊子特別厲害。到了當地,正當他在登記入住時,一隻蚊子在馬克‧吐溫眼前盤旋,使得櫃台人員滿臉尷尬。馬克‧溫卻毫不在意地說:「這裡蚊子是我見過最聰明的,它竟會預先看好我的房間號碼,以便夜晚光顧、飽餐一頓。」大家聽了不禁哈哈大笑。結果,這一夜他卻睡得十分香甜。原來,正是因為馬克‧吐溫那句風趣的話,使得飯店全體職員一齊出動,

驅趕蚊子，從而使大家都擁有了一個美好的夜晚。

同樣都是一句話，假如馬克‧吐溫說：「這裡環境怎麼這麼差，到處都是蚊子，你們怎麼也不改善改善。」估計那天晚上他依然會遭受到蚊子的襲擊。所以，幽默的談吐不但能更好地表達自己的想法，也更容易使對方接受，是建立好人緣的一劑良方。

⑥ 寬容大度

「人非聖賢，孰能無過」在人與人的接觸當中，磨擦、衝突是無法避免的。在這種情況下，不妨大度一些，寬容一些，才會使人們對你的印象更好一些。

胡雪巖曾說：「於人無損的現成好撿，得罪一個人要想補救卻不大容易」。簡單一句話，就是盡量與人為善，功夫皇帝李連杰主演的電影《霍元甲》中，媽媽提醒霍元甲，練武者的真正敵人不是別人而是自己，相對地，生命中的貴人從另一種角度來看也是自己，只要平時廣結善緣、勤勞又仁慈，自然就會凝聚你的好人緣，當你有困難時，平日受到你幫助的人自然就會來幫你。

在和人相處時，要想自己能寬容待人，就要在心理上接納別人，理解別人的處世方法以及處世原則。我們在接受別人的長處之時，也要接受別人的短處與錯誤，多站在別人的立場看待問題，別人因為誤解造成對自己傷害要諒解對方，不去斤斤計較。

所以，你沒必要對別人的過錯耿耿於懷，那樣，既為難了別人，又作賤了自己，還使得自己生活又失去了一些歡樂。「海納百川，有容乃大」人生，有了大度和寬容，才會越走越寬，人緣自然好起來。

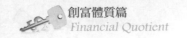
　　人際關係是「給跟取」，104 人力銀行總監邱文仁說，你必須像塊「磁鐵」讓貴人對你感興趣，願意拉你一把；其實，面對地位權勢比你高的人，能做的事情真的不多，這時，如果能給他人帶來「不知為何，跟你在一起就是覺得舒服」就等於成功了一半！總之，在這個大雜燴的群居社會中，不僅要做最好的自己，還要讓自己沾上各種人群特有的色彩，拉近與各式各樣人群的距離，廣結人緣，堅實的人脈和客源基礎，將是你創業走向成功的推動力。

財商 Tips

📢 過年過節傳遞簡訊是基本功，人脈就像種福田，要怎麼收穫，先怎麼栽，時時抓緊機會表達你的感謝之意，不論是寫卡片或是傳訊息，往往只是寫下「感謝」兩個字，就給人很好的印象。

📢 人是情感的動物，用心，別人就會感動；貼心的舉動或小禮物往往比昂貴大禮更得人心。雪中送炭永遠比錦上添花有用。

📢 金氏世界紀錄銷售保持人喬吉拉德就說：「每個人都有二百五十位朋友，得罪一個人，可能就多了二百五十多位敵人。」另外，現在網路傳播發達，要是敵人發動網路力量「詆毀」你，可也是明槍易躲、暗箭難防。

不卑不亢的態度，能讓你站得更穩

　　在為人處事過程當中，如果過於在乎別人的眼光和評價，我們將無法放開手腳，做什麼都將變得猶豫不決，甚至失去自我，丟掉個性，喪失自己的價值。而一點都不在意別人的看法，也可能讓自己和這個社會的主流價值觀脫軌，變得格格不入。所以，要堅持自己所選擇的，相信自己所堅持的，找到屬於自己的正確道路，同時也要適當聽取別人的意見，但不管對待誰的意見，做到不卑不亢才是最佳的處世之道。

　　畢竟我們都不是很完美的人，但我們要接受不完美的自己。學會獨立，告別依賴，對軟弱的自己說再見。只要你對自己有信心，知道自己的價值，懂得珍惜自己，就可以做到不卑不亢，凡事坦然面對。

　　我們每天面對的客觀物件的身份地位不同、素質參差不齊、所處的環境場合不同、心情心態也都會隨時發生變化，只有自己做到不卑不亢，才能立足於社交場合，讓對方認可你、敬佩你、尊重你。這樣，既能讓自己滿意，也讓與你相處的人感到舒服，讓他們成為你追求夢想的助力，這才是為人處世的最高境界。在實際人際交往當中，我們要怎麼樣才能做到不卑不亢呢？

① 堅持最基本的做人原則

　　在我們的日常生活當中，我們會發現那些受人尊敬，與人相處融洽的人，並不是什麼都妥協退讓的人，也不是那些居高臨下、發號施令的人，

而是不管對誰都能做到不卑不亢，保持一顆平常心的人。

守護自己的權益是我們做人最基本的原則。如果你對自己的權益毫不在意，隨便讓別人占你的便宜，久而久之，你不僅會失掉維護自己權利的能力，還會招來更多踐踏你權益和尊嚴的人。我們雖然應該慷慨大方，但並不是沒有底線地慷慨，更不是毫無意義的施捨。假如你要向別人讓步，你就要有足夠的能力來承擔這份「慷慨」的後果，否則，只能無故加重自己的負擔。

我們會看到一些人，他們的生活總是痛苦的，他們總是無法守住自己的底線，被別人一次又一次無情地攻破，他們不斷妥協，甚至最後連尊嚴都喪失了。所以，要想做到不卑不亢，就要合理地維護自己的合法權益，守住底線，堅持自己的原則，對每件事情都要設定底線，一旦超過了這條線，不管對方是誰，都不要因為對方位重權高而妥協，也不能因為對方苦苦哀求而生惻隱之心。

② 要讓自己有底氣

要想讓自己做到不卑不亢，簡單說就是對上不自卑，對下不高傲，為人處世要有自己的尊嚴。但是要做到這一點，就要讓自己在所處的人群中，有一定的本事，或說或寫或做，能有獨到的才能，更勝人一籌才能不自卑；另外，要讓自己有一定的層次、修養和內涵，能夠讓人服氣並受到多數人尊重，這樣才能在與人交往中自信而不自負，底氣十足。

但要想培養這種底氣，就要在別人休閒遊玩時，你堅持學習，充實自己，讓自己越來越優秀，透過不斷的提升和蛻變來獲得他人的尊重。

③ 正確評價自己和他人

在我們所面對的人和事當中，最難的就是正確評估自己，正確評價他人，過於看高自己容易驕傲自大，過於低估自己又容易缺乏自信產生自卑。只有正確、客觀地認識自己和他人，才能站在一個相對客觀的角度去評價和看待所有的事情。

一個頭腦清醒、真正有本事的人，任何時候都會自律自愛，記住山外有山、人上有人，任何時候都會謙言恭行，戒驕戒躁。只有不能客觀認識社會、不包容他人、缺乏修養的人，才經常忿忿不平、浮躁不安。

要多看到自己的長處，並利用機會展示自己的長處，讓別人看到有獨特能力的自己，用行動告訴大家：別人做不到的我能做到。對待別人要多看別人的長處，並多向對方學習，建立學習的目標；面對別人的不足，我們要適當指出，並包容對方的缺點，做到既不去奉承別人，也不因為對方的不足而小看別人。這樣才能看清自己與優秀者的差距，並透過學習完善自我，真正地做到不卑不亢。

④ 面對不同群體，要選擇不同的交往態度

不卑不亢主要是在跟人們相處的時候來體現的，面對各種不同的人和群體，我們要區別開來不同對待，做到既不冒犯，也不失禮，更不損及自己的尊嚴。

⭐ 我們在與平輩的同學、朋友相處時，因為大家都相互瞭解，不需要那麼多繁瑣的禮節，只要簡單、直率、真誠，有一種和諧的氣氛就可以了，這樣能讓自己活得輕鬆、自然一點。

⭐ 與長輩老師老闆相處，注意尊重他們，傾聽他們說話，做好他們

交辦的事，並適當注意他們的感受，由於這個群體的人的素質也是參差不齊，不可能做到每個人滿意，讓每個人滿意你就難以自保「不卑」，我們也不必委曲求全。

⭐ 與年少者、學識淺薄者和下級相處，要落落大方，熱情有度，不要盛氣淩人，頤指氣使，仰視你的人最在乎你對他們「不亢」。

所以，應該針對不同的群體，採取不同的對待方式，但在禮儀方面都要以對同輩之人、學識、能力相當之人去對待，做到對上「不卑」，對下「不亢」。

⑤ 時刻不忘尊重他人

我們在跟對方相處時，不管是一個群體還是個人，都可能是你的利益關聯方，既然兩人在一起見面相會，就有可能對自己的事業有所幫助，我們對對方主動加以重視，予以尊重，這是必須做的基本禮貌，哪怕是一個微笑，一聲問候，一句祝福，都會在對方的內心裡激起一絲情感的漣漪，獲得對方的好感，在尊重對方的同時得到對方尊重。

在說話辦事時一定要有分寸，既不低聲下氣，也不傲慢自大，做到既尊重他人，同時也尊重自己，尊重自己就是不卑躬屈膝，不俯首貼耳，尊重他人就是不驕不躁，彬彬有禮。這樣才算做到了尊重他人、善待他人，也就做到了不卑不亢。

財商 Tips

📢 給自己的原則設定一個底線，不管對方是誰，一旦他提出的要求超過了自己的底線，就要果斷地拒絕。

📢 不管是朋友、同事還是競爭對手，我們都要站在一個相對客觀的角度去評價，正確分析對方的為人、性格以及辦事能力，不能因為他對自己好而給予高的評價，也不能因為他曾得罪自己而貶低對方。

📢 在與人交往過程當中，我們要排除身份觀念的束縛，不因為對方是老闆而畏懼，也不因為對方是屬下而瞧不起別人，要做到一視同仁。

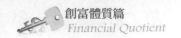

沒有誠信，你將失去一切

在《鬱離子》中記載了這樣一則故事：濟陽有個商人過河時船沉了，他抓住一根桿子大聲呼救，有個漁夫聞聲而至，商人忙喊：「我是濟陽最有錢的富翁，你若能救我，就給你一百兩金子。」待商人被漁夫救上岸後，商人卻只給漁夫十兩金子。漁夫責怪他不守信，出爾反爾。商人說：「你打漁一生都掙不了幾個錢，給你十兩金子還不知足嗎？」漁夫只得快快而去。不料，後來那商人又一次翻船了。有人想去救，那個曾被他騙過的漁夫說：「他就是那個說話不算數的人！」於是商人被淹死了。

一個人一旦失去了信用，大家便會離他而去，當他處於困境，也沒人再願意出手相救。所以，失信於人者，一旦遭難，如果不能自救，就只有坐以待斃。

海涅說：「生命不可能從謊言中開出燦爛的鮮花。」人可以粗陋，可以清貧，可以平凡，但是不能失去誠信。我國自古就有誠實守信的優良傳統，人常說：「人無信不立，政無信不威。」誠信是社會活動的基本原則，在社會活動中處於中心地位，失去誠信，就等於失去了一切。堅守誠信，就是堅守做人的根本；堅守誠信，就是守住成功，贏在未來。在我們與人的交往中，如何樹立起自己的誠信呢？

① 獲取他人的信任

誠信是建立在信任的基礎之上的，如果別人失去了對你的信任，誠信

也就無從談起。在我們的事業當中，任何事情要成功都需要持之以恆，要獲得別人的信任也是如此。良好的態度要始終如一，千萬不要今天扮了一天笑臉，隔天卻又故態復萌，顯出粗俗急躁的本性。我們無法要求別人信任自己，因為我是一切的根源，一切都是因為自己首先要值得別人信任，在建立信任時我們要做到以下幾點：

⭐ **真實**。任何虛假、虛偽、欺騙乃至做作的行為或者表情，哪怕是一點點都可能成為別人對我們不信任的根源。所以，不管做什麼，都不要想著去欺騙別人，是什麼就是什麼，不需要虛偽來掩飾。

⭐ **正直**。正直、有原則的品格很容易使人感受到你是值得信賴的。

⭐ **坦誠**。不要讓對方感覺到你有值得懷疑的目的與言行，即使你已經讓對方產生誤解，只要你開誠佈公、心胸坦蕩地與對方溝通，依然能重新獲取信任。

⭐ **持之以恆**。一個志向高遠、決心堅定的人，做任何事情都會有始有終，而不會半途而廢，否則，就難獲得人們的信任。

② 獲得對方的認可

建立自己誠信的形象，也必須要得到對方的贊同，如果別人對你並不贊同，也就不會在意你的誠信是否有價值，即使你做得再好，也可能不會和你建立信用夥伴關係。所以，在交往當中，先得到對方的認可，是樹立誠信形象必不可少的條件。你可以從以下幾點做起：

⭐ **做你自己的朋友**。如果你無法成為自己的朋友，那你不可能成為別人的朋友。如果你看不起自己，也將無法尊敬別人，而且將對別人充滿嫉妒。其他人也察覺到你的友誼並不純真，因此將不會回報你的友誼。他們可能會同情、憐憫你，但絕對不會認可你。

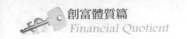
✪ **把你想像成別人。**如果你能夠設身處地，從對方的立場來想像對方的心情，那麼你將感受到他的需要，然後再深入地瞭解對方的反應。如果他在某些方面很敏感，你可以避免令他感到難堪或不安。這樣，對方將會認可你，並對你十分感激，而且也會以他的方式回報你。

✪ **接受他人的獨特個性。**人人都有個性，尤其坦誠相處時，更能表現出這種特點。不要試圖改變這個事實。別人是別人，不是你，只有接受對方的本來面目，他也才會尊重你本來的面目。

✪ **證明自己的能耐。**想要獲得他人的認可，就必須證明自己的確是才思敏捷、才學過人、富於實幹的人。如果還能在某一領域有所專長，那麼無論走到哪裡，都將受人重視，被人認可。

③ 絕不違背承諾

中國有句古話叫「一諾千金」，說明誠信可以給我們帶來無窮的價值。在社會當中，如果自己做不到，就不要輕易承諾。既然我們許諾於人，就一定要完成，這樣才能在與他人的交往中取信於人，才有立足之本。

18 世紀末，安賽穆在法蘭克福開了一家小銀行。因為猶太人在當地受到歧視，來存錢的人少之又少。

一天夜晚，莎拉夫人突然帶著幾個大箱子來到他的銀行，對他說：「這是 500 萬銀幣，替我保管好，一年後連本帶利我來取。」安賽穆見突然來了這麼一大筆生意，在驚喜之中連忙答應了。

到了第二天，莎拉的丈夫威廉先生找上他，猶豫著說：「這個時候把錢給你簡直是在為難你，我於心不忍，你還是把錢留下，逃命去吧！」原來拿破崙的軍隊已攻打到城外，大家都忙著逃走，莎拉夫人因為知道無法

帶走這些銀幣，才把它存在安賽穆這裡。安賽穆大吃一驚，可想到自己的承諾，卻說道：「您是個好人，可事已至此，我怎能丟下這些錢不管呢？」威廉依然很擔心，叮囑道：「如果敵人發現這些錢，你就送給他們自己逃走吧！」說完便倉皇地走了。

安賽穆不敢大意，連夜把錢幣埋進花園。在入侵期間，他冒死躲過了敵人的多次搜查，等到戰爭平息，他才把銀幣取出來放貸。一年後，威廉夫婦回來了，安賽穆把錢連本帶息交給了他們。此事傳開後，大家都來他的銀行存錢，安賽穆也成了知名的銀行家。

所以，當我們許諾了別人之後，就不要輕易違背自己的諾言，既然答應了別人，就一定要做到，這是做人的基本原則，也是誠信的根本。不管自己當時處境有多艱難，一定要經得起考驗，這樣，才能贏得他人的尊重，樹立起誠信招牌，從而實現自己的財富目標。

財商 Tips

📢 當自己不想履行諾言時，我們不妨想像一下，如果別人答應自己的事情突然爽約了，而你本來滿懷期待卻突然落空，這時候自己會是一個什麼樣的心情。既然自己不喜歡別人爽約，那麼我們也就沒理由不履行自己的諾言。

📢 在與人交往時，要根據自己的實際情況許諾，有什麼就是什麼，不要為了博取對方好感而大肆吹噓自己，否則只會讓自己的信譽越來越低。

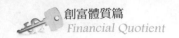

盡己之力，給身邊的人提供便利

縱觀「富比世」雜誌（Forbes）榜上的富豪們在，那些越是有錢的人越是熱愛做慈善事業，比如比爾‧蓋茲、巴菲特、馬雲等，他們利用自己創造的財富幫助別人，但是他們的財富卻並沒有因此而減少，還連年增加。這是因為，他們在為別人提供便利的同時，也在為自己的未來創造更多重要的機遇和助力。

其實，在我們的事業當中，有很多機遇隱藏在我們身邊，有些需要我們去挖掘，有些需要我們去追逐，有些需要我們去等待，還有些只需要我們的舉手之勞。那些看似不起眼的幫助，對於被幫助的人而言，他們都會心存感激，從而對我們更加尊重、關注和喜愛，無形中形成對我們人生的助力。每當我們為身邊的人提供一點便利，就是在為自己成功的道路鋪上一小塊磚，等到路鋪好了，成功自然就會找上你。

因此，在與人交往的過程中，我們應該盡己所能，為身邊的人提供便利。那麼，我們具體應該怎樣做呢？

① 為周圍的同事提供幫助

這個時代，是一個強調團隊精神的時代，公司的成功要靠整個團隊，團隊的成功需要成員之間良好的協作，需要大家的相互溝通，共同解決難題。

所以，同事之間相互幫助就顯得尤為重要，尤其是對新同事要多提供

一些善意的幫助，新到的同事對手頭的工作還不熟悉，當然很想得到大家的指點，但卻不好意思向人請教。這時，不妨主動去關心幫助他們，這往往會讓他們記住你，打心眼裡感激你，並且會在今後的工作中更主動地配合和幫助你。千萬不能自以為是，不把新同事放在眼裡，在工作中不尊重他們的意見，這些態度都會傷害對方，從而使他們對你產生反感。

② 為曾經的朋友、同學提供幫助

朋友和同學是我們最寶貴的資源，更可能是我們一生的夥伴，在關鍵時刻他們總能為我們排憂解難，給予我們及時的安慰。所以，如果能為朋友提供一些力所能及的協助，既是對朋友關係的一種維護，也能夠幫助朋友解除眼下的困難，日後當自己遇到困難時，他們也會伸出援助之手來幫自己。那麼，我們從哪些方面去幫助朋友、同學呢？

⭐ **用自己的關係幫朋友升遷**。假如自己認識一些行業老闆，而正好自己的朋友又從事這一行業，那麼我們就利用這種關係，把朋友介紹到更好的單位。這樣既能幫助到朋友，還能強化自己以後與朋友的合作關係。

⭐ **在生活上給朋友的一些幫助**。如果朋友暫時有困難或者不方便，在你能力所及範圍之內，儘量給他們提供一些經濟上的幫助，或者幫他們買點東西照顧一下他們的生活，以此來深化彼此的友誼。

⭐ **一起分享好消息**。如果你發現一個好消息，可以和朋友一起分享，甚至一起參加。比如超商的優惠資訊，遊樂場所的免費開放，或者一些團購優惠等等。

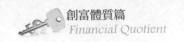
③ 為身邊萍水相逢的人提供幫助

　　每天我們都會與很多人擦肩而過，雖然彼此並不認識，但是如果能為他們提供觸手可及的幫助，這對我們來說並沒有什麼損失，但對別人而言可能就是雪中送炭，而且，有時這也有可能為自己帶來意想不到的機遇。在在美國曾發生這樣一個故事：

　　在一個風雨交加的夜晚，一對老夫婦走進一家飯，想要住宿一晚。但這時正是旅遊旺季，飯店已經客滿了。

　　在老夫婦準備離開之際，夜班服務生誠懇地建議說：「今天這附近的飯店差不多都客滿了，你們何不待在我的房間休息呢？正好我今晚要值班，也用不到那房間。」

　　老夫婦接受了服務生的建議，並向服務生表示了感謝。

　　第二天，當老夫婦準備結帳時，服務生卻說：「昨晚您所住的房間並不是飯店的客房，我實在不能收您的錢。」

　　老夫婦致謝後就離開了。兩年後，這個服務生收到了一份來自紐約的信，正是那位老先生寫來的。隨信寄來了一張紐約的來回機票，邀請他到紐約一遊。等服務生到達紐約時，老先生拉住他指著路口一棟豪華的大樓說：「這是我為你蓋的飯店，希望由你來為我經營，因為你是我夢寐以求的員工。」

　　這家飯店就是紐約知名的華爾道夫飯店，這位服務生就是華爾道夫的總經理喬治‧波特。

　　對於素不相識的老年夫婦，年輕人只是將自己用不著的房間讓給他們，而這種萍水相逢、不求回報的幫助，卻給年輕人帶來了一個他自己都意想不到的機遇。

　　其實，幫助別人並不難，如果你總是帶著目的性的心態去說服別人，

那你可能會一次又一次的失望。但是，如果我們抱著無償的心態去幫助別人時，就不會因為得不到回報而失望，當我們感到幫助別人是一件快樂的事情時，我們才會更加樂意地去幫助別人。

所以，當別人有困難時，自己又恰好能夠順手幫他解決，就不要吝嗇這一份愛心，伸出自己的援助之手去幫助他們。也許，下一個機會就會出現在你對他人的幫助之中。

財商 Tips

📢 在工作當中，如果同事遇到一些小麻煩，我們在不耽誤自己正常工作的情況下，儘量多給同事提供一些力所能及的幫助，幫他們解決問題。

📢 對於朋友，如果自己能夠透過關係幫朋友介紹一些更好的工作，我們就應該利用這種機會，在平常的生活中，和朋友多一些來往，能夠互相幫助的就不要推脫，有好的消息也要一起分享。

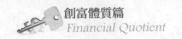

以接納之心面對每一個人

在我們的生活中，有的人充滿幹勁，有的人陰鬱深沉，有的人滄桑而質樸，有的人淺薄而浮華，生活處處充滿各式各樣的人物，也正因此才顯得豐富多彩。即使是最平常的人身上也有閃光點，如果能得到他人的接納和賞識，往往能成為一個人奮發向上的動力，會促使人迸發出意想不到的創造力，取得成功。真誠地欣賞你周圍的每一個人，這時你就會發現，接納他人不僅會讓對方開心，也會讓自己的生活變得更加美好。

現實生活中，一個人是不是胸懷寬闊，很重要的一點就是看他能否接納他人，以及是否欣賞別人。一個人如果視同道如冤家，看他人一無是處，最終自己也將難有大的作為。懂得接納別人，才能為自己的發展提供「雨細魚兒出，風輕燕子斜」般和諧的人際環境，也才能充分調動身邊人的力量，為自己的夢想助航。

那麼，在實際生活當中，我們如何以接納之心去面對每一個人呢？

1 讚美別人的優點

在與人交往當中，對於自己要學會揚長避短，而在看到他人時，要取其長棄其短。每個人都有自己所擅長的事情，如果你老是盯著對方的缺點不放，就很難和他愉快地交流、合作，我們要學會接納對方的短處，並試著去發現他的長處。

一個孩子自小就很頑皮，他的父親便對他說：「你是我見過唯一一個

沒有一點可愛的品質的孩子。」小男孩聽了非常喪氣，開始自暴自棄。後來這個男孩爸爸朋友到家裡做客，他發現這孩子非常喜歡雕刻，看得出來很有天分，而他曾因在傢俱上亂刻而受到懲罰。於是這位朋友再一次來做客時，便為他買來一些工具，並告訴他如何使用這些工具雕刻，並鼓勵他：「你雕刻的東西比我所認識的任何一個兒童雕刻得都好，你以後肯定能成為下一個羅丹。」並經常稱讚他的作品，後來有一天這位朋友來做客前，這個孩子主動把自己的屋子打掃乾淨，令他的爸媽驚訝不已，因為沒有人要求他這樣做。當他爸爸問他為什麼這樣做時，他說：「因為叔叔今天要來啦，我想他會更加喜歡乾淨一點的環境。」

心理學家馬斯洛認為：「榮譽感和成就感是人的高層次需求」，當一個人的長處受到稱讚，就會受到鼓舞，並發揮更大的積極性。所以，對於別人的長處，我們不妨多多讚美，並加以利用；對於他人的缺點，則可以以誠懇助人的態度在私下交談。這樣，就能讓對方更加信賴你，從而願意為你做出更多努力。

② 帶著欣賞的眼光與人相處

欣賞別人，可以建立一種健康和諧的人際關係，是接納別人的一種最佳方式，在節奏飛快的現代社會，在無暇溝通的生活環境中，學會欣賞別人尤為重要，只有這樣，人與人之間才會多一分融洽，少一分隔閡。

威廉·詹姆斯則說：「人性中最深切的心理動機，是被人賞識的渴望。」現實生活中，人人都渴望被人欣賞，即便自己並沒有值得特別欣賞的地方。如果一個人能由衷地欣賞別人，主動關心、幫助別人，就會得到別人的認同和關懷，自然也就會感到幸福，就像是一個人經過不斷努力，為社會做出了貢獻，便會得到社會的認可和尊重一樣。

可見，欣賞他人，需要具有一種寬廣的胸襟和一種無私的勇氣，這也是一種超然的智慧。欣賞他人，可以是出自愛才之心、容才之量，也可以是助人之難、解人之惑。用欣賞的眼光去與人交往、接觸，於人於己都是至關重要的。這種欣賞會在不知不覺中改變他人和自己的命運。

③ 先接納自己，再接納他人

我們可以從一個人能否自我接納，來推斷出他能否接納別人，也可以從一個人能否接納他人，推斷出他是否接納自己。所以，如果我們能夠學會真誠地接納自己，就會很自然地去接納別人。如果接納別人，尊重別人，別人通常也會對我們做出積極的回應。久而久之，我們在接納別人的同時，對方同樣也會接納我們，彼此之間才會互相欣賞，感受到自己的價值與生命的尊嚴。而在相互的交流當中，要使對方感到被接納，我們要做好以下幾點：

1. 傾聽。與人交往時不能妄加評論，認真而又耐心地傾聽。
2. 尊重別人。即不論對方怎樣，都尊重對方生命的尊嚴。
3. 假如你想與之交往，一定要主動，讓對方先感受到你的友好與誠意。
4. 發現並欣賞對方的優點。每個人都希望別人發現自己的優點，所以，要善於去發現對方的長處，並真誠地加以讚美、欣賞。

財商 Tips

📢 在評價他人之前，先學會傾聽，不要等對方還沒說完就妄下結論，要等對方說完之後，我們經過客觀分析後，再發表意見。

📢 讓自己接納對方，就要善於發現對方的優點，我們可以從對方的穿著打扮、為人處事、道德品行甚至相貌來發現他優點，尋找可以稱讚之處並予以讚賞。

包容過多少人，就獲得多少支持

我們總會看到一些人抱怨自己這也不順，那也不順，不管是什麼，他們總能挑剔種種不如意，在與人接觸過程中，看到的總是對方的缺陷和不足，思考的多是那些對自己不利的因素。結果他們每天過得煩躁不安，交際圈狹窄，人緣不佳。

通常對於那些有負於我們的人，我們都會對他充滿憎恨，可是，如果我們任由自己的心思去關注憎恨、仇視等這些陰暗的事物，我們自己也將變得灰暗，我們將不再用心去關注快樂、財富、事業、愛情等美好事物，當然也就與成功無緣了。這就如同一個狹小房間堆滿了各種東西，顯得雜亂無章、擁擠不堪，難以給人和諧、輕鬆的感覺。其實我們的內心也如同一個房間，如果內心狹隘，同樣的東西放在裡面，就會顯得特別擁擠，做什麼都會覺得心煩、不順。人想要生活得輕鬆、快樂、沒有負擔，就得讓自己內心空間變得更大一些，讓心胸寬闊一些，即使有一些雜亂的東西堆在裡面，也只是佔據一個小小的角落而已，這樣就能夠留給自己和身邊的人更多的空間。

學會寬恕他人，學會大度包容，就能讓自己走出困境，並獲取他人的讚賞和支持。那麼，在實際生活中，我們應該如何去對待別人的過錯呢？

① 原諒別人的無心之過

有一句名言說：「一隻腳踩扁了紫羅蘭，它卻把香留在那腳跟上，這

就是寬恕。」包容就是不為別人對自己的冒犯而動怒，不為事態的不順利而頹廢、抱怨，這是一種胸懷，一種氣度。世界上如果沒有寬容和信任，一切親情、友情、愛情都將失去存在的基礎，每個角落都是爾虞我詐的欺騙，社會將毫無溫情可言。

在現實生活中，如果只因對方偶爾的過錯便永遠懷恨在心，那只會讓自己活在痛苦之中，並永遠失去對方的信任和支持。

在美國一個小鎮上有一個青年，整日遊手好閒，酗酒鬧事。一天，他喝醉後失手打傷了前來討債的債主，被判刑入獄。入獄後的青年非常後悔，便立下誓言要改過自新。

從監獄中出來後，他想重新做人，想找個地方打工賺錢，結果所有人都拒絕他了。迫於生活壓力，他不得不到親朋好友家借錢，結果都被各種理由拒絕了，他那顆剛充滿希望的心，開始滑向失望的邊緣。

這時，他碰上了自己少年時代的朋友，他也曾經借錢給自己，自然也是還沒還。所以這次他也不好意思開口借錢，只是把自己的悔悟和痛苦告訴了他，但是他的朋友拿出了100美元給他，說：「以前的犯下的錯就不要再說了，你以後有錢了連以往欠的錢一起還上就行。」青年接過錢，看了看他「昔日的朋友」後，消失在鎮口的小路上。

數年後，他從外地歸來，身邊帶著漂亮的妻子。找到了那位朋友，還清了舊賬，然後流著淚說：「謝謝你！你是我真正的朋友，是你的包容和真誠的信任給了我站起來的勇氣。我聽說你想在這裡建一個遊樂場，我可以做你的投資方嗎？」朋友點點頭笑了，兩人緊緊地擁抱在一起。

可見，有一顆包容之心，能夠原諒他人的過錯，既是對人性的肯定，也是對他人的一種幫助。所以，對於他人偶爾犯下的錯，我們不必耿耿於懷，就此完全否定別人，要給對方一個改過自新的機會，要學會寬容別人，既是對別人的鼓勵，也是積攢自己的人心。

② 不要等待別人向你道歉

在生活中，人都會有難堪、做錯事的時候，而這個時候最需要的就是希望能夠得到對方的包容。比如你的衣服不小心被別人弄髒了，在這種情況下，也許你會等對方來向你道歉，或者你也覺得他應該向你道歉，但如果我們換一種方式，在別人道歉之前，跟對方說一句「沒關係，你不必自責」之類的話，這不僅能體現自己的大度，也能更好地化解這種尷尬。

有一位叫阿倫的年輕人想找一份工作。他通曉好幾種語言，想找個進出口公司擔任秘書的工作。可是大多數公司都回絕了他，但他到一家公司應徵時，其中有一個人卻對他說：「你對我公司的理解完全是錯誤的，我根本不需要秘書。即使我真的需要，我也不會錄取你，你看你自己簡歷上語法表達有好幾個錯，真夠笨的。」

阿倫聽完後氣得要發瘋，心想「他不用就算了，憑什麼罵人？」於是準備想辦法回擊對方，至少要讓對方向自己道歉。當他打算開口回擊時卻發現，原來是對方把簡歷拿錯了。

於是他整理了一下情緒，說：「你本來不需要秘書，卻還接待了我，真是太感謝您了。我對貴公司理解錯誤，實在很對不起。我不知道我的簡歷犯了語法上的錯誤，我很抱歉也很難過，我會再努力學好瑞典文，減少錯誤。但是，我想拿回屬於我自己的簡歷。」

對方發現自己看錯簡歷之後，顯得非常尷尬，但是阿倫大度地說：「像貴公司每天這麼多人應徵，拿錯簡歷也是難免的，這並不能怪你。」

對方也笑了笑，說：「我很欣賞你的態度和容人之心，現在我考慮請一個秘書了。」於是他被錄取了。

如果總是把別人的過錯記在心裡，或者等著別人向自己道歉，這也不能促使事情往有利的方向發展，只會讓彼此的關係變得越來越尷尬。所

以，我們應該認識到，透過包容來獲得別人的好感是非常重要的。對於別人的過錯，我們不妨把自己的寬容和大度展示在對方面前，能不苛責的時候就不要苛責，多給人臺階下，多放人過關，讓對方心服口服。

財商 Tips

📢 在乘坐大眾運輸工具時，如果有人不小心踩到你的腳，不管對方有沒有說對不起，都要去包容對方，因為在人多的時候難免會發生踩踏，我們要利用這些小事來鍛鍊自己的容人之心。

📢 如果對方不小心錯怪了你，也不必急於怒斥對方，不用斤斤計較，不妨自己主動去化解這種尷尬的場面，給對方一個臺階下，以顯示出自己的氣度。

你的人脈網得幾分？

　　人脈是我們事業發展不可或缺的條件之一，人脈關係經營的好壞，往往對事業有著直接的影響，甚至關係到事業的成敗。那麼，你知道自己目前的人脈經營得如何嗎？如果想瞭解自己目前的人脈現況，請根據自己的實際情況，對以下每個問題做「是」或「否」的回答。

1 處在社交場合中會感到很緊張。　　　　　　　　　　　　　（　　）

　　A. 是　　B. 否

2 不知道如何拒絕異性的無理要求。　　　　　　　　　　　　（　　）

　　A. 是　　B. 否

3 總希望自己能夠得到別人的賞識。　　　　　　　　　　　　（　　）

　　A. 是　　B. 否

4 很少與異性接觸。　　　　　　　　　　　　　　　　　　　（　　）

　　A. 是　　B. 否

5 不知道如何傾訴自己的煩惱。　　　　　　　　　　　　　　（　　）

　　A. 是　　B. 否

6 和別人初次會面會感到彆扭。 （　）

A. 是　　B. 否

7 經常無意中對別人造成傷害。 （　）

A. 是　　B. 否

8 與異性交流會覺得很不自在。 （　）

A. 是　　B. 否

9 與朋友們在一起的時候，也會感到孤獨或失落。 （　）

A. 是　　B. 否

10 總覺得自己是別人談論、愚弄的物件。 （　）

A. 是　　B. 否

11 不知道如何與異性更好地相處。 （　）

A. 是　　B. 否

12 會忌妒或羨慕周圍比自己優秀的人。 （　）

A. 是　　B. 否

13 當不熟悉的人對自己傾訴他的遭遇時，自己會感到不自在，
不知如何去安慰對方。 （　）

A. 是　　B. 否

14 害怕面對那些連續不斷的會談。 （ ）

A. 是　B. 否

15 不知道自己的煩惱可以對誰說。 （ ）

A. 是　B. 否

16 面對喜歡的人，只是暗自思慕。 （ ）

A. 是　B. 否

17 當被別人排斥時，會感到冷漠、無助。 （ ）

A. 是　B. 否

18 對自己的外貌沒有信心。 （ ）

A. 是　B. 否

19 感覺自己被某些人所討厭。 （ ）

A. 是　B. 否

20 會對異性產生歧視。 （ ）

A. 是　B. 否

21 對於別人的訴說，總是不能專注地傾聽。 （ ）

A. 是　B. 否

㉒ 不習慣表達自己的感受。　　　　　　　　　　　　（　　）

　　A. 是　　B. 否

㉓ 當自己受到傷害時，經常暗自傷心。　　　　　　（　　）

　　A. 是　　B. 否

㉔ 感覺自己被異性瞧不起。　　　　　　　　　　　（　　）

　　A. 是　　B. 否

㉕ 不能廣泛地聽取各種意見和看法。　　　　　　　（　　）

　　A. 是　　B. 否

㉖ 在與別人相處時，總不能和睦地相處。　　　　　（　　）

　　A. 是　　B. 否

㉗ 擔心自己會在別人那裡留下什麼不好的印象。　　（　　）

　　A. 是　　B. 否

㉘ 在人際交往中，很容易受到窘迫。　　　　　　　（　　）

　　A. 是　　B. 否

計算得分

　　在以上所有的題目當中，選擇「是」的加計 1 分，選擇「否」的計 0 分。將各題的分數相加得出總分。

解析

★ **0～8 得分**，說明你在人際關係相處上沒什麼問題。你性格比較開朗、主動、會關心人，善於和別人交談。和周圍的人在一起會覺得很快樂，同事、朋友以及異性也都喜歡與你相處，人脈範圍廣，在請求他人幫忙時，別人也樂意幫你，很少有人際關係方面的問題。

★ **9～14 得分**，你的人緣雖然一般，不是八面玲瓏，但是在日常工作和生活中，還是能夠保持比較正常的人際交往，遇到一些小問題可以從朋友或者同事那裡得到解決，但是要解決大的問題，你的人脈圈就比較難找到合適的人選。所以，你還需要加強人脈圈的經營，爭取自己的人脈能夠遍佈自己事業的各個方面。

★ **15～19 分 得分**，你和周圍的人相處存在一定程度的困擾，在他人眼裡你可能是一個可有可無的人，與他人交往僅僅只限於工作上的需要，建立的關係也並不牢靠，時好時壞，經常處在一種起伏之中，在遇到困難時很難找到可以幫助的人。所以，你要想在事情上取得成功，必須要放開自己，用心多結交一些朋友，不要等到需要時再結交，那時候就晚了。

★ **超過 20 得分**，你在人際交往中存在比較嚴重的問題，你可能不善言辭，也可能是性格不夠開朗，不容易與他人輕鬆愉快地交流，甚至已經影響到正常生活。所以，你要想在事業上有進展，就必須要改變自己的性格，努力融入到他人的世界。

Part

2

創業基本功 篇

創造金錢的能力

FINANCIAL
QUOTIENT

Chapter 5

你真的適合
創業嗎？

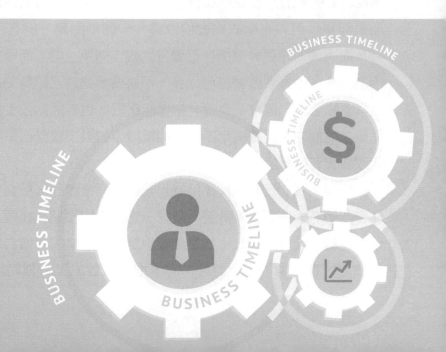

我為什麼要創業？

　　「為別人」打工已不再是我們的必然選擇，我們需要更多的「為自己」而努力。在「為自己」這條路上創業就是你創富的最佳選擇。

　　很多人都想創業，但他們似乎有一個同樣不創業的理由：我沒有錢，我要是有錢的話，就怎麼樣……似乎只要有錢，就一定能創業成功。馬雲說：「就是因為沒錢，我們才要去創業。」馬雲的創業經歷告訴我們，沒錢，同樣可以創業，同樣可以創出一番偉大的事業。我們到今天沒有成功，就是因為我們一直在為自己找藉口！成功者看目標，失敗者看障礙！

　　人通常不會輕易走出自己的「舒適圈」，就像是現在有兩個選擇，一個是看似穩定的工作，和一個還看不到未來的創業項目，當這個「機會」來臨時，人們往往都會先選擇舒適的方案；又假設有兩個創業的機會，一個是簡單，但只有兩成機會能賺錢，一個是困難，但有八成的機會能賺錢，而人們通常都會選擇自己覺得比較「簡單」的，而不是能「賺錢」，因為選那個不需要改變自己太多，不需要承擔自己認為的風險。「簡單」通常意味著你已經會了或很有把握能駕馭，也表示你並不會成長很多，但你現在的能力、經驗決定了現在的環境，如果不讓自己成長很多，又怎麼能改變現在的環境呢？

　　創業，有一定的過程，這過程就像上面所說的，受到外在事物影響，你會開始有一些想法，計畫，執行，然後不如預期，挫敗，重新鼓舞，突破，在繼續前進，成長。如果創業只是為了就業，又何必給自己找那麼多苦頭吃，費力還不一定討好；有人把創業看成了一種賭博，年輕人應該

有拚搏精神，敢做、敢為，但是怎麼可以把自己的未來堵在一個正在旋轉的「骰子」上，讓它來決定你成就的大小呢？創業的過程中你將會面對無數的失敗。然而，當你回頭看歷史上最成功的創業家，他們往都能從瀕死經驗中復活，不斷讓自己變得更強大。比爾・蓋茲（Bill Gates）當初差點因為沒有好的作業系統，被 IBM 拒於門外，迫使他去做出一套 MS-DOS，從此踏上作業系統霸主之路。Google 當初原本想以一百萬美金價格賣給 Yahoo，誰知道楊致遠不買帳，才迫使他們走上獨立，創出一個千億美金價值的公司。

當一些創業話題和一些創業諮詢每天在我們耳邊輪番轟炸的時候，於是自己也開始按捺不住了，心想：「再不創業我們就老了。」可你真的適合創業嗎？你知道自己為什麼要創業嗎？

在一份對創業的看法的調查顯示（多選）：有 46.9％的人認為創業是對人生的規劃，37.5％的人認為去創業是表示當前社會就業環境的無奈，29.9％認為創業是一種賭博。也有 26.7％的人認為創業是社會趨勢，25.5％的人認為創業是成功致富的必要途徑，8.0％的人認為創業是夢想破滅的開始。

有時候我們必須拋開成見，捨棄固有的束縛，讓我們夢想的翅膀向上飛翔，不要想做不做得到，先夢想怎麼樣的未來是自己夢寐以求的，Google 說：「如果每個人要是能輸入一個問題，都能找到正確的答案就好了！」，Apple 說：「要是每個人的手機只要簡單到用一個按鈕就好了！」以上這些想法，在過去是遠不可及的夢想，在現今的真實世界也都一一實現，所以別對自己的夢想設限，要讓自己的夢想持續發揚光大。

在各種創業的想法當中，人為什麼創業？我們大致可以歸為以下幾類：

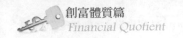

① 為了賺錢

現在絕大部分人都是為了賺錢，賺錢也是實現理想和對現實生活追求的一種手段，但是你僅僅只是因為覺得創業可以賺更多錢而去創業，那麼就像前面所說的「為了就業而創業」性質不謀而合；雖然理想是美好的，畢竟現實還是殘酷的。

② 工作不滿意不如創業做自己想做的

做自己想做的、喜歡做的，這是每個人對工作的理想；但是你想做的是你會做的嗎？是你熟悉的嗎？是你創業的有利資本嗎？如果是，為什麼還會找不到好的工作？如果不是，你連工作職位都不能勝任，你確定還能帶好一個團隊嗎？

③ 有閒錢想投資搞創業

有閒錢，想投資，卻嫌銀行利息低又怕炒股風險大，所以決定創業。但是你有沒有想過一個創業團隊的運作成本？除了你的「閒錢」外，行業經驗、人脈關係和經營管理能力等等也是必不可少的，就算你面面具備也不一定你的投資就會有回報。知名大企業也有虧損的時候，你怎麼就能保證你一定會賺錢？所以用這種「業餘愛好」來創業，風險相對於炒股有過之而無不及。

④ 看到一個好機會

所有成功的案例都不例外有一個善於發現機會的人，機會是創業的方

向，只有方向對了才有可能成功。積極的人會在每一次憂患中看到一個機會，而消極的人則在每個機會都看到某種憂患。

高鋒創投主席、香港青年專業聯盟召集人吳傑莊因參加一個 IT 論壇，而瞭解了生物辨別的技術，這在當時還是很新的技術。就在發生「911 事件」後，他看到機會來了，於是投入所有資源發展「人臉識別系統」，得到幾個不同合約，包括羅湖關口、2008 年奧運會高級安保等。所以說，機會永遠是有的，發生一個危機的時候機會就出現了。所以，發現好的機會是創業成功的一個開始。現在就有「一帶一路」這個大好機會，年輕人要抓住這個趨勢創業。

⑤ 羽翼豐滿不再想寄人籬下

丁磊說：「希望上網變得容易。」這是他為什麼給公司起名叫「網易」的原因。他在創辦網易之前曾先後在寧波電信局、sybase（關聯式資料系統的創立者）、飛捷（互聯網接入服務商）等公司工作。他對 Unix 系統、關聯式資料系統再熟悉不過了，正因為如此他在飛捷開闢了 BBS，這也是網易虛擬社區的前身。丁磊的創業在他的想法上找到了創業的基本面──技術能力。

⑥ 為了實現理想

「再造一個伊利！」牛根生談到為什麼創辦蒙牛時曾如此說。在離開伊利之前他曾是伊利的第一功臣，伊利百分之八十以上的營業額來自他主管的事業部。牛根生之所以敢想而且敢說：「再造一個伊利」，因為他的經營能力為自己的理想找到了創業的有力途徑。

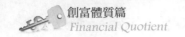
要創業，第一必須要知道什麼叫創業。創業不簡單，需要經驗的累積。第二，要在苦難中尋找機會。每一個危機都會醞釀出機會。第三，堅持。很多偉大的創業家，比如賈柏斯因為堅持，所以 APPLE 最後成為最大公司，馬雲也因為堅持成為電商巨頭。

「為什麼要創業？」你是為了就業還是看到了創業機會？只是為了做自己想做的還是有了自己獨創事業的成熟條件？要知道在你擁有創業想法的同時，你還必須要有一條通往你理想目標的途徑，我們不能只是天馬行空迷失在頭腦深處的那個簡單的想法。所以；如果你想創業，那麼你一定要想好自己為什麼要創業，自己具備了哪些條件，創業的時機成不成熟，它的未來發展有多大。

 財商 Tips

📢 創業之前先問問自己，為什麼要創業？過去的自己跟自己說，創業不是為了錢，是為了實踐人生的價值，實踐自我。

📢 當你對某一商機有很大的熱忱，但如果那不是你能力所及的範圍，則頂多是一個「幻想」。而如果有一件事情你能做得很好，而且市場願意付錢給我們，雖然你對它並不是超級感興趣，卻很有可能成為一個小生意，甚至做成一個「事業」。

📢 每一個要創業的人要有所覺悟，創業，是一條不歸路。除非你將公司經營起來，然後賣出，或者找到有能力的接班人，要不然，你在短時間內，是不可能有退路的。

📢 「創」業，其實就是找別人想不到的，或做別人沒做準確的事。

創業前應具備的先決條件

　　創業，你得瞭解你所在的行業；在你所瞭解行業之前你得先瞭解自己，看看自己合不合適。俗語說：「人各有所長。」如果你非得讓李逵去寫詩、讓林黛玉去征戰疆場，結果可想而知。所以，一個具備創業先決條件的人，在創業的起點上已經成功了。

　　其實生活周遭充滿了無限的商機，只要你願意找出差異化，練習對數字、趨勢的敏感度，一定會有所收穫的，就拿我參加了近六十場聯誼來說，每場約七八百元的報名費，累積下來也是筆不小的數目，參加聯誼後期我想起之前協辦過聯誼，便順便問問場地費用及人員配置，發現即使辦的不怎樣的聯誼居然也會爆滿，這觸動了我的財商敏感神經，在詳細評估之下找了好友一起合辦聯誼。由於我曾被拋棄了五次、被發過十五張好人卡及參加近六十場的聯誼所累積的經驗，也因此讓我發現一個商機，聯誼的 Know-how 比辦聯誼還更是單身市場的一片藍海，無論是該如何引起心儀對象的注意、異性在想什麼、該如何找到適合自己的穿著、打扮、和異性出去該說些什麼、有哪些小技巧可以化解尷尬且拉近彼此距離……，因緣際會也讓我開辦終結單身的課程，甚至推出市場唯一兩年內依教學執行若沒交往對象則退費的保證，已嘉惠不少單身朋友！

　　「知己知彼，方能百戰不殆。」只有知道自己能做什麼、會做什麼，然後去瞭解當下時局可以做什麼，再決定自己要做什麼，每一步每一條你都必須有個詳細的方案和步驟。在當代科技幫助下，創業者們學會了從多方面去發掘機會，他們敢想、敢拼、有創意、勇於創新，因此到處都充滿

機會。即使這樣，創業的先決條件是必不可缺的，下面提供四點：

① 審視自己

認真審視一下自身的優點和缺點，例如性格、專長、經驗、待人處世等，總結自己的性格特點在以後的創業過程中會帶來哪些影響，正面的和負面的都要想好。如果有負面的，應該如何去克服，去發揮出自己的優點。然後結合自己的優點創造時機；當今環境變動迅速，要從多變的社會環境中有效掌握時機，要時刻關注市場及經濟動態，分析時勢。平時要努力多學習，讓自己的專業知識與技能即時更新，以備不時之需；一定要積極投入，搶先創造機會，是創業成功的重要條件。

② 掌握趨勢建構人脈

檢視自己所在地的發展現狀及趨勢，以及自己和身邊親友可利用的資源。指的就是人際關係，這點很重要。有時候，一個好的人脈資源能成為創業成功的保障或催化劑。如果有這方面的資源，該如何去發揮利用，那就根據自己的情況因人因事而定；如果沒有這方面的資源，那就要想辦法去開拓、善於去發現，特別是創業專案選定後，必須有一個好的、切實可行的目標和計畫。

在眾多創業者案例中，許多成功者的身後都可以看到人脈關係的牽引重要性，有小學同學、中學同學以及有大學時代的同學，更有各種社會階層人士的進修班、研修班的同學。在《富比士》中國富豪南存輝和胡成中就是小學和中學同學，一個班長，一個體育委員，後來兩人合夥創業，企業做大以後分家各自成立正泰集團和德力西集團。一位創業者在接受雜誌

的採訪時說，他在創立公司前，曾經花了半年時間去企業家特訓班學習、交朋友，公司成立之初的十幾筆生意，都是由同學或是同學幫著做的。正是依靠同學這條人脈的幫助，在他創業之初給了他很大的幫助。

23 歲正是很多年輕人剛步入社會的年紀，朱豔豔已經是蘭生大酒店的公關部經理了。可以說是中國改革開放以後第一批國內培養起來的公關人才，起初她對自己的工作並不太瞭解，每天忙得暈頭轉向，比如說她要把中國文化介紹給外國客人，耶誕節的時候舉辦餐會，以及各種新聞發佈會，工作性質差異度很大，從舉辦各類宴會到媒體聯絡，從企業關係維護到政府關係，幾年的磨練帶給朱豔豔的除了成熟和自信外，還有一張無形的關係網。在各類媒體裡，她擁有一大幫記者編輯朋友，涉及各個階層，舉辦宴會展會，她的人脈資源可以一直從主持人、明星延伸到諸如食物安排之類的所有細節，包括政府部門各種大小工作人員，朱豔豔也都混了個臉熟。在人生中的第一份工作中，為她累積了第一桶「金」──人脈的無形資產。但是真正體會到人脈資源的價值，還是源於一件小事。朱豔豔說：「當時有一個朋友在籌備一個記者招待會，發佈新聞，但是他自己和媒體不熟悉，就找我幫忙聯繫相關的記者。」這是她第一次強烈的感受到市場對於公關服務的需求，有需求就有市場，這才令她萌發了創業的念頭。

在當時處於市場轉型期的上海，沒幾個人知道「公關」到底是什麼，以至於當她在工商局辦理工商登記的時候，工作人員要求她給「公共關係公司」改個名字，理由就是「從來沒見過」不過在朱豔豔的堅持下，上海最早的本土公關公司之一──視點公關公司就這樣開始了。

卡內基訓練大中華負責人黑幼龍曾經說，「完整的人際關係包含三個階段，發掘人脈、經營交情、出現貴人。」如果要想建立好的人脈關係，就要學會發現自己的價值，然後把自己的價值傳遞給身邊的朋友，並且促

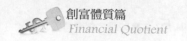

成更多資訊和價值的交流。這樣,人脈關係就會自然而然的開始壯大起來。

③ 組織團隊

你要如何組建自己的創業團隊?特別是核心團隊。是和親朋好友一起創業,還是邀請專業團隊加盟,還是以後招聘挑選。這就要考驗創業者的老闆力和觀察能力了,因為一個優秀的團隊才是計畫的發動機和財富的挖掘機。巨人集團 CEO 史玉柱認為好的團隊是成功的首要條件,比爾·蓋茲也說:「沒有完美的個人,只有完美的團隊。」

那麼有人會問如何才能組件一支優秀的創業團隊?一支優秀的創業團隊至少包括以下幾點:

1. 創業團隊價值觀基本一致,大家明確創業目的以及對公司未來的發展方向和目標達成一致,這樣的團隊才是很好的隊伍,俗話說:「英雄所見略同」也就是這個道理。
2. 團隊成員在業務上要互補,比如在管理、技術、市場、運營等環節中都有獨當一面的人才。
3. 團隊之間在處事風格方面能最好也能互補,比如實幹型、智慧型、圓融型能有效處理團隊中的一些分歧。

④ 運用資本

創業需要資金,但如果懂得運用不同資源,即使手頭上沒有足夠的創業資金,還是有機會的。比如可以採取合夥投資,一方面投石問路,另一方面儲備財源,尋求讓雙方獲利的機會。另外還可以透過股權投資、眾籌

平台，取得創業資金。接著巧妙利用資金、開源節流，創業發展就不是問題了。有多少錢，就做多少事，不但借貸容易，也降低創業的門檻。

要知道創業沒有大師，即使現今的王永慶、馬化騰、比爾‧蓋茲等，他們成功的途徑，並不適用於每一個人，你可以借鑑，但不能效仿，最重要的是要瞭解自己的優勢、劣勢，找出適合的方案，並投注時間、心力，自身條件具備了，成功離你也就不會太遠了。

財商 Tips

📢 馬雲說：「壓力是躲不掉的。一個企業家要耐得住寂寞，耐得住誘惑，還要耐得住壓力，耐得住冤枉，外練一層皮，內練一口氣，這很重要。武林高手比的是經歷了多少磨難，而不是取得過多少成功。」

📢 對所有創業者來說，永遠告訴自己一句話：從創業的第一天起，你每天要面對的是困難和失敗，而不是成功。我最困難的時候還沒有到，但有一天一定會到。

📢 任何時候做任何事，都要訂最好的計畫，盡最大的努力，做最壞的準備。

對於創業，你該有哪些心理準備

如果你現在打算創業，那一定要先做好艱苦創業的心理準備。如果你的創業專案一旦運作起來，遇到像資金、人際、市場等方面的困境將會是家常便飯。如果有一個問題沒解決，有一個障礙沒跨過去，就可能前功盡棄。所以在創業之前，先讓自己做好必要的心理準備是必不可少的。

① 擁有自信、積極和樂觀的心態

對於一個創業者來說，首先要自信，要相信自己選擇是正確的，相信自己是能成功的，不管自己選擇的道路有多艱難還有多險惡，要相信自己都能跨過去，自信是人生和事業成功的基礎，如果你對自己的選擇一點都沒信心，那麼你當初選擇它是為了什麼？當然自信要建立在理性的分析基礎之上，不能盲目自信、剛愎自用，要善於傾聽和採納別人的建議，這樣才能及發現時並更正自己的錯誤。其次一定要積極向上，一個具有積極心態的人不但自己會努力地朝著目標前進，而且還會影響到自己周圍的人，帶著大家一起朝目標前進。最後就是一定要保持樂觀，華盛頓說：「一切的和諧與平衡，健康與健美，成功與幸福，都是由樂觀與希望的向上心理產生與造成的。」創業者要相信自己選擇的道路，並相信它一定會給自己帶來成功與希望。

胡震生，他只讀了兩年的會計專業，但是他的自信心卻出奇的強，畢業後父母為他安排了一份在秦皇島稅務局的工作，可他不顧父母的勸阻，

堅決要去北京闖一闖。那一年，他 21 歲，中關村有個工作機會是給電腦栓螺絲，他覺得這個自己能做。可他只做到第六天就被老闆炒了，原因是他住得太郊區，連續五天都是十二點才趕到公司。沒多久，他就再找了份清理電腦灰塵與病毒的工作，工作雖然不怎麼樣，可為他提供了不少機會。很快，一家新加坡在北京的公司讓他做網管，工資雖說一般，但他卻能拿到數倍於工資的回扣。

可有一件事卻讓他心裡有一道檻跨不過去，與同是月收入一萬多元的公司副總們相比，自己的眼界、交際圈只不過是一個網管。於是，他辭職了，因為他想要進 IBM。

半年後，他與北大、清華最優秀的畢業生一同競爭，並且勝出了。在 IBM 這個人才彙集的地方，要想成功，他知道自己必須在某項業務上出類拔萃。於是他去翻譯資料，高考英語只考了十幾分的他開始學英語，就這樣，他將 IBM 的 AIX 作業系統手冊翻譯了出來，這也是當時國內有關 AIX 作業系統最早的中文資料。這讓他獲得了全球優秀員工獎，也結束了自己的試用期，並飛往夏威夷度假，這在中國是第一人。

但是他並沒有因此而滿足，他覺得自己還可以做更多，第二年，他轉行去做銷售。一段時間，他的銷售業績也不錯，但他有更高的目標，那就是 IBM 全球最年輕的副總葉成輝。為了觀察葉成輝，他在公司睡地板，連續睡了五天，後來他發現，與葉成輝相比，自己和他有三個方面差距很大：一是不能在最短時間內表達自己的目的，二是不能在最短的時間內發現對方的需求，三是不能在最短的時間內把事情按重要性排序處理。於是他找對方向和方法嚴格要求自己。無論多麼複雜的問題，必須在三秒鐘、二十個字內說清楚，與人溝通，必須在三句話內說出對方最關心的話題。很快，他的銷售也進入了一個全新的天地，經手的全是千萬甚至過億的銷售項目。短短幾年過去，他和他所帶領的團隊也創造了連續多年不敗的銷

售神話。就在人們羨慕不已時,他又辭職了。他說——我想自己創業!

不久,他策劃的公司成立了。2007 年,股票明星胡立陽就是透過他一手運作策劃的。在對胡立陽的策劃一舉獲得成功後,他又把目標瞄準了自己。當時職場小說正風起雲湧,如《輸贏》、《圈子圈套》、《杜拉拉升職記》等。他決定將自己多年在銷售上的摸爬滾打、成敗得失,推銷出去。八個月後,他的小說《做單》出版了。出版後,一週內就高居網路銷售排行榜首位;一個月內位居各大書店暢銷排行榜第一;三個月後以百萬簽約賣出影視版權。

胡震生,他之所以敢於放下自己,一次又一次蹲低再努力衝刺並獲得成就,因為他相信自己還有更大的潛力要去發揮,他認為自己有這個能力,並且他相信自己選擇的路是正確的。

② 下定決心就要有恒心

決心不但是給別人對自己的一個期望,也是自己對自己的一個期望。如果自信是相信自己一定能成功,決心則是堅定自己一定要成功。兵法云:「置之死地而後生。」下定決心挑戰自我就要全力以赴,不達到目的不罷休,這樣才能激發自己最大的潛力。自己創業,意味著是給自己打工,做多做少都和你未來的收益成正比;休息時間不再固定,隨時都要處於工作狀態,加班成為一種常態。很有可能你什麼活都得做,重的,輕的,精通的,不熟悉的,你都要做、都要會。自己出來創業就不會再有上司來約束你了,你必須克服自己的惰性,學會自己約束自己。在這個長期堅持奮鬥的過程,立竿見影的少之又少,在方向目標確立之後就要一步步走下去,最重要的是做到「不放棄」。終有一天你會慢慢體會到什麼叫「滴水穿石」。

「能做常人不肯做的活，能吃常人不肯吃的苦，能賺別人看不起的錢。」這是眾多創業者艱苦創業的生動寫照。

③ 靜下心來細心分析

沒錯，創業每天都會很忙；但是不管有多忙你都得抽出時間靜下心來，排除干擾，穩定情緒，思考這一天所做的，哪些是好的，哪些是不足的，應該怎麼去改進，這也取決你對這份事業的責任心。你必須自己給自己制定工作計畫，學會時間分配和事務管理。你必須自己決定經營和發展方向，自己決定怎樣調配資源。要考慮進什麼產品，考慮如何提高營業額。如果你聘請了員工，還要對員工進行管理，給員工分配好任務，要善於發現員工的長處使其各盡其責。創業剛開始事無鉅細儘量都自己參與，不管複雜還是簡單自己都要做一個決定。

④ 擁有上進心

拿破崙說：「進取心是一種難得的美德，它能驅使一個人在不被吩咐應該在做什麼事的之前，就能主動去做應該做的事。」

上進心是一種激勵我們前進而又神秘的力量，它存在於我們每一個人的生命當中。擁有上進心的創業者往往顯得更加有理想、有志氣，積極肯幹，不畏艱難。也正是這種進取心和意志力激勵著我們向目標奮進。也正是這種心態，使創業者在通往成功的道路上又增加了籌碼。

三個人在建築工地裡砌房子，有人問他們在做什麼，第一位回答：「我在砌房子」，另一位回答：「我在構建美麗的建築」，第三位則說：「我在為這個城市的房地產建設努力。」若干年後，那第一工人依然是砌

房子的工人,第二個人成了建築設計師,第三位則成為一家房地產公司的總經理。當我們把自己的工作不再當成簡單的完成任務,而是當成一種事業來看待時,也許收穫的不僅僅是工作,而是事業。

所以,重要的不是你現在是什麼,而是你想成為什麼,作為創業者有了目標的同時還要有一顆進取心,這樣才會朝著自己的目標不斷向前邁進。

⑤ 要有承受壓力和挫折的心

一旦走上創業這條路,你將面臨很多壓力,經營不善怎麼辦?客戶糾紛如何處理?員工懶散、沒有向心力怎麼辦?工商稅務怎麼對付才好?現金流中斷怎麼辦?遇見突發事件如何處理?這其中的任何一個問題都有可能會令你崩潰甚至放棄;產生的壓力和挫折感,會讓你痛苦、輾轉難眠。嚴重的壓力感和挫折感還可能影響你的判斷能力和決策能力,使你的工作效率低下,甚至影響你的身體健康。同時創業還面臨一定的風險,你也有可能失敗,甚至辛辛苦苦籌集的資金都可能一夜散盡,讓你第一次創業遭受沉重的打擊。你會覺得,創業怎麼就這麼累,這麼煩,矽谷創業者電子商務網站 Ecomom 的創辦人兼執行長 Jody Sherman 就因為屢敗屢戰、屢戰屢敗後,最終還是選擇了自殺。所以,創業者在面對壓力和挫折時一定要學會釋放和解決,才能理性面對創業過程中遇到的各種難題。

以下是一些關於如何面對壓力和挫折的幾種方法:

⭐ 解決心理壓力首先要找到壓力源,瞭解它為何而產生,然後想辦法去面對它、解決它,才能把壓力源消除掉。能承受比較大的心理壓力,相對而言也能承受一些比較大的挫折。

⭐ 對待人生要保持樂觀、通達,學會不以物喜,不以己悲,通達的

人，能笑對人生各種困境。

⭐ 平時要進行一些簡單自我心理訓練，提升自己的心理承受力。

⭐ 與人傾訴，找個信任的人傾訴一下自己心裡的不快，有助於一些負面情緒的轉移。閒瑕時間多做些運動和一些能令自己開心的事，也能有效減輕一點心理壓力。

⭐ 心理暗示：告訴自己焦慮對已經發生的事毫無幫助，反而會使事情越來越糟糕，事情並沒有我們想像那樣可怕，只要冷靜下來想辦法才是解決問題的最佳途徑。

每一次成功的創業都是經過深思熟慮和艱辛的付出而得到的，如果在經過自己深思熟慮後，決心開始創業，那麼，在創業之前一定要做好該做的心理準備，這樣才能有備無患，面對各種挑戰才能泰然自若。

財商 Tips

📢 如果你自己都不相信自己，那麼不會有人相信你。有時候需要背水一戰的勇氣、決心與魄力。輸要輸得像英雄，死要死得像烈士，做好這個準備。

📢 創業前的準備，創業過程中的堅持都至關重要。

📢 創業前，很多困難你都不會把它認為是困難，當它突然成為你的困難時，很多人會承受不了壓力，就放棄了，這樣的人一定是不能成功。

創業適性評估—從性格測驗認知自我

　　每個人的性格深處都蘊藏著一段幹勁，或多或少，它總會默默的支配著自己的行動，強迫著自己做一些自己喜歡做的、擅長做的事，而不知道自己這股幹勁適不適合運用於創業，以下是一套關於創業的專業性格測試，供讀者們參考。

　　對於以下的陳述，根據你自己的狀況，在相應選項上做標記。

　　A：很對；B：比較對；C：對；D：不太對；E：不對。

1. 我不喜歡在陌生的環境下工作，就算沒人知道也一樣。 （　　）
2. 如果我是老闆，我會很重視新技術以及服務業務專案的引進。 （　　）
3. 如果有困難的工作要完成，我希望不要落到我身上。 （　　）
4. 如果我是老闆，我會加強研究與開發及創新。 （　　）
5. 面對我沒有把握應付的難題時，我會感到興奮、激動。 （　　）
6. 如果我是老闆，我會強調在生產或服務專案上做根本性的改變。 （　　）
7. 如果我是老闆，在應對競爭時，我一般不會第一個引進新產品／服務和技術的。 （　　）
8. 我相信大膽行動對於達成目標是很必要的。 （　　）
9. 在應對競爭時，我會採取進攻型的策略，力求擊敗對手。 （　　）
10. 如果我是老闆，我會傾向挑戰於高風險、高的回報機會的項目。 （　　）
11. 在面臨風險和不確定性情形下做出決定時，我一般會採取謹慎的、等等看的態度來降低做出高昂代價決定的可能性。 （　　）
12. 緊急時刻，我會保持冷靜。 （　　）

⑬ 只要奮鬥過了，達不到目的也不後悔。 （　）

⑭ 我不在乎是否隨遇而安，不也在乎環境的好壞。 （　）

⑮ 出於發展的目的，會採取一些暫時可能對人們造成一定損害的措施。 （　）

⑯ 人完全可以掌握自己的命運。 （　）

⑰ 收到別人的信，我總會儘快地及時回信。 （　）

⑱ 我認為自己在某一方面或多方面的能力比別人強。 （　）

⑲ 當工作和娛樂發生衝突的時候，我會放棄娛樂，不管它多麼有吸引力。 （　）

⑳ 既然做一件事就一定要做好。 （　）

㉑ 前一天發誓第二天一定要做一件重要事情，等到起床時卻又找藉口不想做了。 （　）

㉒ 對於他人或者自己犯錯誤，我都會嚴厲批評或懲罰。 （　）

㉓ 當別人對你委以重任，你會感到很高興。 （　）

㉔ 工作上遇到困難時，經常自己想辦法解決問題。 （　）

㉕ 我平時閒暇時間喜歡學習或琢磨問題。 （　）

㉖ 對於一些高消費的嗜好，我有能力承受並且願意承受這份消費。 （　）

計算得分

1. 第 1、3、7、11、15、21 題，得分計算：E—1 分，D—2 分，C—3 分，B—4 分，A—5 分。

2. 其他題的得分計算：A—1 分，B—2 分，C—3 分，D—4 分，E—5 分；相加即得總得分。

解析

★ **26 ～ 52 得分**，說明您在創業動機、市場趨勢、風險意識和創新精神及責任感方面很強，很適合創業。

★ **53 ～ 78 得分**，說明您在創業動機、市場趨勢、風險意識和創新精神及責任感方面比一般人要高些，在適當情況下可以考慮創業。

★ **79 ～ 104 得分**，說明您在成就動機、風險意識和創新精神及責任感方面比一般人要低些，在考慮是否創業時宜慎重評估。

★ **105 得分以上**，說明您在成就動機、風險意識和創新精神及責任感方面比一般人要低許多，創業並非是您的最佳選擇。

Chapter 6

創業機會點，決定市場未來

尋找創業的機會點

百度創辦人李彥宏說：「創業公司要做百度看不上的業務。」從另一個角度來說，就是要善於發現別人還沒有發現的趨勢，這就要學會分析社會的發展動態，找到人們未來的需求點。

1 機會存在於變化當中

社會環境的變化，往往會產生各式各樣的機會，創業者們要透過其中變化所帶來的商機。比如：①氣候的變化；②科技進步；③通訊革新；④政策的改革；⑤經濟資訊化、服務化；⑥價值觀與消費觀念的改變；⑦人口結構變化；⑧產業的變化；⑨需求多元化等。

一對夫妻到市區賣菜，由於賣菜利潤低，那位太太只好又去找了一份兼職。賣菜本來就很辛苦，丈夫每天天未亮就要到蔬菜批發市場進貨。有一天，因為進貨時間稍晚了點，賣相較好的菜都被別人挑光了，只得批那些個頭較小的、看上去不怎麼樣的蔬菜。以致於那天生意很差，但他卻意外地發現，雖然購買他的蔬菜的市民少了，老外卻多了許多。透過瞭解才知道，原來老外知道那些長得又大又漂亮的蔬菜都是用了很多農藥，那些個頭較小的才是蔬菜的本來模樣。於是，他開始把老外作為目標顧客，專門批發個頭較小的蔬菜，累積了一批外國顧客。因為有些外國人到菜場購買蔬菜不方便，他便到外籍人士聚集的地方開了一家蔬菜店，開始了自己的創業路。如今，當年那個賣菜的小夥子已經開始開起了連鎖店。

② 把握趨勢抓住大眾的需求

市場中那些未被滿足的市場需求卻又存在市場機會的被稱為既有市場機會，現有市場機會易於發現，參與者多，競爭相對慘烈。而那些隱藏在已有需求背後的、未被發現，又存在市場需求的潛在市場機會則相對難發現，識別難度較大，風險也大，如果抓住機會成功的可能性相對更大。

生活裡的每一件事情，就是創業的機會。例如，現在手機應用軟體市集，有將近兩萬個跟醫療保健相關的程式，彼此獨立存在，如果這些保健應用程式，能夠和醫院、醫生、照護機構的資料連結，保健應用軟體將大幅加值，也更切合使用者的需求。

面對社會的每一個階級每一個段落，我們要學會抓住每一次變化和改革產生的商機。

一天，馬科斯和他的好朋友路克玩得很晚才回家，在經過一個街角時，差點讓鄰居的轎車撞飛。「我和路克同時跳入路邊的灌木叢中才僥倖逃脫，當時我穿一件深色的上衣，路克穿的是白色 T 恤，但是鄰居根本沒看見。」馬科斯回憶時說道。但也正是這個意外讓馬科斯把目光轉移到一種新材料——反光布上。不就後，一種命名為「照明」的反光布料出現了在美國市場上，這種布料的特點就是：當有光照到這種布料上時，會發出比較強烈的反光讓人容易發現。此布料一推出，大受好評。

「照明」反光布材料之所以能夠迅速獲得消費者的青睞，就是抓住了大眾在「安全布料」這塊市場的潛在需求，從而讓路克獲得成功。

③ 不要只跟隨潮流

在熱門行業的驅使下，很多人忽略了傳統行業的機會，隨著科技的發

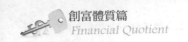

展，開發高科技領域是時下熱門的課題。比如近幾年電子商務、網路商店的迅猛發展，傳統的物流行業在快遞這一塊卻獲利不少。

陳鞠芳大學畢業後來到北京發展，一年夏天，她的表姐來北京玩，想讓她陪同玩幾個景點。可是當陳鞠芳得知表姐已懷孕兩個月時，有點擔心她的身體便說：「姐姐，人家說懷孕頭三個月很容易流產的，你還是老實地待在家裡吧。」誰知她表姐發了她一頓牢騷，說：「就是因為待在家裡悶才跑出來散心的。誰知道你和他們一樣！」表姐的抱怨卻讓陳鞠芳無意中發現了一條商機。目前北京市全職的家庭主婦非常多，這些人基本上經濟條件都不錯，可懷孕的生活卻很單調，想做些什麼都得小心翼翼的，更別說去電影院看電影和跟團旅遊了。於是她想：「那我是不是可以開一家專門供準媽媽度假休閒的專業場所呢？」此想法一跳出來，那年年底她便開始行動了。

她在燕郊附近租了一棟三層樓的酒店，由於交通方便，附近還有公園等配套設施，非常適合孕婦休閒度假。簡單裝修後，「燦陽助孕度假屋」就開業了。看準市場空白點出擊，給她帶來了大筆的財富。一些孕嬰產品的廠家也紛紛找上門來洽談廣告或是異業結合的合作，她現在已準備全面打造受孕、助孕、生產一條龍服務。在公司成立一年後，她便還清了所有貸款，並準備用 10 萬元收益再擴大投資，把「燦陽助孕度假屋」打造成一個品牌。

創業機會並不只屬於高科技領域。在金融、保健、飲食、運輸物流這些所謂的非高科技領域也大有機會，所以，作為創業者，眼界一定要開闊，關鍵在於開發。

④ 關注反面資訊帶來的創業機會

當我們發現還在困擾大家而感到苦惱的事、迫切希望解決的事，如果我們提供了幫助他們解決的辦法，也就等於找到了創業機會。

例如雙薪家庭，父母不能幫忙帶孩子自己又無法全天候照顧小孩，那麼家庭托兒所就給予他們最大的幫助；沒有時間逛商場購物，網路商店、網路購物一下子熱門起來了；計程車不好叫，電話叫車、APP 叫車應運而生……等等。這些都是從日常生活中人們抱怨的事情中尋找商機的例子。

創業，我們要學會「取之於民，用之於民」，從人們的各項需求中發現商機。任何一樣東西，當需求點足夠大時，它就能成為你創業的項目。

- 📢 創業商機就在「重新思考生活裡的每一件事情」中，而創業者也指出，除了天時地利人和，創業還需要不斷地學習。

- 📢 從創造快樂和減少痛苦這個角度出發，重新觀察生活裡的每件事，定可以發現其中商機無限。去思考生活中不如意的事，把它作為你創業的機會點；讓用戶心生喜悅、創造需求的「舒服點」，以舒服點或是癢點為核心來啟動你的創業。而以舒服點為核心的需求黏性實際上要比大家想像中的大很多。

評估創業的可行性

　　要注意的是怎樣才能「設想」周全，用當代企業經營的觀念，就是要先做好「可行性」的研究。對於創業，不管你處於哪種行業，在創業之前，都必須深入去瞭解這個行業。

　　每位創業者在創業前要問自己五個問題以檢視自身的創業是否可行。一、為什麼想做這個商品、或服務，是因為好賺、喜歡、還是在行？找出市場定位後，再來第二就是要考慮「為什麼是你來做？」如果你不想被淹沒在一堆相似企業中，或被人抄襲跟進，就要找出自己無可取代元素。第三、就是創業路上不斷有人提出質疑、當創業者聽到有人質疑時，絕對要有相當的毅力，只要設好可以容忍的停損點，就要準備執行了。第四是如何做？除了取得相關專業、市調資訊、事業經營、供貨來源、合夥搭檔；第五是「要多少資金？」則是看創業資金底線，時間和資金停損點，只要到達停損點，創業者就必須量力而為。

　　為了瞭解透徹，則須分類分點進行細緻的分析。對創業的「可行性」我們可以把它分為以下幾類：

① 評估產品特色

　　我的產品／服務能為人們帶來什麼幫助？市場需求是否夠大，專案是否有廣泛的市場空間，能否激起更多的客戶需求。

② 評估消費人群

誰會購買我的產品／服務？你產品所針對的人群是否有消費欲望，是否能吸引消費者；如果別人對這個產品／服務根本毫無興趣，那就談不上會有人為此消費買單了，也就不可能成為生意。

③ 評估競爭力

所針對的消費人群是否有能力購買你的產品／服務？也許客戶對你的產品有興趣，但是如果缺乏購買力一切都是空談。如果有購買力；那麼他們的購買途徑主要屬於哪一種──網購還是實體店，這樣才能針對消費者習慣對行銷管道做出適當的選擇以有效控制成本，從而提高競爭力。

④ 價格定位

對於產品／服務的定價應該如何收費才能獲得合理利潤？太高會讓消費者有一種被欺騙的感覺，太低自己又沒有利潤；所以產品定價一定要慎之又慎，前期一定要做好市場調查瞭解同類的產品價格，後期要控制好成本，在保證能盈利的情況下給出最有競爭力的價格。這樣才能保證維持創業專案的持續性，客戶購買了你的產品／服務後，才會再次選擇你，這樣你的生意才有做好、做大的可能性。

⑤ 瞭解客戶購買的原因

他們為什麼會購買？一定要瞭解客戶購買產品／服務的原因是什麼，這樣才能在後期對產品／服務做出有針對性的改進，讓用戶的體驗更

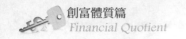
加完善，以便客戶在親朋之間的相互介紹以達到廣告宣傳效應，不斷增加新的客戶資源。

6 競爭對手

瞭解自己的同類競爭對手。在入行之前你一定要摸清這個行業的水有多深，看他們處於什麼樣的一個狀況，是好還是壞；如果好，他的方法是什麼？你以後將用何種方法來打敗他們；如果差，是什麼原因導致了客戶的流失，你應該採取什麼樣的方法來避免。你心裡一定要有底，只有這樣在以後面對市場的瞬息萬變你才能從容面對。

沒有任何一家公司的產品或服務，可以令所有消費者都滿意。充分明確企業和目標市場定位，才會有助於企業發展。因此，在市場上開闢自己的一片天地至關重要，這也是企業成功的關鍵，甚至對那些大公司亦是如此。沃爾瑪和蒂芬妮（Tiffany Blue）同屬零售行業，但是他們的目標市場截然不同：沃爾瑪為大眾消費者提供低價實惠的商品，而蒂芬妮則為消費者提供高級珠寶奢侈品。

如果你認為自己適合創業，同時你也有理有據地回答上述的幾個問題，那麼你創業成功的勝算將會很高，你可以著手去創業。如果創業前你還是舉棋不定，建議你先別急著創業；儘管你現在有機會創業，你的動機不錯，想法也很棒，但是基於市場、經濟能力或家庭等因素的考慮，現在也許不是你創業的好時機。所以，你將創業的項目要有相當的競爭力，而且只有你自己才能決定以後怎麼做最恰當，也只有這樣你才能在這條路上更堅定地走下去。

⑦ 結合你的優勢領域

有句話叫：「錢是給內行人賺的。」優勢領域是你圍繞自己的專長、技能、經驗及其它擁有的優勢資源所開展創業的範圍，也就是創業者選擇項目時通常應考慮和選擇的領域。如果你曾經在蛋糕店工作並且熟悉各種蛋糕的製作方法，現在想出來創業，那麼你開一家蛋糕店肯定會比開一家手機維修店的成功機率大很多。一個會成功的創業團隊應該是，每個人都做自己擅長的事情，這樣子速度就會跟用飛的一樣，速度快，燒的錢就少。能很快解決問題，就算走錯路，也能很快修正方向。

創業者所謂的優勢就是：

✪ 有足夠支撐你創業的現成客戶，很多銷售精英在經驗、專業累積到一定的階段後選擇自己創業，把自己多年來經營的客戶帶到自己的創業公司。

✪ 你擁有技術，例如學汽車修理的學徒出師後自己開店，或者你從小做菜特別好吃可以選擇自己開餐廳等等。

✪ 親朋好友有著特殊資源的人，也就是所謂的關係戶；比如我一個朋友，既沒有一技之長又沒有學歷，但是他一個親戚是開連鎖超商的，於是他親戚把超商的清潔業務都讓他承包，而他只需要招募員工做清潔打掃的工作，自己再偶爾去盯盯場就好。不過絕大多數創業者並不具備這種條件。

所以，創業之前選擇你所擅長的並佔有一定優勢的行業，是你創業取得成功的至關重要因素。因為在你擅長或擁有優勢的方面，你做起事來自然也就得心應手。

無論是哪一種創業方式，你的專業能力要能成為你的「競爭優勢」，那才有意義。讓自己擁有優勢是非常重要的事，專業雖然只是其中一環，

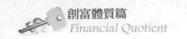

但卻是你的基礎。任何創業如果不具專業，你就別奢望能比別人更強，更不可能在市場激烈競爭中勝出。因此建議每個創業團隊，檢視一下團隊的專業能力，省思一下你的競爭優勢，這是很重要的。如果你創業的領域裡每個人都跟你一樣強，甚至比你強，那你的專業就只會是拳擊場的入門票，距離你拿到冠軍還很遙遠。如果你已經是專家，那你就得找到「市場需要」與你「專業」能連結的項目去創業，而不是你會什麼就只做什麼。更重要的是，專業能力一定要在你的創業項目中有優勢。

財商 Tips

📢 想清楚自己為什麼想做這個商品、或服務，是因為好賺、喜歡、還是在行？

📢 如果你不想被淹沒在一堆相似企業中，或被人抄襲跟進，就要找出自己無可取代元素。找出「為什麼要由你來做？」的理由

📢 當你聽到有人質疑你創業計畫時，絕對要有相當的毅力，只要設好可以容忍的停損點，就要準備執行了。

📢 想清楚要如何做？取得相關專業、市調資訊、事業經營、供貨來源、合夥搭檔……等，你都要仔細考量。

📢 心中有數自己的創業資金底線，時間和資金停損點，只要到達停損點，就必須量力而為。

在自己最熟悉的行業挖金

　　為什麼要鼓勵創業者從自己熟悉的行業做起，因為之前已經有了一定的市場基礎，而且熟悉該行業的特點，懂得資金周轉率，財務狀況，運營成本；對投資效益如何、有哪些主要和次要費用，都有比較清晰的認識，有利於自己判定是否投資，可以少走彎路；所謂隔行如隔山，在自己熟悉的行業進行創業，更能有效規避潛在風險，節省時間，減少熟悉和摸索的時間。

　　作為創業者來講，不管置身哪一行，都應該先看看自己是否瞭解它，具不具備從事這一行業的能力。如果自己不具備從事這方面的能力，只是憑著主觀願望就去創業，成功的機率小之又小。

　　郭富城自 90 年代開始曾在香港先後買下五處物業，之後媒體獲悉的有三處賣出，但這三處幾乎每次都是賠本買賣，三次買賣郭天王共賠了 600 多萬港元。2004 年，更有媒體披露郭富城狠心一次虧 400 多萬港元，賣出香港壽山村道的一處豪宅，套現 2400 多萬港元。據透露，郭富城昔日在地產高峰期以 830 多萬港元購入的香港千葉居某豪宅，只能以 700 多萬港元低價出售，虧了 100 多萬港元。

　　郭富城自己也承認，在演藝圈他發展得不錯的，入行投資專業則是完全沒有天賦，所以，人永遠都要找自己擅長的事情做，否則肯定要吃大虧的。

　　許多成功的創業者，一開始都是從自己熟悉的行業和圈子中開始創業。因為之前的工作經歷和人脈資源的累積，都是創業者最好的前提與基

礎。

我們可以用能力觀察自己的優勢，找出創業方向，比如說很細心的人，整理文書資料、製作會計報表不易出錯，資料報表完成速度快，從這裡可以看出創業能力。而有些人很會閱讀考試，學歷很高，是一種突出的專業能力。學歷優點，往往也是第一次求職者所認為的求職利器，通過求職先累積人脈，再結合人脈形成專業能力。

想創業的人必須靠聯想轉化興趣，成為賺錢能力，才有創業的機會。例如，「興趣是欣賞煙火」的人，將這個作為創業方向。將「欣賞煙火的知識作為生意」，一般人大概不會認為這樣也會有生意做？不過這可不一定，這個興趣還有人真的靠它來創業。

有位煙火攝影家受邀出國拍攝煙火，他首先以「煙火攝影家」自居，接著逐次開發與煙火有關的生意。例如，在才藝班開設如何攝影煙火的講座，在網路上販售煙火照片，接受活動單位委託，為活動的煙火攝影，以「煙火攝影」為題開發並提供行動電話的內容，開發並販售欣賞煙火專用的眼鏡以及煙火旅遊團等，光是這項煙火攝影生意的收入，便大幅超過上班收入，達成了以煙火攝影家獨立開業的心願。像這樣有興趣（觀賞煙火）、有能力（攝影專業）的人，可以思考成為專家達人，從這個達人起點擴展出各式各樣的商機，挖掘自己的第一桶金。所以你不管想做什麼，如果你想玩轉它，那麼你最起碼得瞭解它、熟悉它，這樣它才會為你所用，給你帶來收益。

創業所需技術要純熟專業

有技術，當然不一定就能做出好產品，但沒技術，就很像在村裡呆了半輩子的人初到城市，一舉一動處處小心翼翼，旁人一眼就看出來了。技

術在創業到底有多重要，我相信以下幾個例子大家都不陌生。

微軟（創辦人比爾‧蓋茲，13 歲開始寫程式，不到 20 歲便寫出 BASIC 語言）。

百度（創辦人李彥宏，《華爾街日報》網路版即時金融資訊系統設計者，INFOSEEK 資深工程師。李彥宏最先創建了 E 技術，並將它成功地應用於 INFOSEEK/GO.COM 的搜索引擎中。GO.COM 的圖像搜索引擎是他的另一項具有應用價值的技術創新）。

搜狐被新浪「壓制」，一直被 IT 圈裡的人喻為「千年老二」。前幾年，張朝陽試圖透過炒作、宣傳來打翻身仗。可事實證明，這個路子行不通。近幾年張朝陽開始反思，著力於技術儲備，做了不少有技術含量的東西。TECHWEB 的一個「新浪、搜狐發展前景大討論」的帖子，就有人因為搜狐的技術儲備而更看好搜狐。

技術不但重要，而且是「相當重要」。而技術的重要，關鍵是在人的重要，而不單單是技術本身的重要。

施正榮，無錫尚德太陽能電力有限公司董事長；作為一個傳統企業，他清楚地瞭解到技術在剛起步的公司中的重要性；以下是他演講時說的一段話：「我想從一個白手起家的企業，一個創業型的企業，技術發揮了什麼作用？他在不同的階段，重要性的意義如何？所以，總體來講，技術對於一個企業的發展是非常重要的，但是不同的階段是不一樣的。比如說我們無錫尚德 2001 年剛剛成立，剛才我說我在澳洲是從事第二代太陽能技術的研究我已經做了十多年的研究，那麼我們當時選的技術，並不是從事最新理念的技術，而是採用相對比較成熟的技術，採取大規模的生產。所以，這個技術的先進性，是反映在你對客戶的需求，是提供的服務有效性，以及盈利的能力。尤其是白手起家的企業，如果我們採取最新型的技術來做一個什麼東西，但卻我不能盈利，那麼很快它就會失去生命力。」

施正榮創業初期在應用技術方面並不是用了最新型技術，而是用了比較成熟的技術，也正是他「非常熟悉技術」，一步一步地穩定中求發展。

一名上班族 OL 謝瑞鈞，放棄高薪而創業，她其實本身擁有國際專案管理師執照，曾月入十多萬元。但謝瑞鈞上班壓力很大，紓解壓力的休閒活動就是自己動手做糖果，她愛吃牛奶糖，所以開始試著自己做牛奶糖。為了精進自己做牛奶糖的專業能力，她開始到處搜尋牛奶糖的做法，謝瑞鈞發現鮮奶不一樣做出來的牛奶糖味道也不一樣，於是她運用不同的材料、更改配方，搭配不同的溫度，讓牛奶糖起不同的變化、甜度。於是推出了布列塔尼鹹牛奶糖、杏仁果牛奶糖、蘭姆琥珀核桃。一推出就廣受歡迎，產品照片放在網路上去，一週內就有 1800 人來訂購。後來又接獲台北新光三越來電，邀她設臨時櫃。一連串的鼓勵，讓她挖掘出自己的創業商機。

總之，在創業領域選擇時，不管是資金、產品、技術、人力資源、管理能力、行業競爭、產業背景、法律、客戶資源還是好的商業模式，一定要選擇自己的優勢領域，並且自己所選領域在專業技術方面一定要能勝任或者團隊裡有一個能勝任的人。

📢 在自己所處的職業範圍選擇創業，因為你熟悉這個行業的經營方式，你在工作中也積累了一定的經驗，這樣在你創業的時候就可以少走彎路。

📢 選擇有市場前景的行業。概括地說，就是選擇朝陽行業，選擇市場的空白點，以及在尚未飽和的行業中選擇創業。

📢 不要脫離自身的條件。比如房地產開發，需要大資金運作；選擇軟體發展，需要較高的知識技術背景。如果脫離自身的條件進行創業，草率行事，那麼等待你的很可能是失敗。當然，條件不具備，並不等於你不能創業，你可以創造條件：積累資本、學習技術、掌握經驗，準備得越充分，你創業的勝算就越大。

不同族群的創業選擇

俗話說：「三十六行，行行出狀元。」創業也不例外，哪個行業都可以賺到錢，就看自己的優勢能否在所選擇的行業裡充分發揮，如果你能在所選行業裡脫穎而出，那麼你就能成為優勝者。

人都各有所長，每個人的自身條件不一樣，專長也有所差別，所以，不同的族群的人適合自己的創業項目也不一樣。接下來介紹幾種主要族群的創業選擇：

① 專業技術型

技術創業是一種成功率相對比較高的創業方式，但是這種創業方式門檻很高，不是每個人都能，創業者不但要有過硬的專業技術本領，對商業的敏感也必不可少。但是對於那些擁有專業技術的人來說，依靠獨家的專利技術來進行創業，優勢是其他人難以企及的。

上海泰坦科技創業之初便是由化工專業畢業的 5 名碩士和 1 名博士成立的。在學校上課時期做實驗時，他們發現實驗中總是需要用到高端試劑，而這種試劑一直依賴進口，價格出奇的昂貴，竟然是黃金的二、三十倍，於是他們萌生出這樣一個想法：「為什麼不用自己所學的專業研發一種與這相似的試劑呢！這樣就不用仰賴國外進口了。」

幾個人說做就做，在研發出試劑後先開始向身邊的同學推銷，並且獲得了不錯的效果，也賺取了不少利潤，於是又開始盤算著籌建公司。但是

創建公司那筆驚人的費用對於他們現在獲得的這些利潤來說還遠遠不夠，資金和場地成為了他們的絆腳石。後來突然得知上海市政府支持大學生創業。便寫好商業計畫書遞交給政府，結果令他們大為驚喜，很快就獲得了20萬元天使基金並進入了孵化器，「泰坦科技」就這樣誕生了。經過幾年的不斷升級轉型，從當初的化學製劑生產漸漸發展到了生化實驗整體方案解，形成了一條龍服務平台。如今年銷售額已經發展破三億元。

如果依靠技術創成功，那麼就不要用做技術的方法用在創業上，不能過於理想化，要根據用戶需求來做，不要去試圖創造需求，否則花了很長的時間做出產品，萬一用戶不認可，則以前的努力都白費了。所以，技術創業最好的方法應該是市場已經很明確，或者市場已經有了大致方法，邊做邊推出自己的產品，然後快速迭代更新，不能等到一切都完美的時候才推出來，如果那樣，市場可能已經完全被別人佔領或者已經被其他更好的產品代替了。

② 自立門戶型

有的人起初幫別人打工，但是工作了多年，等經驗豐富了，資金、人脈、資源都有了。他們就萌生出自己創業的想法，然後辭職帶著自己學到的經驗和累積的資金、人脈和資源，創立公司。

王胤旭還在大學實習期間找到一家專門做企業員工培訓的公司，做的是業務的工作，每月的工資人民幣400元不說，還經常受老員工的刁難。但是隨著對環境的適應和自身的努力，王胤旭三個月後便被提升為銷售主管。隨後透過自己努力他又拿到高級培訓師資格證，成為一名培訓講師。經過兩年給別人的培訓工作，讓王胤旭對這一領域有了更加清楚的認識，熟悉培訓的各個環節，也累積了大量客戶。他發現，這個行業投入的

人少、收入高、週期短，技術含量並不高，門檻較低。在昆明，培訓業市場剛開始興起，還沒有形成規模，這也促使他萌生了「自立門戶」的想法。

2008 年 12 月，王胤旭辭職，帶著自己累積的資源成立大傲文化傳播有限公司，專門從事企業員工教育培訓課程。透過以往的經驗，再結合當前的情況仔細分析後，他發現尚不完善的培訓市場還有很大的發展空間。王胤旭說：「我絕不會和他們打價格戰，我們要做的就是注重課程設計和品質，培養忠誠的客戶群體，寧願虧本，也要讓客戶滿意」。公司成立半年銷售額已超過人民幣 50 萬元。「我們今年的目標是銷售額達到人民幣 90 萬元，並且著力開發大學生市場。」而現在，昆明捲煙廠、雲南白藥集團、招商銀行昆明分行等大公司都是他的客戶。王胤旭說：「先透過給人打工、工作累積經驗是青年創業最好的途徑，這樣的創業更容易成功。

所以，要想從一無所知再到創業這條路，先找一份工作，到一個和你想要創業的目標比較接近的企業去學習。不要把報酬放第一位，畢竟這只是你創業前的「修練場」，多學習方法、技術和累積人脈，累積自己的創業資源才是最重要，細心觀察和分析公司是如何發展起來的，看公司的業務定位，看公司怎麼開發市場，如何處理困難和矛盾，多站在老闆的角度思考問題，把公司的困難視為是自己將要遇到的困難。從而在這個過程中，就能知道自己能做什麼，該做什麼，未來創業成功的機率有多大。

③ 小本買賣型

不是每個創業者都必須經營大型公司，手下管理成千上萬的員工，才算成功。也許很多人開不了大公司，做不了跨國企業的老總，但是加盟個商店，或者自己做點小本買賣開個小店當老闆，也是創業的一種。

　　嚴邵陽高中畢業後便開始出社會工作了，南來北往也跑了不少地方，這也符合他喜好自由的一種生活習慣。但是去年他打電話和他家裡人說：「我已經受夠領薪水這種天天看人臉色的生活了，想用自己這幾年存下來的錢回家做生意。」家人問他想做什麼生意，他說他有朋友在貴陽那邊做生意，而且現在貴陽鼓勵投資政策，開店創業前兩年免稅，所以想去試試。到貴陽經過一番市場調查之後，他選了個好地點開了間六十坪大小的小超市，而現不到半年的時間在他已經在著手開第二家分店了。

　　對於資本不多又不想領薪水替人工作的人來說，賣一些小商品或者開一家小店做個小生意是不錯的選擇。如在大城市批發些服裝、雜貨等去較小的城市銷售，或者經營一些特色類的東西，雖說不能一夜致富，但是只要好好經營的話，的確能確保盈利，還是能讓自己的生活過得很滋潤的。

④ 網路創業型

　　現在是網路世界，大部分年輕人對網路都很熟悉，但是對一些人來說，網路就是新的財富發掘地。對想創業卻又沒資本的年輕人來說，上網開店幾乎成了他們的「必修課」了。也正是這種低成本的嘗試，讓越來越多的年輕人趨之若鶩。

　　陳茜大學快畢業時，正當其他同學都在忙於找工作，她卻天天坐在宿舍盯著電腦，沒有絲毫著急的樣子；原來她和哥哥合夥開了個賣衣服的網路商店。她有時間就只管盯著網店接收訂單，發貨和其他瑣碎的事由她哥哥負責，借著她哥哥三四年經營網路商店的經歷，以及二人的勤奮，兄妹倆的網路商店生意越來越好，現在的年收入比普通上班族還要高。

　　對網路創業者來說，只要不是大專案，啟動資金相對來說是較少的。也許一台電腦一個小坪數的空間，就可以開始了，一人包攬了所有職務。

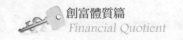
也不需要去租店面、付房租，在創業初期，沒正式註冊公司之前，也不必為稅務的事情而煩惱。就算創業失敗，也不必害怕，由於初期的投入不高，對創業者也不會有太大影響，以後還是有翻身的機會。

雖然網路什麼都能賣，但是，要生意昌隆卻也大有學問。茫茫網海中，要吸引住客戶的心最重要的是創意和特色。只要是有創意、有特色的產品或服務都適於網路創業。例如：已打響知名度的地方特色小吃——「府城館」的虱目魚水餃；「黑太郎元氣網」的黑鮪魚；豐原的義華餅行的鹹蛋糕……等。

如果你創業初期就開始盈利了，一定要準確把握市場發展趨向，沿著正確的發展道路一直走下去。至少，你的創業已經有了成功的開始。

不同的族群有不同的創業方式，創業者根據自身情況，看看自己屬於哪種族群，然後再擬定創業的項目。畢竟，每個人都有自己的生活方式，只要活出最好的自己就是出彩的人生；每個創業者也都有自己的創業道路，只要能成為行業裡的佼佼者就是成功的創業家。

財商 Tips

📢 成為老闆後，「有關公司規章、制度，如何開立發票處理帳務，人事費用的支出，員工狀態的照料，樣樣不可馬虎，品牌定位和經營策略，行銷、市場、財務和營利模式，環環相扣，都要有全盤的規劃。

📢 不要妄想自己能夠解決創業的所有問題，這世界上的問題夠多了，專業的事還是要讓專業的人來做，他們做比你做更快、更好、更省錢。

如何避開創業失敗的陷阱

在創業的路上，成功者總是寥寥可數，而大部分都半途夭折了。其中有很多原因也許連創業者自己都沒注意到，便不知不覺走進了自己「設下」的陷阱。在當今的創業路上，創業者要想避開重重陷阱，一定先要學會分辨陷阱。而我們又應該如何來避開它們呢？

① 錢用完了

很多創業者失敗的原因，就是因為錢花得不到位，本來計畫好的資金在創業開始之後突然冒出很多多餘的開銷，以至於創業的失敗。

23 歲的舒正義是西安工程大學電子資訊專業畢業，和其他應屆畢業生一樣，也去企業校園徵才大會找過工作。雖然應徵到了一份不錯的工作，但做不到一年他還是選擇了辭職，因為他想在自己的專業上有所成就。於是舒正義和同學、朋友等八人籌資八萬人民幣，開始創辦自己的公司「陝西正氏科技發展有限公司」，並取得了一種環保防水手電筒陝西總代理。公司成立當天，舒正義信心十足地說：「把一件平凡的事做好就不平凡，把一件普通的事做好就不普通——這是我和我們公司的宗旨。」

可意想不到的是，公司成立才九天便陷入困境，他先後請了二十多名員工，大部分是在校大學生，但是經營公司和上學完全不是一個概念，成立幾天時間，舒正義就感到了壓力。加上當初承諾辦理公司註冊手續的代辦公司在拿了他一萬人民幣後便消失了，一時資金短缺成了他們最大的問

題。那一天舒正義一整天沒有吃飯,他在學校、銀行之間來回奔波,但還是沒貸來款項,原因很簡單,因為沒有不動產、汽車做抵押,也沒其他公司當擔保。無奈之中,他做出了一個決定,通知媒體,召開記者招待會宣告「破產」。

面對像舒正義這種資金運用不當造成的失敗,我們該如何避免?

⭐ **學會資金預算:**本來創業啟動資金就不多,所以,我們一定要認真地計算出創業成本,按照制定的預算認真執行,不能隨意更改。也不要把創業成本計算得過大,因為創業初期賺錢較難,成本太大,使得收回成本的機會減少,打擊創業者的信心。也不能太小,太小會導致實際開支太過緊張,影響積極性。預算擬定要適中,這樣,才能使資金在創業中發揮積極作用。

⭐ **學會精實創業:**錢是一定要花的,但是要學會怎麼花,該花的地方一定不能省,不該花的一分也不能浪費。

② 團隊分裂

每個創業團隊都有各式各樣的分歧,但是解決的方式不同,得到的結果也會不一樣。如果大家是就事論事,一般很快就可以得到解決的方案,當然這是最好的。如果成了明爭暗鬥,彼此看不順眼,搞到要鬧分裂的程度,那對剛起步的公司來說將是毀滅性的打擊。對於這種情況我們該如何避免?

⭐ **分工要明確:**各個成員之間要有明確的分工,哪些事情由誰負責,那麼關於這方面事情就都得聽他的,責任也應由他承擔。

⭐ **團結:**團隊是否成功跟團隊的每一個人都有關係。所以,在團隊的每一個問題上一定要做到知無不言、言無不盡,但是有些人提出的意見

不被採納，便抱著一種看好戲的心態，等著看別人出糗。這對團隊一點好處都沒有，畢竟大家都是同一條船上的人，如果團隊決定了一個方向，那麼，不論你本身是否支持，也必須和大家同舟共濟，一起把這個決策做到最好，不要管最後的結果如何。

⭐ **溝通**：一個創業初期的團隊，人數本來就不多，更不能讓溝通成為創業的絆腳石。有什麼問題就要說出來，大家一起討論才會得到解決，而不是憋在心裡讓它「發酵」。

③ 市場不對

並不是所有的商業觀點都能被消費者所接收。也許創業者個人認為自己創業項目非常好，認為消費者都會買這個產品／服務，但是在缺少必要的市場調查下，會造成創業者個人的認知錯覺，你認為好並不意味著消費者就會買帳。畢竟創業是要依靠消費者的認同才能存活下來。很多創業失敗的原因，就是因為選錯了市場或者市場還不成熟而導致的。

那我們應該如何避免這種情況的出現呢？

⭐ **做好市場調查**：根據自己要做的創業專案有針對性地做市場調查，分析市場的需求程度，評估是否有發展前景。

⭐ **禁盲目跟風**：學會杜絕謠言，不要因為周圍人隨便幾句話就輕易去嘗試，也許他們自己也只是道途聽說，根本就毫無可行性。你想想，既然機會那麼好，他自己為什麼不好好把握？所以，在決定投資一個專案之前，先瞭解自己是否熟悉，學會借用前人的經驗，看看離開這個行業的人為什麼失敗，自己又有什麼方法解決，是否擁有潛在的客戶資源等。

⭐ **選一個成長中的市場**：選擇創業專案時，不用每個人都需要，只要有那麼一部分人有很高的消費欲望就行。按全國的人口基數來說，不一

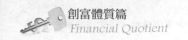
定要是幾億人，如果有幾百萬人有這樣的需求，那市場就非常不錯了。

④ 經驗不足

創業一定不能急於求成，單單只為了創業而創業。對於初次創業者來說最容易犯的就是沒有經驗，缺乏從職業角度整合資源、實行管理的能力，是創業者創業初期失敗的一個重要原因。那麼，要想創業，如何避開經驗不足這塊絆腳石呢？

先打工再創業：建議初次創業者在計畫創業前，選擇進入一個與自己創業相關的行業中型公司工作，並盡可能謀求業務部門的職位。因為，太小的公司涉及的環節往往太單一，而太大的公司分工過於明確，以至於學的東西也太單一。在工作期間，在努力做好本職工作之餘還應該努力研究該行業，多與其他部門的同事溝通，盡可能地多瞭解一些，多累積人脈。這樣才能在最短的時間內學到最豐富的經驗，給予創業最大的幫助。有句老話說得好：「磨刀不誤砍柴工」。

創業的開始不容易，想創業成功就更不容易了，除了要善於發現自己創業中存在的問題並勇於面對，還要避開那些讓你墜落的陷阱，平穩前進。避開的每一個陷阱代表著離成功更近一步，這樣，才能一步步走向自己設定的目標。

📢 創新必須立足於市場，創新如果脫離市場，再好的創新產品。未必能夠帶來經濟利益。企業的經營者與純粹的科研人員不同，經營者如果賺不到錢，就意味著經營失敗。經營要想成功，推出新產品是一條勝數較大的途徑，而衡量新產品成功的標準，不是看產品的「創新成分」或「科技含量」有多大，而是看它是否迎合了市場。

📢 夥伴是要能同甘共苦的，非常時期不能同苦，那不算是你真正的夥伴，很多有問題的合作關係是富貴來時相互算計，在困難時期卻不能共患難，到頭來更是令人寒心。

📢 流動現金不夠，應付帳款太多，這完全是理財不當的後果。因為很少有老闆是財務專家，小企業的財會又都是小會計在做，根本沒有危機意識，做不到提早因應。所以，應盡量減少固定開銷，改採用委外承包，例如人員精簡、減少長期負擔。且應收帳款要收得快，不可因為懶惰或者不敢開口而成為呆帳。

新創事業的商機搜尋途徑

　　有些人經常抱怨，為什麼有一部分人發家致富之後，獲得的機會還越來越多，讓本來就很富有的他們還變得越來越富有，而自己卻一直平平淡淡毫無成就。但是我們要知道，他們之所以能夠一直擁有機會，除了他們多年的行業經驗之外，他們總是能夠讓自己保持對外界事物的敏感度，留心觀察實事和身邊的小事，從中發現機會。

　　既然叫做「商機」，也就是商業活動中存在的機會，如果人人都能發現、都能得到，就像我們呼吸的空氣一樣普遍，那就失去原本的投機價值了，它之所以能夠稱之為「機會」，正是因為它的不容易獲取之處，才顯得珍貴。所以，我們若是想要獲得商機，就要想盡辦法去發現商機，尋找商機，那麼我們應該從哪些途徑去探尋呢？

① 從生活中搜尋商機

　　生活，在我們的印象當中，總是一堆沒完沒了瑣碎的小事，而我們只要不被這些瑣事所煩惱，就已經很感謝上蒼的厚愛了，根本不期望它能給我們帶來什麼驚喜或前途。但是，往往是這些不起眼的小事，也是容易被人忽略的小事，總是蘊含著無限的商機，而作為新創事業者，就是要學會從這些小事裡去發現那些無限的商機。例如：

　　⭐ 做個細心的人，發現生活當中的問題和難題。

　　⭐ 尋找生活當中一些潛在的商業利益。

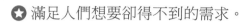

⭐ 滿足人們想要卻得不到的需求。

正在讀大二的何璃春發現，學校校區裡經常停放著許多無主自行車，不但浪費現有的資源，也因長期停放而佔用空間。經過調查發現，這些車輛的數目大約有 1500 輛，有近 1180 輛自行車車況良好，只是存在一些小問題，只要經簡單維修即可再次使用。另外，他瞭解到每年有 1600 輛左右的自行車被回收站回收，只有少部分畢業生會把自行車帶回家或轉讓給他人。而濱江高教園區實際需要使用自行車數量為 30000 ～ 40000 輛，每學期以 5% 的速度成長，但實際現有車輛不到 20000 輛。

何璃春發現裡面大有商機可圖，於是他成立了「杭州易科聯移自行車科技有限公司」。他剛開始時，主要是向畢業生回收那些車況較好的自行車，經過一番整理翻新後再拿出來賣。沒想到新學期開學時，短短時間內他們以四、五十到一百多人民幣的價格就賣出一千多輛了，並且成立了公司網站，在公司網站提供買賣資訊，每成交一輛收取人民幣 10 元的仲介費。這樣一來，賣的學生也省事，買的學生也放心。

接下來他們又開始發展租車業務和修車業務，可按小時租，每小時 1.5 元人民幣，也可以包月，每月 20 元人民幣。修車的價格也比校外便宜，比如補胎 1.5 元人民幣，在校外則要人民幣 2 ～ 3 元，同學們自然樂意來這裡修車，忙的時候修車都要排隊。

而現在，何璃春他們自己開發了一套自行車租賃系統，公司從成立之初三名員工，現在發展到五個核心成員和一些兼職同學一共三十人，並且還在旁邊的浙江機電職業技術學院和浙江中醫藥大學也增設了服務站。

一般的同學看到學校那些落寞的自行車時，除了踹上一兩腳，發洩一下心中的不滿之外，根本沒有想到它能為自己帶來什麼經濟效益，而何璃春卻透過對生活一些不起眼的事物發現了其中的創業商機。所以有人說「商機來自於生活，服務於生活」，我們也要善於發現生活中一些不起眼

的事物，從中發現創業的商機。

② 從政策中尋找商機

國家的政策都是從解決人民生活水準出發的，政策的每一步改動，都會根據目前的社會發展狀況為根本，從而推出最適合當前人民生活水準的政策和法規。而這些政策裡面都會包含一些優惠政策和一些著重發展的專案，而我們就是要利用這些優惠政策的推動力，去尋找一些商機。比如：

★ **優惠政策：**這些政策的推出可能會有政府財政的補貼、稅率的減免、優先措施等。比如政府為了鼓勵農業的發展，會提供設備補助及低利貸款，並且還發放農業補貼。

★ **重點開發區：**比如政府對國外投資者在企業設備、原材料、元件的進口和產品出口，公司所得稅稅率和減免，外匯結算和利潤的匯出，土地使用，等方面提供一系列的優惠條件。

★ **重點發展專案：**往往政府重點發展的項目都能帶動下游企業的發展和擴張。比如政府將推動工業 4.0、物聯網、智慧城市等方面的發展，而你的新創事業就要跟上這個趨勢。

政府的政策一般比較直觀明瞭，一經推出市場會迅速做出反應，比如股市，我們可以透過對股市板塊的漲跌情況，就能瞭解政策著重發展哪些板塊，預見這些板塊中以後可能出現的需求，然後從這裡面搜尋商機，啟動自己的創業專案。

③ 透過媒體網路尋找商機

我們早就進入了網路時代，足不出戶就能瞭解世界的發展動態，然而

面對那麼多的資訊，我們卻很少去利用它們所包含的價值，將機會一次又一次的錯過，然而在這些網路和媒體報導的事件背後，往往會存在一條產業鏈，我們要學會觀察裡面哪條產業鏈出現了問題，從其中的薄弱環節中尋找商機。比如：

⭐ **新聞報導**：透過新聞對社會最新發生事件的報導獲取商機。比如近來食安問題層出不窮，人們對外食漸漸避免，而傾向自己在家煮，所有有機蔬菜、健康食用油、簡單鍋具……等都是新冒出的商機，這時候健康飲食就是一個創業的大好機會。

⭐ **流覽網路**：到上述網站或免費電子公告版查看供求資訊，看看哪些東西存在供需失衡，從而獲取商機。

⭐ **報紙書刊**：一般的報紙書刊上面會有廣告區域，有一些是甚至是直接招商資訊。而對於新聞內容則需要透過自己分析去獲取商機。

有資源我們就不能浪費，任何資訊都有可能成為我們的事業的起點，所以，在平時看電視新聞或者流覽網路時，多細心觀察，要分析事件發展背後可能隱藏的商機，尋找創業的介入機會。

④ 諮詢專業的機構或專家

現在市面上有很多為創業者提供創業商機，以及加盟介紹這一類的仲介機構，他們透過資訊的相互轉換，然後互相利用。因為他們手裡累積的資源，以及能夠利用的資源相對較多，所以經手介紹的創業項目自然也就多了起來，然後他們再透過創業者的回饋，瞭解到目前市場的一個大致情況，知道哪些行業比較吃香，哪些行業即將沒落，而想創業的你可以多詢問他們一些自己想要瞭解的情況，作為自己創業的參考意見。

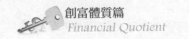
　　「世界並不缺少美，只是缺少發現美的眼睛」。世界也不缺少創業的人，只是缺少善於發現商機並且利用商機的創業者；這個世界更不缺少商機，只是缺少辨別商機能力的人。所以，創業者要善於捕捉商機，利用以上幾種探尋商機的途徑，為自己的新創事業找一個好的機會。

財商 Tips

📢 創新事業要成功，問題不在創業家來自於哪個市場，而是一定要擁抱大市場，否則就無法發揮滾動效益。

📢 創新不一定要無中生有，改變舊有元素，或從既有的現況中找答案。走進工作、生活現場去觀察，就能發展創新，找到商機所在。

📢 從世界成功的案例中找出可以創新的個案深入分析，並結合在地消費者的需求，就有機會找到創新利基，不能為創新而創新，而是要融入顧客情境，從顧客的需求中去找到創業的價值與商機。

測試你的洞察力

你覺得自己的洞察能力如何？擁有強的洞察力，能夠幫助我們透過現象看到事物的本質。現在就來測試一下你的洞察力吧，不必深思熟慮，憑直覺立即回答即可。

1 進入某個房間或空間的時候，你：（ ）

A 注意桌椅的擺放　B 注意用具的準確位置　C 觀察牆壁上掛著什麼

2 與人相遇的時候，你：（ ）

A 只看他的臉　B 悄悄從頭到腳打量一番　C 只注意他臉上的個別部位

3 你從看過的風景中記憶了：（ ）

A 色調　B 天空　C 當時浮現在心裡的感受

4 你早晨起床後：（ ）

A 馬上就想應該做什麼　B 想起夢見了什麼　C 思考昨天都發生了什麼事情

5 當你坐上公共汽車，你：（ ）

A 誰也不看　B 看看誰站在旁邊　C 與距離你最近的人搭話

6 在大街上，你：（ ）

A 觀察來往的車輛　B 觀察房子的外觀　C 觀察行人

7 當你看街道上櫥窗的時候，你：（ ）

　A 只關心可能對自己有用的東西

　B 也看看此時不需要的東西

　C 注意觀察每樣東西

8 如果在家需要找什麼東西，你：（ ）

　A 把注意力集中在這些東西可能放的地方

　B 到處尋找

　C 請別人幫忙找

9 看親戚和朋友過去的照片，你：（ ）

　A 激動　B 覺得可愛　　C 儘量瞭解照片上都是誰

10 假如友人鼓動你去參加你不會的賭博，你：（ ）

　A 試圖學會玩，並想贏錢

　B 藉口學過一段時間再玩而給予拒絕

　C 直言說不會玩

11 在公園裡面等人，你：（ ）

　A 仔細觀察旁邊的人　B 看報紙　C 想某件事情

12 在滿天繁星的夜晚，你：（ ）

　A 努力觀察星座　B 只是一味地看天空　C 什麼也不看

13 你放下正在讀的書，總是：（ ）

A 用鉛筆標記讀到什麼地方　B 放個書籤　C 相信自己的注意力

⑭ 你記住你鄰居的：（　）

A 姓名　B 外貌　C 並沒有什麼印象

⑮ 你在擺好的餐桌前：（　）

A 讚揚它的精美之處

B 看看人們是否都到齊了

C 看看所有的椅子是否放在合適的位置上

評分規則

　　根據你對每個題目所選的答案，對照以下得分值進行計分，把得到分數加總起來，然後根據最後的總分去參照後面的答案。

1. A.3	B.10	C.5
2. A.5	B.10	C.3
3. A.10	B. 5	C.3
4. A.10	B.3	C.5
5. A.3	B.5	C.10
6. A.5	B.3	C.10
7. A.3	B.5	C.10
8. A.10	B.5	C.3
9. A.5	B.3	C.10
10. A.10	B.5	C.3
11. A.10	B.5	C.3

12. A.10　　　B.5　　　　C.3
13. A.10　　　B.5　　　　C.3
14. A.10　　　B.3　　　　C.5
15. A.10　　　B.3　　　　C.5

測試報告

★ **110~150** **得分**，說明你具有很好的觀察習慣，而且反應敏銳、思維活躍，是一個具有很強觀察能力的人。你不但能正確分析自己的行為，也能夠極其準確地評價別人。

★ **75~110** **得分**，說明你有相當敏銳的觀察能力，思慮謹慎而且犀利，做事目的性比較強。但是對別人的評價有時候帶有偏見，特別在處理人際關係的方式和方法上有待改善。

★ **45~75** **得分**，你比較天真單純，沒有什麼心機，所以你對別人隱藏在外貌、行為背後的思想和企圖不願意花心思去猜測，只要自己的生活沒受到太大的影響，對於一些變化也置若罔聞，雖然在人際交往中不會產生嚴重的心理障礙，但是由於你缺乏洞察力，也常常錯過很多機遇。

★ **45** **得分以下**，你對周圍的人和事並不怎麼關心，有時候連分析自己的時間都沒有，不善於觀察事物，也很難去理解別人。因此，你相對比較保守，不善於與外界進行交流溝通，常常沉溺在自己的世界裡，對外界發生的事情有時會抱有一種無所謂的態度，也不容易用心去細心觀察它們。但你要試著改變自己，否則，這可能會成為阻礙你人際交往的極大障礙。

Chapter 7

創業力養成

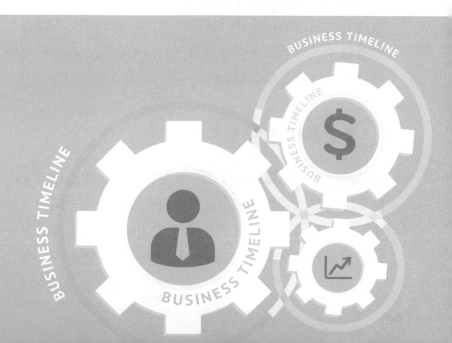

創意「商品化」、商品「創意化」

　　創新要成功必須懂得挖掘商機，商機能被挖掘出來，始於發現市場消費者脈動，蘋果與三星比 Nokia 更早發現手機與網路通訊相連的機會，於是早一步切入智慧型手機市場。市場商機永遠是對先發現的、先切入的人最有利，就像哥倫布「發現」美洲新大陸一樣，哥倫布並不是憑空想像機會，而是透過實際航海發現機會，市場商機也是如此，成功的創業者，永遠會在市場努力找尋新大陸，開拓新市場。

　　創業者有創意不一定有「生意」，只有將創意商品化，創意才得以從市場的肯定中獲取利潤，創意商品化是指創意成果轉化為商品的過程，創業者利用創意成果收取相對報酬的交易活動。

　　創意商品化就是將自己的創意轉化為商品的過程。但是創業者如何將自己的創意商品化？什麼樣的創意才具備商品化的潛質？如果具備商品化的潛質，又應該透過哪種途徑？最後要如何才能讓創意轉化成自己創業的項目，並為自己創造財富呢？

① 商品化條件

　　創意唯有能滿足社會需求才擁有價值，在滿足需求的同時還要能夠用來交換才能成為商品，才具備市場價值，如果一個創意無法給消費者帶來需求就不具備商業價值，不能用來交換，那就僅僅只是一個創意而已。要讓創意最終成為商品，必須具備以下幾點條件：

⭐ **創意成果的有用性：**如果創意成果轉化為生產力，那麼它要能夠被廣泛地應用於各領域，並且它的利用價值一定要高於創意本身的價值，只有這樣才能產生經濟效應並為創業帶來收益。

⭐ **創意成果的專利性：**創意的所有權應該掌握在個人手裡，而不是人人都能享用，如果有其他人想擁有，必須經過專利持有人的同意，或者支付相應的專利使用費。

⭐ **創意成果的可交易性：**創意成果必須能夠用來交換，不管是透過口頭還是文字，或者是實體的產品，但是一定要可以轉嫁到需要人的手裡。

② 商品化途徑

每個人都有自己的思想，根據不同的人處理自己的創意成果方式也不一樣。有些人只是喜歡搞研究發現新的東西，但不喜歡經營自己的創意成果，而有些人一旦發現自己有好的創意，就想自己經營並把它發揮到極致。所以，針對不同人群的不同想法，商品化的途徑又分為以下幾點：

⭐ **創意出售：**創意者有了好的創意但又不願自己經營，可以選擇出售自己的創意以獲取專利費。這樣既不會浪費創意成果，也能使創意者從中受益。

⭐ **吸引投資：**有了好的創意，並且想自己創業經營，但是又苦於沒有資金，那麼就可以使用吸引風險投資這個方法。吸引創投投資後，和投資者就成了互利共贏的合作關係，投資者也希望你這個創意專案能給他帶來收益。所以，在創業過程中在做一些比較重要的決策時，投資者也會參與或者進行干涉，一般情況下投資者會給創業者一些比較好的建議，畢竟他們有著豐富的投資經驗，知道哪些決策可行，哪些不可行。但是也不排

除一些投資人不懂又瞎添亂的情況，所以在吸引投資的同時，一定要和投資人之間互相協商好，以免造成以後創業過程不必要的麻煩。

⭐ **自己創業：** 如果有好的創意想自己經營又不想被人干涉，而且自己有足夠的資本運營這個項目，那麼便可以運用此方法。但是這種方法風險最大，如果經營不好，不但浪費了自己的好的創意，還有可能連自己的創業資金都會賠光；同樣，如果一旦營運成功，帶來的回報也將是非常巨大的。所以，創業者沒有絕對的把握，最好還是採用風險分擔的方法。

陳富雲自從進入服裝行業後，就經常聽到同業抱怨：「這個季節款式、型號沒選好，貨品滯銷太多，賺的錢全是庫存。」與此同時，也經常聽到有朋友訴苦說：「逛了半天，腿都跑疼了，還是沒選到稱心的衣服。」陳富雲透過調查，發現全球前 100 強服裝企業沒有不積壓庫存的。他覺得這是服裝行業「以產定銷」這種傳統的經營模式無法避免的弊病。找到了「病因」，經過一段長時間的琢磨，於是他想到了「線上虛擬試穿」的智慧網路行銷模式。

所謂智慧網路行銷模式，便是先在各大商場、街店門面等各處設若干門市，這些門店相當於線上試穿的體驗館。客戶到了試衣店後，自己站到智慧型終端機上，短短幾秒後即可完成對人體 4800 個座標點的精確測量，提取八十五個人體資料後，然後在終端機資料庫中，自由創意組合、設計、選擇、修改服裝的布料、版型、顏色、款式等，一直到顧客挑選到稱心的衣服為止。

相對於傳統的服裝店，「線上虛擬試穿」可做到衣服款式無限，消費者可隨心所欲地組合、修改和設計，型號也因人而異、量體裁衣。在下訂單之前，客戶選好的服裝可透過寬 6 米、高 3 米的高清晰仿真視頻系統，將 DIY 的成果、試穿的效果像照鏡子一樣顯示出來。消費者下單後，加工廠只需要按要求生產。理論上講，這樣出來的個性化成衣，每一

件都只會貼身而不會「撞衫」，而且服裝店也不會再有積壓庫存的困擾。

因為這種新創模式讓陳富雲獲得了 1200 平方米免費的辦公場地，還引來一家英國風投公司 2000 萬英鎊的先期投資。

創意只有實現商品化，與社會生產結合起來才有實際意義，只有將創意商品化並面向消費者，讓它在整個社會上得到廣泛應用，才能締造價值。

商品「創意化」

如今的創業項目，除了能為消費者帶來實用的同時，很大一部分人開始注重產品的設計和創意，甚至一些商品的創意所含的價值遠遠高過商品本身的使用價值。凱夫斯《創意產業經濟學》指出一個現象，創意性產品的特性、基調、風格，獨立於購買者對產品品質評估之外，當存在橫向區別的產品以同樣的價格出售時，人們的偏愛程度是不同的。主要就是因為創意決定的產品差異性，也就是創意的附加價值遠遠超過產品實際使用的貢獻。所以，在具有創意商品的本質上，就是發掘滿意和快樂。

商品創意化的過程，是從既有商品型態為基準，以創意設計，重新改造既有商品型態，再造另一種獨特的交換價值。在台灣客家花布產品太多人做，做的產品都大同小異，了無新意，創業者該如何將既有的客家花布，重新改造商品，讓商品創意化形成獨特的交換價值，讓消費者青睞。

「台灣水色工作坊」的新一代繼承人，想到「名牌包」這個創意概念，於是將名牌包元素融入客家花布，形成獨特的客家花布品牌，吸引消費者主動上門購買，反應熱烈。「台灣水色工作坊」的年輕繼承人學成後返回家鄉，接手「台灣水色工作坊」，和社區待業媽媽合作裁縫布包，專賣手工包，因前總統夫人周美青走訪買了一個靛藍色側背包，從此打開知

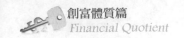

名度並在誠品新竹店設櫃，不少包款還紅到中國大陸。

「台灣水色工作坊」老一代負責人只懂得用四十年的骨董級縫紉機，縫製客家花布產品，缺乏設計概念，學過設計的新一代年輕繼承人接手工作坊的設計工作，用自己的風格，開發側背包、後背包、手提包等新產品。這些時髦的包包，透過年輕繼承人細心畫好設計圖、定好尺寸，打版剪裁後，讓原本看起來色彩單調樣式呆板的客家花布產品，賦予新的生命，創造獨特的交換價值。「台灣水色工作坊」新生代的設計，搭配老一輩二十年精湛的縫紉手藝，讓「台灣水色工作坊」的包款不僅造型討喜、耐用，還兼具收藏價值，客家花布經由兩個世代的合作，激盪出令人驚艷的商品創意。

沈子凱是一名藝術設計專業的學生，專業驅使他夢想著用創意和設計將生活中很普通的東西變成有趣好玩的產品。

2007 年，他的朋友送給他一盒飯店用的火柴。黑色的外盒上壓著細碎的花紋，火柴又長又粗，與平時看到的火柴不一樣。而朋友說這叫送「財」，雖然只是一盒很普通的火柴，但是經過朋友的一番描述讓他覺得它的價值不再是「點火」這般簡單了，他無聊時常常拿著火柴反覆把玩，於是他敏銳地嗅到了這個創業計畫的市場前景。

同年 7 月，沈子凱正式註冊了純真年代藝術火柴商標，三個月後開始銷售，接著又開始加盟連鎖。隨著第一家店的開張，在西塘、黃山、上海、蘇州、陽朔、北京等地的十多家加盟店也陸續開張營業，自己的直營店也在紹興開張。目前純真年代的近百個經銷商遍佈了除西藏、新疆外的中國大半地區。

有許多無意中走進創意藝術火柴專賣店或在精品店購買了產品的顧客，也變成了新的加盟者。最近和沈子凱洽談合作的一名台商，便是在純真年代西塘專賣店看到其產品而找上門來，希望能把這種有趣的創意小物

賣到臺灣來。

　　總的看來，不管是創意的商品化還是商品創意化，創意的特殊性在於它對消費者帶來的需求或者是隱含在商品內的附加值。創意越來越成為創新的內在活力源泉所在，如果我們的生活離開創意，那它將變得枯燥無味，社會也會因此而停滯不前。所以，創業者要抓住「創意」這個巨大的社會需求來尋找自己的創業機會。

財商 Tips

📢 創意無法商品化，就無法用來交換價值，就只是個「空想」而已。只有當創意具有成果價值，使成果有交換價值，消費者才願意掏出錢來，買這個創意成果價值，創業者也才能用這個創意成果，繼續商品化向市場進軍。

📢 創意成果能否轉化為商品，關鍵取決於它能否用於獨特的交換價值。價值來自於誰想擁用創意商品，誰就要付出交換的費用，不具獨特交換價值，就沒有交易的必要。

📢 不論經營哪一個行業，在創意商品化的過程中，都避免不了「設計」、「製造」這兩個元素的結合，創業者只要能結合這兩個元素的獨特交換價值，商品創意化即大功告成，接下來就是找出產品的核心價值了。

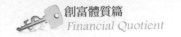

放大經營格局，把生意做大

曾國藩有這樣一句名言：「謀大事者首重格局。」大格局是一種智慧，一種境界，是一種深度，一種品性，大格局更是一種姿態。馬雲說：「做企業是贏在細節，輸在格局」。尤其對於現在的創業者，要懂得放大經營格局看世界，不管做什麼事，都要用心做，放開做，開闊眼界，看得更多，想得更遠，做得更周密。這樣才能比別人走得更遠，發展更大，成功更快。

那麼，我們應該把握哪些重點思維，才能擴大經營格局謀求發展呢？

1 尋找新的突破點

當我們成年骨骼定型之後，要想再長高已經是不太可能了，如果想讓自己看起來更高一點，那麼就只有穿高跟鞋或者墊增高鞋墊了。所以，當一件事物或一種方法發揮到極致的時候，就會停止成長，並還可能會慢慢走向衰退，要想繼續發展壯大，就必須加以改進或者找到相應替代品。

企業經營也一樣，到了一定的階段，就會遇到所謂的「發展瓶頸」，要想衝破這層瓶頸，就必須要找到突破點。而尋找突點的方法就像飛機，如果一直在房屋裡面飛，就會不停地撞牆然後又掉落下來，原因就是局限性太大。只有到屋外去飛，打破牆體限制，才能飛得更高更遠。企業經營者就是要想辦法跳出自己的行業看待問題，擴大格局思考，才能找到新的突破點。

　　某年的感恩節，勞倫斯全家到拉斯維加斯去旅遊，下榻豪華的凱撒宮大飯店，標準房每晚一百五十九美元，已經先以信用卡預付了帳單。可是到了飯店，櫃台接待員說他預訂的房型已經沒有了，當時勞倫斯特別氣惱，接待員忙問他：「願不願意升等到二百五十九美元的房間，但是需要多付一百美元。」勞倫斯斷然地搖了搖頭說：「不願意。」

　　然而櫃台小姐想了一下又笑著說：「那今晚我們幫你升級到二千五百美元的高級套房吧！」勞倫斯一聽，說：「我都不願意多付一百美元升等，你現在卻要我升級到二千五百美元的豪華套房，開什麼玩笑。」這時，接待員卻笑眯眯地說：「如果升級到二千五百美元的房間是不需多付費用的，我們還是只收您一百五十九美元。」勞倫斯再三確認後便欣然接受了。

　　但勞倫斯始終百思不得其解，二百五十九美元的房間要另加錢，二千五百美元的房間卻不要加錢。直到不久前，當勞倫斯再度入住這家酒店住宿，他特意找了經理問了個清楚，為什麼二百五十九美元的普通房間要我多付差額，反而是二千五百美元的豪華房間卻不用？

　　這位叫史密斯的經理笑道：「當時我們房間緊張，所有的普通房間已經訂滿了，二百五十九元的房間也不多了。根據以往的經驗，二百五十九美元的房間入住滿房是沒問題的，所以才讓你付錢升等，即使你不住，還是會有其他人來住的。但是幾千元的豪華套房相對較難，沒有人預訂的話，一般是不會有人臨時來住的，因此我們才決定讓你享用這個優惠。這也是我們吸引客戶的一個秘訣。因為，你對這樣的超值服務一定會滿意，當你向朋友介紹這段經歷，不就增加我們的潛在客戶了嗎？如果有一天，連豪華套房也都訂完了，我們還會拿出更高等級的房型給你。我們寧願讓客人佔便宜，也不願意影響我們的聲譽。」勞倫斯聽完深深佩服。

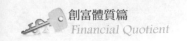

這家飯店管理巧妙地利用了顧客的性價比心理，找到了一種全新的經營方式：「那就是寧可給客人佔便宜，也不要得罪客人。」這種方式看上去很傻，但卻非常有效。

所以，企業經營者要盡可能跳出自己的行業看待問題，不要被行業限制所束縛，擴大格局思考發展策略，才能找到新的突破點，發現更好經營的方法。

② 爭奪有限的需求

當市場穩定下來，客戶需求基本固定時，爭奪有限的資源就成了企業生存唯一方式，誰佔有的消費者越多，那麼誰就是優勝者。

在一個市郊小鎮，當地零售業老大 A 超市一直獨佔當地市場。哪想到，連鎖超市 B 也在該市開店營業了，並且舉辦促銷活動，各大社區、學校門口密集的海報派送，短信、購物卡、集點兌獎等等，而且經營得有聲有色，緊接著又開起了第二家分店。而 A 超市的業績急轉直下，無奈之餘，A 超市也只好跟著一起舉辦促銷活動，以挽回流失的客戶。

在眾多商家開始爭取數量有限的消費者時，要麼擊敗對手，要麼被對手吃掉，市場佔有率永遠是王道，強者恆大，弱者出局。消費者永遠是牆頭草，哪家便宜去哪家，儘管聽起來很殘酷，卻是不爭的事實。

所以，要想成為市場競爭的優勝者，就要提高員工素質，不管是從第一線的客服，從技術到行政，都要想辦法讓消費者滿意。要記住，平淡無奇已經跟不上時代，一味效仿只能步入後塵。要開拓自己的眼界，必須要著眼於別人不做的、沒有想到和注意到的事。

③ 保持團隊的可持續發展

　　人是發展的根本，不管你的事業多麼偉大，永遠需要公司所有人的共同努力。公司的發展需要持續、穩定的業務團隊，聰明的老總會用員工的成長推動公司的前進，再利用公司的發展培養下一批人才，如此，才能形成良性循環。因為沒有穩定的團隊，公司的運作就會陷入停擺，因此，建立一支屬於自己的業務團隊是必不可少的。我們不怕自己發財員工也發財了，就怕的是自己發財了，而自己的核心員工還過著苦哈哈的日子。所以，要多注意和團隊成員一起分享利潤，讓他們和公司共存亡、求發展，這樣公司的發展才會長久。

　　有時候我們之所以不能清楚地發現問題的關鍵所在，就是因為「只緣身在此山中」的緣故。所以，我們要學會跳出自己的行業圈子，用旁人的眼光看待問題，學會從各個不同的角度去分析，放大自己的經營格局，多從消費者和競爭對手的角度去制定經營策略，也許會有意想不到的收穫。

財商 Tips

📢 創新應當是企業家的主要特徵，企業家不是投機商，也不是只知道賺錢、存錢的守財奴，而應該是一個大膽創新敢於冒險，善於開拓的創造型人才。

📢 企業的出路在於產品更新換代。創新是企業的靈魂，是企業持續發展的保證！

📢 現代管理，就是以人為中心的管理；一切管理的好壞，都是人所創造、影響與決定的。未來真正出色的企業，將是能夠設法使各階層人員全心投入，並有能力不斷學習的組織。

經營事業的關鍵心法

杜甫在《前出塞》裡面寫道：「射人先射馬，擒賊先擒王。」我們不管做什麼事，只要解決了核心問題，另外一些小問題就迎刃而解了。所以，對於經營也是一樣，只要學會抓住其中一些關鍵問題著重解決，就是掌握了核心法則。

① 市場佔領法

公司經營的好不好，市場佔有率說了算，對於消費者來說，自己的利益以及所體驗到的服務感受才是最重要的，如何讓顧客享受到良好的服務，而且又覺得便宜，是所有公司始終努力追求的目標。那麼我們可以透過哪些方式來實現呢？

❂ **低成本佔領市場法：**想盡一切辦法使公司經營成本降到最低，然後利用自己的價格優勢，打敗競爭對手，從而佔領市場占有率。

❂ **差別戰略法：**公司專注於品質、性能、服務、款式、領先技術和超支服務方面建立自己的優勢，來擴大與競爭對手的差別，從而獲得競爭優勢。

每個公司都有自己的特色，都有針對自己的經營方式，只要能夠改善公司的經營效率、提高公司的利潤、打敗競爭對手都是好的經營法則。但是，透過以上兩種方式來擴大公司佔領市場的占有率，是最直接，也是最有效的方法。

② 管理之道

我們常常看到一些報導，說哪些大型企業因管理不當，造成的經營不善，最後只能申請破產或者面臨被收購的命運。管理，是公司的核心所在，公司的運營戰略和發展目標都依靠管理來實現，所以一套好的管理方針，決定著一個公司的前途和命運。

雀巢公司為了讓公司穩定營運發展，便制定了一套獨特的人力資源管理制度。依序有：

1. 激勵與參與。雀巢認為能激勵員工的動力不只是報酬、福利和升遷，還必須提供他們一個能鼓勵和支持、信任、溝通、合作及激勵的工作環境。經過研究發現，員工們對能及時得到上司的回饋感到十分滿意，作為全球級的大企業，雀巢的員工遍佈世界各地，這些員工的經歷和期望也不盡相同。為此，雀巢特地為那些願意出國外派的員工提供良好的晉升機會。

2. 薪資報酬。雀巢專門設計了一套薪酬政策，對那些表現優異、以及對公司做出大的貢獻的員工進行獎勵。並且使剛進公司的員工在試用期內也能獲得豐厚的報酬。此外，員工們還可根據自身情況選擇公司提供的多種保險計畫。

3. 生涯管理。雀巢經常會對員工進行持續的培訓，以使得員工對於公司目標的達成發揮最大的貢獻力，也可以提供其個人自我和專業方面的成長機會。

4. 傳承管理。為了讓公司能夠持續良好地傳承發展下去，雀巢制定的這套方案，就是為了讓那些有能力、有效能的團隊以及管理者繼續經營發展，以確保公司長期目標的達成。

為什麼雀巢把人員的管理視為公司的發展重點，因為他們知道，公司

之所以能夠成為世界第一大食品公司，都是每個員工共同努力的成果，所以，他們認為管理好員工就是對公司發展的最大幫助。

而在企業的管理方法當中，又主要存在哪些關鍵呢？

★ **人員管理**：對員工的管理是公司的一項重任，老闆要按公司實際情況確定員工總數及工作時數，合理分配工作任務，按各有所長的分配下做到各盡其能，讓員工適應公司的各項規定，做好自己的分內工作。

★ **產品銷售狀況管理**：隨時掌握商產品銷售情況，根據銷售動態做出快速反應，及時補充貨源，並處理滯銷產品，根據市場供需狀況及時調整產品的價格。

★ **財務管理**：財務管理直接關係到公司的投資，資本的融通和營運資金，以及利潤分配的管理，主要是為了實現公司產值、利潤以及企業價值的最大化。

★ **對消費者的管理**：要適當地去瞭解你的客戶及潛在消費者，抓住消費者的需求，然後對消費者進行引導和適當的控制，以促成他們的消費。

★ **會員管理**：上帝不會是顧客，但是我們要讓顧客有做上帝的感覺。公司要著重發展這些會員客戶，滿足他們的需求，他們將成為公司的主客戶，為以後的客戶轉介紹和穩定公司發展起重要作用。

以上幾種管理方法，都是大型企業經營多年以來地總結出的核心法則，實施好以上幾種管理方法，是經營好公司的關鍵所在，所以，我們要抓住這幾個「要點」，把它們運用於公司的實際經營當中。

雖然行業的差異、老闆的風格以及公司的文化都各不相同，但是相同的是，所有成功的公司，都會重視這幾條法則，並且會運用好這幾條法則。抓住這些經營的關鍵心法，才能助你取得事半功倍的效果。

財商 Tips

📢 成功的企業經營所需具備的要素是：熱衷於產品的產出，確切熟知自家的產品，責任感以及有效地派任職務。經理人員必須能讓部屬充分發揮自我才能，獨立作業以擔負份內完全職責；也必須將企業組織內每一個人視為追尋共同目標的一份子。創業若是能將公司目標與員工個人目標一致，兩者越一致，管理效果就越好。

📢 企業管理就是解決一連串關係密切的問題，必須有系統地予以解決，否則將會造成損失。

📢 經理人員的任務則在於知人善任，提供公司一個平衡、緊密的工作團隊。

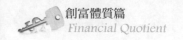

開店前的準備

古人云：「不打沒有準備的仗，方能立於不敗之地」。不管做什麼事，如果想做好，那麼就得把準備工作做足才行。創業開店做個小生意也不例外，做好準備工作是把店開好的前提，是以後能否把店開好的重要條件。所以，在開店之前一定要做好以下幾點的準備工作。

① 市場調查

如果在未進行任何市場調查的情況下，貿然選擇創業，其結果就像「盲人摸象」那樣，只能憑感覺說事，而缺乏實際根據，得到的結論往往和事實有天壤之別，導致採取的策略不能有效地解決所面臨的問題，最終只能抱憾收場。

所以，在開店前進行市場調查，是為了讓自己擺脫「盲人摸象」的窘境，當你在預選的店鋪所在地，要對當地人口分佈情況以及種類有足夠的瞭解，不管是附近的公司及工作性質，還是人口的消費能力、習慣和經常出入的場所都要明確掌握。然後觀察周圍是否有競爭對手，若有，也要瞭解他們的分佈情況，調查不同地段的生意存在的差異，評估一下自己未來生意的大概情況。

總之，對目標客戶以及競爭對手瞭解得越深，在店鋪定位時便越能針對顧客的需求進行服務、投其所好，從而戰勝競爭對手。

② 店面位址選擇

開店位置的選擇是否正確將直接影響之後的生意，在選擇店面位址時一定要注意以下幾個方面：

⭐ **店鋪周圍環境：**一般環境指店鋪所處位置繁華程度，包括平常白天和夜晚、節假日的來往人次比例，一個好的店面環境是保證客流量的基礎。店鋪若處在車站附近、商業區域人口密度高的地區或同行集中的一條街上，這類店面在人流上佔據了很大的優勢。比如我們平時乘坐公車或捷運時不難發現，很多賣早餐以及小飾品的攤販，都選擇在捷運出口或者公車站附近，這都是充分利用客流量的優勢賺取買賣機率。

⭐ **交通便利程度：**顧客坐車或者開車過來是否方便，消費者開車過來，停車是否方便，貨物運輸是否方便，如果你的小店口碑很好，但卻交通不方便，很多顧客想來又嫌麻煩，因而打退堂鼓改去別家，所以，交通條件方便程度對店鋪的銷售有很大影響。

⭐ **店面周圍的設施：**有的店鋪雖然開在道路主幹道旁邊，車流量也很大，但道路兩邊都圍有柵欄，有些顧客想買卻苦於沒有可以停車的地方，而使生意大受影響。因此在選擇臨街鋪面時，要充分注意這點。街道寬度適中又設有人行道，車輛在道路行駛時視線很自然能掃到街兩邊鋪面，行人在街邊行走，很自然進入店鋪；如果街道的車道、自行車和人行道分別被隔開，這是一種比較封閉的交通，客流量受阻，不太適合開店。

⭐ **店面周圍的人群：**雖然選店面時附近人口越多越好，但是也要根據自己預設的消費族群選擇合適的地點。比如在旅遊區開個紀念品銷售店，在大學區經營一個甜品店等等，假如你一定要在小學對面或附近不合宜地開一家成人用品店，就算你每天看著成千上百的小學生從你門口路過，但是會有誰來買呢？如果在小學附近開個文具用品店或者零食店的

話，相信生意肯定差不到哪裡去。所以，選店面時要針對消費族群來選。

影響開店位置的因素千差萬別。位置的好壞，是相對的而非絕對的，這就是為什麼一些小巷弄的店鋪可以長時間經營下去，而有的繁華地段的店面卻頻頻更換店主。

③ 店面的裝修

店面是店的臉面，能否讓自己的「臉蛋」引起消費者注意，取決於「臉蛋」夠不夠吸引人，對於那些憑著第一印象對店面進行定位的顧客來說尤其重要，他們僅僅憑著自己的感覺判斷店的好壞，來決定是否進去消費。

所以，店面裝修時，根據主要顧客類型進行準確定位，裝修出一個足夠吸引他們的「臉蛋」把他們誘入店內，然後透過自己的服務打動對方，再用產品征服對方，從而讓客戶買單。

萬事開頭難，做好開店前的必要準備能為以後節省很多不必要的麻煩，是把店開好的首要階段。創業者要想把店開好、開大，還得在以後的店鋪經營當中融入自己的經營理念，把經營方式、服務、形象做好來吸引更多的消費者。

財商 Tips

📢 店面不一定非得要設在最熱鬧、人最多的地方，重點是能否吸引目標客戶的注意。

📢 決定地點時，應確實調查每天從店門口經過的人潮數量、目標客層，開店時間的商圈人數，評估店面附近適合停車的位置，進出貨是否方便？店門前的空間動線是否流暢？……等要一一確認。

📢 店面的話，能租就不要買，和房東訂合約時，要詳細評估合約內容的權利義務歸屬（例如房租是否包含水電費？若得向房東繳交水電費，則必須要求要查看明細）。

📢 在店面裝潢、採辦設備的同時，要多去店面走動走動，與附近的「鄰居」做好和親睦鄰的工作，並且熟悉當地市場，開發潛在顧客；在籌備期間，就應招募足夠的工作人員，並事先做好訓練工作，才能從容應對開業時的繁忙。

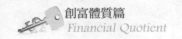
開店規劃新概念

人們都喜歡新的事物，一成不變的東西，很難持久地獲得消費者的喜愛，開店也一樣，一成不變的風格很難挑起消費者的購買欲望。所以，一些好的經營理念和方法我們要繼續保留，但是，在規劃時我們要適當加入一些新的概念，用以滿足消費者不斷變化求新的心理。

① 根據二八定律精選區域

經調查表明：很多商店百分之八十的利潤都由百分之二十的顧客創造的。所以，在規劃開店時，運用這一定律瞄準幾個主要區域，做有針對性的消費傾向調查，篩選出那百分之二十的主力客戶最集中的區域然後繪製好地圖，選擇一個這百分之二十的主力客戶都比較方便到達的地方選址開店。

② 營造聲勢

在開業之前，一定先要讓附近的人知道你要開什麼店，什麼時候開業。尤其那百分之二十的客戶，要有針對性的通知他們，如電話、郵件，發傳單等各種方式保證通知到位。開業時要讓自己店面火爆起來，千萬不能開幕時冷冷清清，這樣給別人的第一感覺就是「不行」，要把能叫到的親朋好友都叫過來捧場，如果還覺得不夠，可以選擇發放小禮品的方式吸

引路過顧客，如果有必要甚至可以請一些臨時工來營造聲勢，達到宣傳目的。

③ 創新發揮特色

現在同行競爭那麼激烈，要想讓自己能夠吸引消費者，那就要在相同行業之下，給消費者不一樣的感受。要給消費者不一樣的感受，就要發揮出自己的特色；在商品設施方面，比如店面裝修的個性化、商品陳列方式的新奇感、著力打造自己獨有的特色產品等。在人員方面，能夠擁有良好的服務以顧客為出發點、傾聽顧客的聲音、誠懇友善的態度給消費者一種愜意的感覺，都能成為店鋪的一道風景，從而吸引更多的消費者。

④ 店鋪經營的最新法則

一成不變的傳統經營方式，在日益求新的消費者面前已經顯得力不從心，這個時候，要想繼續讓消費者在你的店裡停下腳步，然後挑選商品，接著心甘情願花錢，那麼你就得讓自己的店有足夠吸引人的地方。那麼我們應該透過哪些「新規則」來吸引顧客呢？

✪ 店內通道指引法則：在每個通道的拐角處或者物品陳列變換處，都要擺放有吸引力的物品，把顧客無意識地帶入下一個商品陳列處，讓顧客不知不覺地將店內的整個商品都參觀完，增加購買欲望和機率。

✪ 容易選購法則：有些顧客因為時間緊迫，進店時就直接買自己想要商品，如果商品擺放沒有分類，不方便顧客挑選，就不會想在這裡消費。所以物品擺放時要對著顧客易見、易選、易買的位置，同類商品要擺放得當。

☆ **歡樂購物法則**：現在的消費者不僅僅只滿足於買到自己想要的商品，他們更注重享受購物過程中所帶來的樂趣。所以，除了加強店員的服務態度外，要多注重店內的裝飾能給消費者帶來的喜悅心情。

☆ **高效率法則**：從接待消費者開始到貨物包裝、收銀等過程中，都要做到快速、有效並且令顧客滿意，不要讓顧客有被怠慢的感覺。

☆ **方便變動法則**：店鋪在裝修內部擺設設備時儘量選擇可變性較高的設備，這樣在以後的節日促銷時方便做出有效的改動，從而吸引消費者的眼球。

☆ **安全感法則**：在這個魚龍混雜的社會，很多人都缺乏安全感。所以在商品銷售時要確保自己商品是正品、安全可靠的，如果存在品質問題，給顧客退換時服務態度要像對待買東西的客戶一樣。

⑤ 讓顧客買單的技巧

現在的消費者心理千變萬化，把握不了他們的準確心理，很難做到面面俱到，因此，要根據不同類型的客戶和店鋪的不同，來制定不同的銷售技巧。

①贈品促銷法

商業心理學研究發現，消費者在購買東西時，心理上容易接受意外的收穫，會給消費者帶來一種「賺到」了的感覺，使他們更樂於選擇有贈品的商品。

在日本橫濱，有一家叫「有馬食堂」日本料理，這家餐廳外表裝修很普通，裡面設施也很樸素，供應的都是日本大眾料理，卻是非常受歡迎。這是為什麼呢？原來每當有顧客帶小孩子來用餐時，服務員便會熱情的送上一條畫有動物的紙質圍裙。其實，這圍裙成本很低，它之所以受歡迎就

是因為這圍裙是由這家店特請的「畫家」當場畫的，畫的圖案都是小朋友喜歡的。所以小朋友在圍上這樣的圍裙吃飯時就顯得十分開心，並且還能保持身上不被弄髒。用完餐，圍裙又可以帶回家，而且圍裙上手繪的圖案有很多種，小孩子都希望能多拿幾條回家，便會再次拉著爸媽過來用餐。

但是，在贈送贈品時也有一定的技巧和方法，才能顯示出贈品的價值以及達到銷售目標。選擇受贈的物件要有針對性，並且不是每個人都能隨便得到的，一定要符合要求才能贈送，並且贈品的品質也要好，這樣才更能展現出商品的價值。

②吊足消費者的胃口

「越是容易得到的越不想要，越難得到的越是想得到。」很多人都有這樣的心態，認為難以得到東西才是好的，所以利用這種心理特徵，我們可以給顧客造成一種「再不來買就沒有了」的假象。

張選開了個小超市，前不久，超市裡面積壓了很多牙膏庫存賣不出去，原來也辦過幾次促銷，但是效果都不明顯，後來他想到一種方法，用大黑筆在超市門口公告上寫著：「本超市還有牙膏可賣，每人限買一支。」結果此消息一出，立刻引來消費者的圍觀，不知道的都以為牙膏供應緊缺，紛紛開始排著長隊購買牙膏，有些甚至還把家裡人也叫來一起買。他自己沒想到用這種方法，原本賣不出去的牙膏一下子就銷售一空。

這就是抓住了消費者的好奇、不安、逆反心理，對於「稀有」物品的佔有欲望，從而使自己的庫存品成功脫手。

③誘發消費者的好奇心

製造懸念，引起消費的好奇心理，從而讓消費進店消費。

去年李小青晚上回家時，路過住家附近的商店，上面突然掛出了這樣一個招牌：「進店找碴，下一個一萬就是你的。」李小青一看心想老闆是不是瘋啦！於是走了進去，問老闆那是怎麼回事，老闆指著商店裡面的一

個小牌子，說：「你去看看那個就知道了。」李小青走進去一看，上面寫著：「如果發現商店裡存在過期、假冒偽劣產品，最少十倍賠償，最高獎勵一萬。」看完才知道被老闆忽悠了，但又不好意思就直接出去，於是就隨便買了點零食走了。

俗話說：「好奇心害死貓」。抓住消費者的好奇心，讓他們保持對店鋪的關注，是吸引客戶提高銷售強而有效方法。

唯一不變的就是變化，開店也要學會在變化中求生存，根據消費者的變化來制定相應的計畫，利用「新概念」的方式規劃好自己的店鋪，才能在多變的市場中贏得更多的機會。

📢 新店剛開幕前仔細核算一下你的成本，就算剛開始完全沒賺錢或稍虧一點也沒關係，可以的話盡量利用開幕這段期間舉辦促銷活動，讓更多人來體驗你的產品。

📢 店面經營，基本上都是被動地等待顧客上門，業者開幕前應設法透過各種方式告知顧客；準備開幕大概需要兩個星期左右，宣傳效果及人事物力才能充分發揮效用，完美地服務上門消費的顧客。

📢 開幕不能只靠促銷就想提升營業額，若店面服務品質沒做好，如口味不符消費者需求、服務流程規劃不良、顧客服務不周、食材偷工減料、……等，反而會造成開幕促銷活動反而自曝其短的反效果，這點務必要留意。

做最好的準備，也做最壞的打算

　　風險管理就是為了把存在風險人或者事物把風險減至最小。最理想的風險管理過程，莫過於把將要發生的風險從大到小依次排好，然後優先解決會造成最大損失及最可能發生的事情，而相對風險較低的事情則押後處理。但世事難料，並不是所有的風險都是我們能預測到的，也不是所有風險所造成的損失都是能估量的。所以，為了能應對各種可能的情況發生，最好的辦法就是：做最好的準備和最壞的打算。

　　「做最好的準備，也做最壞的打算」，有人不禁要問，這不是自相矛盾嗎？看似矛盾吧！可細細品味就會發現，所有事物都具有兩面性，不管是往好的方向發展還是向壞的方向靠近，最極端的兩種可能就是：最好或者最壞，當我們準備好應對這兩種情況時，還會有害怕和畏懼感嗎？「榮辱不驚」應該就是最好的解釋了。

　　做最好的準備，也是對自己的一種自信，對自己事業的一種責任，對未來的憧憬做準備，是為迎接自己撒下的種子經過漫長的澆灌之後的收穫，以至於當成功到來時，自己能淡然面對，為下一步做更好的發展。

　　沒有人能輕易、輕鬆地就能成功，也沒有誰會無緣無故失敗，未來的未知因素太多了，並不是所有的事情都是我們自己能控制的。也正是因為這樣，我們才要有一種危機意識，在心理及實際行為上都要有所準備，好應付突如其來的變化，一旦遇到挫折時就不會慌了手腳。做最壞的打算，或許不能把問題徹底消滅，但卻可以讓自己受到重創時不會手足無措，能夠坦然面對。

京東商城創辦人劉強東在 2003 ～ 2006 年創業時為了省房租，睡了三年的公司地板。2003 年，京東的資金所剩無幾了，到處在網上留言賣燒錄光碟，直到網站上發帖版主頂貼說：「我燒了三年光碟，京東是在中關村唯一一家不賣假光碟的人。」有人便開始嘗試給京東匯款買燒錄光碟，直至口碑相傳，買光碟的人增多，京東才得以度過難關。2003 到 2007 年京東沒花一分錢廣告費，全部依靠口碑的傳播和老顧客介紹打造的品牌形象。

京東 2004 年開始網上銷售，大家都爭論線上銷售還是線下銷售，因為當時線下是盈利的，而劉強東認為創業初期資源有限，不可能同時支撐兩條戰線，只能集中在一條線上。爭論了兩天之後，劉強東決定 2005 年開始專注聚焦於線上，而當時支持劉強東的只有一名員工。

2004 到 2007 年，京東完全依靠前期的盈利來發展的，但是，那時候他必須讓公司賺錢才能維持，所以喪失了一些發展機會。2007 年有創投投資之後才開始做廣告。2008 年 10 月第一輪風投的 1000 萬美元全部虧完，又遇金融海嘯可真是雪上加霜。到了 2009 年初拜訪了四十多家風投，都沒人願意給錢，但是劉東強並沒有放棄，就算全世界不理解他，但是時間總會證明自己是正確的。

一直到碰到雄牛資本，又一次開始了京東的發展之路，這是因為雄牛資本早期投資蘇寧，看了京東財報後，覺得京東的財報沒有問題，比當年蘇寧的好，肯定值得投資。所以，到現在才有了京東當前的輝煌。劉強東說：「全世界所有成功創業者都會經歷失敗，還沒有見過沒有失敗過的創業者。」

劉強東之所以有今天的輝煌，源於他不害怕失敗，他把失敗當成了一種過程，一種必經之路，所以他一直就做好了最壞的打算，最壞莫過於失敗，但他並不懼怕失敗，能扛得起失敗後的後果，所以他堅持下來了，也

成功了。

　　創業，就要帶著自己的信念，相信自己選擇的路，勇於面對創業過程中所發生的一切。做最好的準備，迎接最好的自己，做最壞的打算，能心平氣和地接受突如其來的困境，這樣，才能走得更遠。

財商 Tips

📢 創業前是否做好充分的市場調研，明確創業所屬行業，準確把握市場動向，不能打沒有準備的仗。

📢 檢視自己是否有做好詳細的創業計畫，包括資金運轉、項目運營、通路行銷等各個細節，並多多向有經驗者學習與請教。

📢 做好創業風險評估，以責任者的態度做好最壞的打算，迎接市場的嚴酷考驗。成功的老闆都會有一個 B 計畫：他們固然會全力把 A 計畫做到最好，同時也會為了保護自己和公司，準備另一套備案。因為如果不用這樣嚴謹的態度來面對風險，等問題發生時再想備案，就為時已晚！所以，你也要想好你的 B 計畫備案。

共啟願景，給團隊一個好藍圖

　　願景是一個團隊共有的理想，它能夠警示所有的團隊成員，並告訴大家「我們需要做什麼」，正如個人願景是每個人心中所持有的意象或景象，而共同願景則是整個團隊中大家共同持有的嚮往和奮鬥目標，也是引導組織發展壯大的一個重要因素。這對老闆能力也是一個重大考驗，如果一個老闆能夠在團隊中樹立起共同願景，即使沒有在嚴格的管控下，他的團隊依然能夠充滿活力，並一直朝著積極的方向發展。為什麼這麼說呢？因為共同願景的建立主要有以下作用：

　　★ **凝聚團隊成員**。願景的建立，它概括了團隊未來的目標和核心價值，是所有成員最終希望實現的藍圖，它使組織成員的夢想和希望凝聚在整個團隊的事業中。

　　★ **激勵團隊成員**。為了實現共同願景，大家就會想盡辦法去克服困難，從而激發團隊成員發揮創造性，使成員透過不斷創新和努力來實現目標。

　　★ **規範團隊成員**。為了實現願景，就必須規範組織成員那些不利整個團隊的行為，使每一成員能主動而真誠地奉獻和投入，避免產生抱怨和負面情緒。

　　對於一個團隊來說，建立全新的、符合工作實際的共同願景，直接關係著團隊成員各項工作要朝著什麼方向、循著什麼軌跡、按著什麼方式向前發展，也關係著能否調動起團隊成員的積極性，能否凝聚人心，統一意志，形成合力，從而有力地推動團隊向前發展，並使整個團隊創造出驚人

的財富價值。那麼，在實際的工作中，老闆應該如何在團隊中去建立這種共同願景呢？

① 向團隊成員傳達自己的期望

員工都希望知道老闆在想什麼，有什麼目標和要求，以及對自己的期望值，這也是共啟願景的第一步。在一個團隊中，如果老闆沒有給予大家明確的期望，員工就會迷失努力的方向，不知道該往哪個方向奮鬥，變得心理脆弱，經受不住挫折。甚至內部各種不同的意見一旦產生分歧，還可能致使團隊分裂。而如果老闆能夠明確傳達期望，並使之與員工的期望達成一致，就能有效地完成整個團隊的目標，提高自己在團隊中的威信。那麼，老闆應該如何在團隊中傳達自己的期望呢？

⭐ **傳達自己對下屬的基本要求**。在平時的工作中，老闆可以傳達出自己對下屬的一些基本要求，比如準時上下班、開會準時到場、及時地給自己回覆、能夠達成自己許下的業績標準等。這都能夠促進員工往積極的方向發展。

⭐ **傳達自己對下屬的工作目標和目的要求**。作為老闆，在傳達自己的期望時，一定要傳達出自己期望每個團隊成員在工作中必須完成什麼，希望能夠達到一個什麼樣的目的，並讓員工自己來決定完成這一目標的最佳方式。

⭐ **傳達客戶對我們的期望**。如果我們不能滿足客戶的要求，他們將會尋找其他可以滿足他們的人。而客戶對我們有什麼要求和期望，都需要透過團隊成員和客戶接觸中實現。所以，我們要將客戶對自己的期望都傳達給團隊成員，以便我們能夠更好地服務顧客。

⭐ **傳達對團隊未來發展建設的期望**。自己對團隊未來的發展有什麼

打算，需要達到一個什麼樣的階層，團隊成員未來能有哪些發展，將這些期望傳達給員工，給大家建立一個美好的藍圖，更加能夠激起團隊成員的奮鬥幹勁。

② 結合個人願景，建立共同價值觀

在傳統的階層式組織裡，每一個人只是聽命行事，以便能夠完成任務，來支持團隊的願景。但近年流行的、建立願景的過程，都是由領導者借由顧問的幫助寫下「願景宣言」，他們透過一次建立願景的努力，為公司的策略提供遵循方向，一旦寫下來後，領導者就認為他們已卸下建立願景的職責。

然而，這樣的願景宣言往往發揮不出願景應有的效果，這種願景只在紙上陳述而非發自內心，卻很難使願景在團隊內紮根。因為「官方願景」所反應的僅是一、兩個人的個人願景。這種願景很少在每一個階層內進行探詢與檢驗，因此無法使員工感受到擁有這個願景，結果也無從孕育出能量與真誠地投入。

所以，建立共同願景，我們就要放棄願景總是由老闆宣示的傳統觀念，而是從每個員工不同角度組合起來，從他們每個人對個人及團隊未來的期望進行結合，這才能使願景變得更加生動、更加真實，才能增強團隊內部的互動性和內部協同工作的能力，這樣建立起的共同願景，才是人們能夠真正在心中想到並實現的願景。

③ 建立可實現的共同目標和規劃

給團隊成員一個美好的藍圖，能夠成為團隊成員為之奮鬥的動力。但

是，老闆在設立目標和規劃時，一定要以現實為基礎，不能一味地浮誇、吹虛，要以團隊成員切身的利益為基礎，做到適時、合理、可行，這將成為員工能否為我們打拚的關鍵。所以，老闆在設立共同目標時，應遵循以下幾條原則：

⭐ **目標要明確具體。** 團隊目標的設立是為了讓所有人能夠朝著同一方向行動，從而使行動獲得最佳的效果。所以，老闆在設定目標時，一定具體、明確，讓人能夠一目了然，避免大家對目標的理解產生分歧。比如，在制定銷售目標時，給大家一個明確的數字，往往比含糊其辭的「竭盡全力」、「爭取做到最好」等要有效得多。

⭐ **目標要協調一致。** 要想透過目標設置來激勵員工為自己打拼，就一定要保證團隊每個成員的目標與團隊目標保持一致。一旦兩者發生偏向，這種偏向將可能導致衝突發生，不但不利於員工積極性的調動，還可能阻礙團隊目標的實現。所以，只有確保個人和團隊的目標一致，才能使個人的行為朝向團隊的目標，從而使員工在奮鬥的同時也在為自己的團隊創造財富。

⭐ **目標設定要適度。** 在目標設定的過程中，如果目標難度太大，員工會因為無法達成而失去信心，而難度過小又激發不出員工的幹勁與鬥志。這兩種過於極端的方式都無法收到良好的激勵效果，只有將目標設定在一個適宜的高度，讓員工只要一努力就能實現的目標才是最好、最合適的，才能夠帶來更好的激勵效果。

給團隊設定一個確實可行的目標，等於給所有的人員指定了一個前進方向和目的，讓大家能夠朝著這個方向更快、更好地前進。但前提是，老闆設定的這個目標一定是屬於整個團隊的，它既能代表整個團隊的目標，又能代表每個團隊成員的目標，並且是透過努力就能實現的。

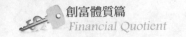

📢 在與員工交流時，告訴員工你對他的期待，把自己對員工的基本要求、目標、以及對整個團隊發展的期望都傳遞給員工，以此來激勵他們前進。

📢 作為老闆，平時要多收集員工的想法和目標，鼓勵大家提意見，讓他們把自己的願望都說出來，然後再把大家的願望聚集在一起，建立屬於整個團隊的共同願景，以此來激勵大家為團隊的共同目標而奮鬥。

身體力行，打造你的影響力

　　拿破崙・希爾曾經說過：「在別人的影響下生活著，就等於不屬於自己，就等於被別人的意志給俘虜了，這樣的人即使再優秀，也不會登上頂尖的位置。」如果一個老闆缺乏影響力，那麼他的團隊將會變成一盤散沙。在這個弱肉強食的社會中，如果不能影響別人，就只能被別人影響。一個影響力強大的人，身邊的人總是不自覺地會受到他的吸引，所以他周圍就會聚集很多的朋友。而一個有強大影響力的老闆，不管做什麼也會顯得更加輕鬆、自在，事業也會越做越好，因為員工是心甘情願地接受他的老闆，願意為他創造財富。

　　在過去，領導者主要依靠手中權力來讓自己的下屬服從自己。但是，在這個競爭激烈、選擇多樣化的社會，這套方法已經變得不適用了。老闆要想讓自己的團隊成員甘心服從自己的指示，要依靠其內在的影響力。一個成功的老闆並不是他的職位有多高，而是願意跟著他一起打拚的人有多少，團隊內每個成員是否都積極向上。這已經成為衡量成功領導者的重要標識。那麼，要想做一個成功的創業老闆，應該如何去打造個人的影響力呢？

① 提升自己的核心能力和品質

　　一個具有影響力的人，他應該自信而上進，談吐和分析都具有嚴謹的邏輯性，對於目標的把握一定能夠拿捏適當，對於別人提出的意見一定能

夠做到及時而有效的回應，他的思想和行為也隨時都影響著團隊的每一個成員，並起著指示和引導作用。所以，想要成為一個具有影響力的人，要努力讓自己具備以下三點能力：

⭐ **有思想。**老闆的影響力首先取決於他個人的思想特質，一個思想不健全的人，我們很難說他會被奉為具有影響力的人物；而一個有影響力的人，一定具有自己獨特的理念和思維方式，對於複雜問題有獨到判斷，能夠從各個不同角度去分析問題，並解決問題。

⭐ **某個領域的專家。**一個人如果能在某個專業領域裡擁有精湛技能，便能使自己成為一名受人敬仰的專家。因為專家在特定領域往往代表著權威，對特定問題有著超過常人的理解和認識，這往往就具有相當的影響力。

⭐ **有高尚的品格。**要想成為一個有影響力的老闆，在某些方面也應該具有閃光的品質。這種品質包括為人處世的能力，超乎常人的毅力，以及同理心和換位思考的能力，還包括廣懷接納的寬容之心，處理危機時勇敢和沉著的能力等。

② 修練自己的人格魅力

一個具有人格魅力的領導者，能夠透過實踐活動展示出自身價值和尊嚴，不管做什麼都能以身作則，言行一致，帶頭實踐自己提倡的道德標準和價值觀念。他們能憑藉自身的威望和才智，把其他成員吸引到自己的身邊，取得別人的信任，引導和影響別人來完成團隊的目標。而一個成功的領導者的魅力包括以下幾點：

⭐ **示範力。**由於團隊成員對領導者的行為看得見、摸得著，所以領導者身先士卒，帶頭克服困難，就能夠對團隊發揮直接的影響力。

⭐ **凝聚力**。領導者的每一個行為總是不斷地向團隊成員傳達自身的資訊，當這種資訊表現出一種積極向上的信號時，團隊成員同樣就會獲得一種積極向上的暗示，大家也就願意服從老闆的安排，願意跟在老闆身邊效力。

⭐ **投射力**。在其他人的眼裡，一個團隊的實力如何，往往是看這個團隊的領導者是一個什麼角色，因為老闆人代表著整個團隊的形象。所以，老闆要想在團隊內部讓大家信服，就要在外面樹立起威信，讓團隊成員感覺到能夠進入到這個團隊是一種榮耀。

老闆要想在團隊中提升自己的影響力，就不能濫用權力，而要想辦法努力塑造自己的形象，不斷完善個人特質，並提升自己的人格魅力，加強自己非權力性的影響力，將這種影響力無形地建立在整個團隊之中，讓團隊成員凝聚在自己的周圍。

③ 用行動創造影響力

每個人都應該對自己的行為負責，尤其作為團隊的老闆。在團隊中，領導者用自己的行動帶領著團隊朝著既定的目標前進，一言一行都會對團隊產生重要的影響。在追求目標的過程中，而員工通常不是聽老闆說了些什麼，更多是看老闆在做什麼，如果老闆沒有全力以赴，員工自然就不會盡心盡力。

所以，要想讓自己在團隊中有影響力，讓更多的人追隨自己，首先要讓自己在行動上征服所有的團隊成員，少說多做，對自己的行為負起責任。一旦確立目標，就要帶領團隊向著目標前進，遇到問題要敢於承擔責任。當團隊取得一定的成績時，老闆要和大家一起分享成果，讓大家享受到努力行動的甜頭，以及自己作為團隊中一份子的重要性。然後再為下一

個目標、下一個行動做好準備，提高團隊的執行效率，發揮出最佳的老闆效果，從而獲得更廣泛的影響力。

財商 Tips

📢 每天出門之前，對著鏡子把全身上下整理一遍，讓自己保持一個乾淨、得體的形象，在外表上給員工樹立一個榜樣。

📢 在解決團隊內部的矛盾時，不能因為誰的業績好、對團隊的貢獻大而偏袒誰，要依據事情的真實情況，做出一個客觀合理的裁決，在大家心目中樹立一個公平、公正的老闆形象。

📢 在員工犯錯時，不能一開口就責罵，先問清員工犯錯原因，知道他們為什麼會犯錯，然後給出一些指導性意見說服他們糾正，再根據實際損失對員工進行相應的處罰。

永遠做衝在最前面的人

　　古人有句話叫：「群雁高飛，頭雁領。」在當今社會中，每一個團隊和組織，要想飛的更高、更遠，都需要一個沖在最前面的領頭人，老闆是團隊行為中的一把尺規，一面鏡子，他的個人愛好、宣導的價值觀和追求的目標，都將對他身邊的工作人員產生極大的影響。

　　所以，要想成為一個好的老闆，就要勇敢行動，衝在最前面，這樣才能給團隊成員做好示範，凝聚團隊的力量，贏得團隊成員的尊敬，也才能搶佔先機，贏得機會，帶領團隊朝著目標前進，從而更好地實現夢想。那麼，我們在工作中要怎麼做，才能給團隊成員做好示範呢？

① 敢想敢做，拋棄畏懼心理

　　每個人都有自己的夢想，但是各自的事業當中，有些人實現了財富夢想，而有些人卻一直碌碌無為，一直到老，夢想還只是一個遙遠的夢，留下的只有遺憾。為什麼會出現這樣的情況？同樣都具有夢想，但那些有勇氣的人，從他孕育出想法的那一刻，就開始思考如何行動，一旦制定好了計畫，就立即執行，不會害怕路途有多艱難，只是帶著自己的夢想一直勇敢往前衝，永遠都讓自己跑在同道人的最前面。

　　相反地那些碌碌無為的人，只能看著別人闖蕩的激烈，自己卻如同世界的過客，默默無名，庸庸碌碌。他們也有夢想，有目標，但是卻沒有行動的勇氣，因為他們怕，要面子、要姿態，怕在行動中做錯、出醜、尷

尬，怕被人笑話，怕面子不保，怕被人看低，害怕失去。在行動之前，首先給自己設置一道障礙物，而這正成為了他們和成功隔絕的一道鴻溝。

怕，是阻礙行動力的第一個要素，怕，就不會有前進，就邁不開腳步，畏畏縮縮地開始，再美的夢也不會進展順利。在現實生活中，人們怕的最直接表現就是顧慮重重、優柔寡斷，在行動面前思前想後，畏懼挑戰，害怕失敗，擔心自己的能力不夠，擔心如果做不好，可能會帶來的種種負面影響。

一個老闆患得患失最可怕，只有拋棄束縛往前衝，團隊成員才會跟著自己一起行動。正如拿破崙說的：「先投入戰鬥，然後再見分曉。」勇敢地、心無旁騖地行動，才能實現目標。

② 搶盡先機，快速展開行動

莎士比亞說：「好花盛開，就該儘先摘，慎莫待美景難再，否則一瞬間，它就要凋零萎謝，落在塵埃。」機會不等人，只在一瞬間。一個機遇被多個人看到，洞察力差的人即便率先做出思考，也往往因為行動緩慢而落於人後。而洞察力強的人會及時發現機會，先人一步，搶佔先機。所以，這些善於勇敢出擊的人才能成為行業的領導者。

在鴉片戰爭之後，在得知世界上第一台捲煙機問世後，美英菸草公司的創建者吉姆公爵對手下說：「給我地圖。」隨之，下屬遞給他一張帶有各國人口統計結果的世界地圖。公爵認真地流覽著地圖上的人口數字。忽然，他的目光停了下來，上面寫著：中國，人口，四億三千萬。他立即對手下人說：「就這裡，這裡就是我們要銷售菸草的地方。」

在商戰中，先到為王。先行者總是主角，無論是在事業上還是在生活上，早邁出一步就多一步優勢，早進入狀態，就早獲得經驗，早發現問

題，就能提前到達結果。也許有人說，早晚只是時間問題，但是時間就是個大問題。因為早發展，世界上有了發達國家。因為早適應，人類成了最高智慧動物。早是速度，是價值的累積和體現，是閃耀，是光輝。而晚寓意著排列的末位，是被淘汰、被遺忘，是落魄，是滯後。

但行動也不是一蹴而就，它孕育結果，需要一個過程，因此行動不是簡單地拔腿就走，它需要足夠的條件和前提，否則，行動就可能會孕育出畸形兒。那麼，老闆應該如何帶領團隊快速的行動呢？

⭐ **堅持**。效率始終如一的行動，才能創造高效率的結果，如果你只是在一開始時保證效率，之後便拖逗、疏漏、不耐煩，你的行動將沒有任何現實意義。

⭐ **熱情**。行動中難免會遇到阻力，想要突破阻力，我們往往需要一點幹勁甚至狂熱，不斷激發熱情，才能讓行動不間斷。

⭐ **遠見**。行動不是盲動，僅有熱情而沒有方向，無疑是更加可怕的。遠見可以規避過頭的狂熱，使每一步的行動指向明確。

財商 Tips

📣 每天早上花 5 分鐘給自己制定一個行動目標計畫，寫上在什麼時候要完成什麼工作任務，要達到哪些預定的目標，一旦制定好，就按計畫立即執行。

📣 當團隊遇到困難時，自己要第一個站出來，把責任扛在自己身上，穩定住大家的情緒，並帶領大家一起想解決的辦法。

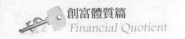

得人心，讓員工對你更有向心力

「得人心者得天下」，是從中國幾千年歷史中總結出來的至理名言。從古至今，多少開國皇帝因為贏得民心而建立王朝，又有多少帝王因失去民心而使王朝滅亡。國家如此，作為企業的老闆同樣也是如此，任何企業和團隊要想發展強大，都必須去爭取「人心」，因為人是企業根本，所有的工作都必須由人來完成，只有獲得「人心」的老闆，才會受到團隊成員的擁護與愛戴，團隊成員才會盡職盡責地完成老闆所分配的任務。

而作為一個老闆，他的主要任務就是去「領導」自己的下級員工，以做人的工作為主要工作物件，不管是一個地區的高管，還是一個部門的主管，他都處於統領、指揮地位，對自己的下級員工起著重要的導向作用。要想很好地做到這一點，就要努力做好一名能夠深得人心，並受下級擁護的老闆。那麼，我們應該如何去獲取人心呢？

① 理解他人，學會換位思考

在與人交往中，我們經常會碰到溝通不暢的情況，容易導致隔閡與誤解，造成人際關係的緊張，即使是上下級之間，也會因為個人見解不同，而造成關係緊張，甚至發生矛盾，影響到整個團隊的凝聚力。這些往往是由於雙方沒有做到相互理解、坦誠交流所造成的。

理解是一種強大的力量，它能夠將性格、思想和行為方式不同的人融合到一起。理解可以讓我們透過別人的眼光和內心看到另外的生活天地，

幫助我們開闊視野，拓展胸襟。理解有助於人們超越個人經驗的狹隘，既能夠體諒他人的難處，也能幫自己從孤獨、鬱悶、壓抑中解放出來，從而讓自己與更多的人友好相處，得到更多的人擁護。

那麼，我們如何才能做到理解他人呢？以下是理解他人的一些關鍵要素：

⭐ 仔細傾聽別人所說的話，瞭解對方內心的真正想法。

⭐ 學會換位思考，站在對方的立場上體驗和思考問題。

⭐ 喜歡你周圍的人並與他們交朋友，這樣他們也會對你敞開心扉。

⭐ 你的言行要一致，因為表裡如一的人讓人覺得更可靠。

⭐ 尊重他人隱私，如果某些事是別人悄悄告訴你的，就不要把它們再對別人說。

⭐ 理解是溝通的基礎。在日常生活中，我們需要理解的不僅僅是愛人、孩子、父母，還有朋友、老闆、同事，甚至陌生人。

② 鼓勵他人，激發對方的創造力和信心

世界知名的潛能開發專家安東尼‧羅賓認為：要想成功，你必須學會調動別人內心深處的積極性，讓他們發揮潛能，你必須「給他們的油箱加油」。要想獲取人心，不但要理解他人，還要學會鼓勵他人。員工在老闆的鼓勵下，往往能擁有更強的自信心，激發出更大的創造力。那麼，作為老闆，應該怎樣去鼓勵他人呢？

⭐ **讚美**。讚美是最簡單且沒有成本的鼓勵他人的方法。讚美可以激勵他人發揮潛能，有助於建立信心，並幫助他們成長。

⭐ **開展友好競賽**。人們有一種自發的競爭精神，而這種精神恰恰能將人們的積極性激發出來。

✪ **成為榜樣**。儘管不同的人需要用不同的方法去激勵，但是「榜樣的力量是無窮的」，榜樣可以對任何人發揮激勵的作用。

✪ **誘導他人，而非強迫他人**。強迫員工做事不是好辦法，效果絕對比不上誘導，就像請求比命令更容易達到目的一樣。

✪ **讓人嚐到成果和收穫的樂趣**。人人都喜歡成果，如果讓員工品嚐到成果和收穫的樂趣，那他一定會盡自己最大的努力做事。

我們常常看到，一些成功人士周圍總是圍著尊重他、擁護他的人，殊不知，這就是人心所向，有一句話說得非常好：「你希望別人怎樣對待你，你就怎樣對待別人。」一個人沒有權利要求別人永遠用微笑來迎接自己冷漠的表情，也沒有權利要求別人永遠用付出來對待自己自私的心靈，以一顆包容、理解、激勵的心去善待別人，才能夠擄獲人心，得到他人的擁護。

③ 善待他人，用親和力獲得信任

每個人都期望得到別人的尊重、擁護，甚至愛戴，但並不是每一個人都值得別人尊重、擁護和愛戴。一個人要想得到別人的尊重和擁護，就得先學會善待他人，做到待人和氣、友好，不要做傷害別人自尊心的事，不鄙視、輕蔑他人，我們只有善待他人，展現自己的親和力，他人才願意接近我們，信任、尊重我們。

有些老闆試圖用權力去威嚇員工，讓員工臣服，殊不知，這樣只會激起員工的不適，讓整個團隊變得人心渙散。而那些善待員工的老闆，不但能夠與員工和睦相處，還能提高員工的工作積極性。所以，作為團隊的老闆，要想得到員工的支持和尊重，就得學會善待員工，讓員工能夠死心塌地跟隨自己打拼，為自己創造財富。那麼，我們要怎麼去善待員工呢？

☆ **有功當賞**。每個人都有虛榮心，在出色地完成任務之後，都希望能夠得到應有的嘉獎。所以，當員工值得受賞時，主管就應該將功勞分享給應賞之人，以滿足他們的成就感。這樣，才能激起員工的積極性，讓員工服從自己的老闆。

☆ **敢於包攬過錯**。敢於承擔責任和過錯的領導者，是最能夠讓員工臣服的。我們在對待員工的過錯時，不要急於指責，要主動和員工一起承擔過錯，用包容來對待別人的錯誤，才能贏得員工的尊敬與擁護。

☆ **交心**。我們常說的知心朋友，就是用心去交往的人，如果我們對待下屬也用心去交往，彼此之間能夠真誠地交流，這也是贏得人心的一種方式。

☆ **給員工多點關愛**。平時多給下屬一點關愛，即使只是兩句貼心的話語，或者一杯熱騰騰的茶水，也會讓員工終生難忘，給員工一種家的溫暖和歸屬感。這樣，員工會對你更加信賴、對你更有向心力。

財商 Tips

📢 在與他人交往產生誤解時，我們要站在對方的角度去思考，想想對方為什麼會這麼做？是不是自己也有不對的地方？傾聽一下自己的心聲，再聽聽對方的意見，如果自己不對，就要改正，如果是對方不對，我們可以適當地指出來，並加以理解。

📢 定時對每一個團隊成員談心、交流工作，談話快結束時，多慰問、關心一下員工目前的生活狀況，理解員工目前的工作狀況，並給予適當的幫助。

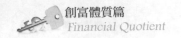

吝嗇和苛刻，會讓你一無所有

在莎士比亞的《威尼斯商人》裡的夏洛克，他吝嗇、苛刻、貪婪和狠毒，雖然有萬貫家財，卻捨不得享用，只想著放高利貸賺錢。還不讓自己女兒潔西嘉與外界交往，經常虐待家裡的僕人，甚至連飯都不讓他們吃飽。

夏洛克十分痛恨威尼斯商人安東尼奧，因為他慷慨大度，樂於助人，憎惡高利貸者，而夏洛克依靠放高利貸賺錢。為了掃清賺錢的阻礙，在威尼斯法庭上，夏洛克拒絕了安東尼奧兩倍乃至三倍的還款，堅持按約從安東尼奧的胸口割下一磅肉。因為安東尼奧借錢不收利息，影響了夏洛克的高利貸行業，所以他才想辦法借機報復，致安東尼奧於死地，從而聚斂更多的財富。

但不管如何，夏洛克終究還是為自己的「苛刻」和「吝嗇」付出了慘重的代價，他的女兒因無法忍受自己的父親，與情人捲款私奔；他自己也不得不服從由安東尼奧提議的「判決」，失去了一半的財富。

所以，在帶領團隊時，老闆心胸應該要放寬，不管是對待下屬，還是對待朋友和家人，都不要苛刻和吝嗇，要讓他人感受到自己的大氣和魄力，這樣，員工也更加樂意跟在這樣大氣、慷慨大度的老闆手下做事。那麼，我們應該怎樣告別吝嗇和苛刻呢？

1 做事業時不要過於吝嗇錢財

　　一個做大事的人，絕不會因為一點小錢財而使自己喪失與他人合作的機會。作為老闆，每天都要面對眾多的下屬、客戶以及朋友，如果對什麼都斤斤計較，在小事情、小錢財上不願意做一點讓步，那肯定就會在大生意上丟掉機會，甚至失去人心。

　　雖然我們在事業上是為了賺錢，但並不代表我們要死死抓住手裡的每一分錢，也許我們請客戶吃幾頓飯，就能在飯桌上換來一張大訂單，或者由此得到新的客戶資源；我們偶爾請下屬吃飯，看看電影，或者召集員工們一起去旅遊，往往能讓底下的員工心甘情願地為我們的事業服務；請親朋好友吃飯，卻能贏得溫暖的親情和友情。雖然付出了一點錢財，卻能換來更大的創富機會。所以，我們要有更長遠的眼光，看到那些更大的利益，如果能捨棄一些錢財，換取一些無價的東西，比如聲譽、口碑、名望這樣的隱形財富，我們才能成為真正的贏家。

　　溫州的印刷大王葉茂西，在一次為客戶印刷海報時，版面內容出現了錯誤。在印海報之前，葉茂西曾派人按照合約規定把海報樣本拿給客戶校對，客戶校對確認過後才開始印刷的。後來，客戶承認是因為自己疏忽大意造成的。然而葉茂西還是無償地為客戶重新印刷了海報，自行吸收了第一次印刷的印製成本。然而他的生意卻越做越好了，客戶日漸增多，最終成了知名的印刷大王。

　　葉茂西他並沒有因為這幾萬塊人民幣的印製成本而讓客戶承擔所有的後果，而是選擇自行吸收損失為自己換取口碑和名聲。雖然我們在事業當中會虧一些小錢財，但得到的卻是好評和更寬廣的發展之路，這是一種無形的財富，這些才是真正的人生財富。所以，我們要把眼光放長遠一點，不能為了眼前一點小利，死死握住手裡的小錢不放，而要看到自己失去的

這部分錢財能夠給自己帶來什麼，善於發現那些錢財帶來的隱形財富。這樣，我們的財富價值才會源源不斷地成長。

② 與人交往時學會吃虧，不要斤斤計較

俗話說的好：「吃虧就是福」這句話，卻很少有人願意在真實生活中去徹底落實。在現實生活中，能夠主動吃虧的人少之又少，人總是有私欲，總希望別人來成全自己，而不是自己去幫助對方，把眼界總是停留在取捨之間，認為得不到就是失去，所以對於能夠得到的東西，他們就不會放棄，更不會做出讓步。但是，這註定他們只能成為市井平民，因為他們缺乏高瞻遠矚的戰略眼光，最終也難有大成就。

有個農民出身的砂石老闆，既沒有學歷，也沒有背景，但是他的生意卻出奇的火熱，經過多年的經營，其他的砂石老闆來來回回換了好幾波，但他卻長盛不衰。而他的秘訣卻也出奇地簡單，就是他在與每個人合作的時候，對於對方提出的要求和意見，他認為只要不妨礙生意的正常進行，他都一概接受，從不計較一些小問題上的得失。

如此一來，凡是與他合作過一次的人，都覺得這人大氣、有能力又豪爽，不但能夠賺到錢，也不用擔心因為一點小事而鬧僵彼此之間的關係，感覺很輕鬆，合作完之後都還想繼續和他合作，並且主動替他介紹生意，經過這樣口耳相傳，慢慢地，他就成了當地砂石業的龍頭。

一個沒什麼學歷的砂石老闆之所以能夠成為一個行業的領頭人，因為他為人大度、包容，對小事不斤斤計較，也不在乎自己吃點小虧，凡事都以生意的大局為重，才獲得了廣大合作者的認同。

所以，我們不管是對客戶還是對團隊成員，都不要斤斤計較，不要在意在小事情上吃虧，以這種大氣量去對待團隊的每一個人，就能最大限度

調動他們的積極性，使團隊越來越大，自己的事業也就會跟著壯大起來。

③ 適當包容員工，樹立威信

當手下的員工犯錯時，很多老闆會將員工罵得狗血淋頭，認為這樣才能發揮殺一儆百的作用，確保以後不會再犯。但事實證明，當一個老闆一直罵自己的下屬時，下屬往往只記住開頭一些，其餘的時間他們的心早就想其他問題去了。而如果老闆過於關注下屬所犯的錯誤，不僅會損及員工的積極性和創造性，甚至會使下屬產生抵觸情緒。

根據「波特定律」：總盯著下屬的失誤，是一個領導者的最大失誤。在帶領團隊時，如果想成為一個讓大家信服的好老闆，就要寬以待人，不要對下屬太過嚴苛，要學會適當地包容員工的錯誤，即使是在批評的同時，也不忘肯定下屬所做的一些功績，並教會下屬一些經驗和方法，讓他們避免再犯，並一定要顧全下屬的面子，這樣的批評才能到位，既能達到批評的效果，還能得到部屬的大力擁戴。

財商 Tips

📢 平時在和下屬或者客戶吃飯時，如果不是提前說好各付各的，就要主動買單，大方一點，不要讓員工覺得你是一個小氣愛計較的人。

📢 在面對下屬時，不能以權勢去壓人，要保持一個謙和的態度，用心去聽取他們的意見，並及時回覆，對他們的做法進行鼓勵和讚賞，給團隊創造一個和諧的氣氛。

培養梯度追隨者

什麼叫培養梯度人才追隨者呢？就是在目前不缺人才的情況下，我們也未雨綢繆地培養一些接班人，做好人才儲備，當前一批人才發生變動之後，下一批人才就能及時補充上去，然後對他們進行下一波接班人的培養，這樣就形成了水準各異的人才，如同站在梯子上一樣，所以也被稱為梯隊。這樣做的好處有：

有效提高員工忠誠度，保證團隊人才的穩定性，讓人才能夠得到持續接應，確保團隊發展不因人員流動而大打折扣。

不斷挑選和培育人才，為自己打造一支優秀的經營管理團隊做好基礎，提高整個團隊的持久戰鬥力，保證團隊的目標能夠得到高效實現。

把員工的能力進行不斷地提升和發展，形成獨特的競爭優勢，讓員工和團隊都不斷增值，拓寬員工的職業發展空間，並壯大團隊的力量。

因此，要想讓自己的團隊不出現人才斷鏈的狀況，身為團隊領導，就要學會建立一個人才階梯發展的目標，主動去說服團隊成員建立個人職業發展計畫，使這些團隊內那些有才幹的人才，能夠與團隊的目標結合在一起，共同實現自己的財富目標。那麼，如何才能合理有效地去培養自己的梯度追隨者呢？

① 從團隊內部挖掘人才

作為團隊領導，平時要留心觀察員工的工作情況，對每位員工要有個

大概的認識，把那些表現優秀的人才或者潛在的人才都挖掘出來，然後把他們培育成團隊所需的人才。而要想在團隊內部進行篩選，我們可以透過以下幾點來進行：

⭐ **建立人才梯隊建設計畫。**老闆針對團隊現在各職位的職責和要求，制定出各職位的發展方向，需要哪些級別的人才，心裡一定要有個大致的範疇，最好以計畫書的形式寫出來，然後根據計畫去發掘和培養所需要的人才。

⭐ **員工篩選。**老闆根據梯隊成員條件的要求對員工進行考察，並計畫培養人數及時間，對那些不合格的員工以及優秀的員工都要進行及時的調度，為後備人才提供發展機會和上升空間，老闆要隨時都確保能上能下的用人機制，時時對團隊進行優化。

⭐ **根據計畫進行人才培養和選拔。**要時時掌握梯隊成員的動態，對工作進行追蹤及考核，定期對人才進行評估，然後根據實際情況進行升降，確保團隊裡的優秀人才都能得到合理的利用。

透過內部的挑選，既能有效減少對外招聘的成本，還能在內部形成競爭意識，達到良性循環。所以，要及時發現手下那些優秀的成員，幫助他們找到適合自己的發展方向，揚長補短，這樣才能留住人才，讓人才被自己所用。

② 對人才進行職位輔導

在團隊當中，我們總能夠發掘出一些優秀的儲備人才。但是，他們卻可能還不熟悉職位的具體職責，直接上崗可能無法達到預想的要求。所以，對於這些潛在的儲備人才，我們就要進行適當的輔導，將他們培育成自己想要的人才。在培訓過程中，我們可以根據實際情況，在瞭解他的個

人特徵及個人發展意向後，制定相應的輔導計畫、輔導目標和內容。那麼，對於每種不同特徵的員工，我們該如何進行輔導呢？

★ **普通員工**。對於普通員工，可以安排一位或幾位導師，每位導師定向培養相應的儲備人才，並隨時跟進這些員工的學習進度，保證他們遇到的困難和疑惑都能夠及時得到解決，並定期進行考核，達到要求之後，便讓他們到預定的職位進行實踐，一步步達到輔導的目標和要求。

★ **優秀員工**。對於一些比較突出的員工，如果想讓他將來擔任什麼職位，可以先讓他到相應的職位工作，然後安排特定的人員對他進行指點，透過邊工作邊學習的方式完成對這些人才的輔導。

★ **核心員工**。對於那些具有培養潛質的中高層員工，我們要讓他們在各個職位進行實踐，加強他們的綜合能力，並培養他們的口才表達能力，使核心人才不僅能做，而且會說，能夠把自己掌握工作方法教授給下級人員促進人才梯隊的快速建立。

這種培養梯隊人才建設的方式，這不僅是員工的幸運和福利，也是團隊發展壯大的人才儲備過程，透過對員工的培訓，讓他們不斷接受新職位和層次的變化，自身素質必將得到提升，從而改善個人績效。這種培養過程也將給員工們很大的精神滿足，同時企業也將隨之建立起一套完善的造血機制。

③ 對外拓展人才

在挖掘人才的過程中，當內部人才不足時，我們就必須把眼光放向整個市場，透過各種不同的方法和路徑去尋找人才，建立一條新的拓展人才的通道，保證人才在團隊階梯上的自由轉換和發展，避免出現人才饑荒的局面。那麼，我們如何對外拓展人才呢？

　　⭐ **從競爭對手那裡「挖人」。**針對有能力的員工，在條件適當的情況，說服他們到自己的團隊，利用其行業內部的工作經驗，迅速勝任職位，彌補職位人才的缺陷。

　　⭐ **招聘應屆畢業生重新培養。**對他們進行發展力評估，確定大概的發展方向，然後對其進行各項培訓，盡量縮短他們適應職位的時間，往後再根據其實際工作情況進行調度和晉升培訓。

財商 Tips

📢 老闆對於自己的團隊發展，應該要有個清晰的目標，制定一個符合團隊發展的人才培養計畫，一旦發現職位有空缺，就要尋找儲備人才把空缺補上。

📢 對於培養自己的梯度追隨者，作為老闆，首先要從自己團隊內部去發現人才，並進行及時的培訓和提拔，當內部人才供應不足時，就要把眼光放到團隊之外的整個市場，多尋找那些能為自己所用的人才，以此來壯大團隊。

成功打造獨家品牌

提起品牌，我們都會想到如蘋果、HTC、寶鹼（P&G）、三星、愛迪達、福特汽車等一系列國際知名品牌，而對於自己要建立品牌總覺得不可思議，認為自己是「不可能」的。因為品牌在我們腦海裡已經形成了固定的思維和概念，認為品牌就是已經被群眾高度認可，並且都是些大型企業才能做到的。沒錯，大型企業都會建立品牌，但並不是所有建立過品牌的都是大型企業，不過，如果想要成為大型企業，那麼，你就必須建立品牌。

品牌，它不僅僅是一個名字，它代表的是你經營的產品、產品的品質、包括服務等一系列和消費者有關的東西。品牌的建立是公司的一種潛在資產，主要有以下幾點優勢：

1. 有利於增強企業的競爭力。

2. 能夠有效的建立和顧客的忠誠度。

3. 提升自身的知名度在消費者心目中形成定位。

4. 有利於發揮無形資產的優勢。

我們來看看寶鹼的新品牌「潤妍」是怎樣做出來的。寶鹼公司為了在中國推出一種全新產品，把它取名為「潤妍」，意指「滋潤」與「美麗」她意為展示現代東方女性黑髮美的潤髮產品。從想法產生到產品上市，「潤妍」品牌孕育了將近三年。

「潤妍」的目標定位為：成熟女性。因為這類女性不盲目跟風，她們知道自己美在哪裡。融傳統與現代為一體的、最具表現力的黑髮美，也許

就是她們的選擇。這就是寶齡最初的構思。

在研製產品之前，寶齡公司先後請了 300 名消費者進行產品概念測試。在調查中，又進一步瞭解到，東方人向來以皮膚白晰為最美，而頭髮越黑，越可以反襯皮膚的白晰美。

反反覆覆經過三次的概念測試後，寶齡公司基本把握住了消費者心目中的理想護髮產品──滋潤而又具有生命力的黑髮最美。

但是，在中國，絕大多數人已習慣使用複合型洗髮精，專門的護髮產品能不能被消費者接受還是個未知數。寶齡公司透過資料分析發現，已開發國家約有 80％的消費者長期使用潤髮乳。在日本，這一數字則達85％。而在中國，專門使用潤髮乳的消費者還不到 6％。因此，他們認為潤髮乳在中國有巨大的潛在市場。

產品研製出來後，寶齡公司並沒有馬上投放市場，而是繼續請消費者做使用測試，並根據消費者的要求，再進行產品改進。

最終推向市場的「潤妍」倍黑中草藥潤髮乳強調專門為東方人設計，在潤髮乳中加入了獨創的水潤中草藥精華（何首烏），融合了國際先進技術和中國傳統中草藥成分，特別適合東方人的髮質和髮色。

緊接著，寶齡公司專門設立了模擬貨架，將自己的產品與不同品牌特別是競爭品牌的洗髮精和潤髮乳放在一起，反覆請消費者觀看，然後調查消費者最先記住什麼，忘記什麼，並據此進行進一步的調整與改進。

之後，寶齡又讓消費者選擇她們最喜歡的廣告。最後，根據絕大多數消費者的意見，將神秘的女性、頭髮芭蕾等畫面進行再組合。融合現代的旋律配以中國傳統的樂器古箏、琵琶等，進一步呼應「潤妍」產品的現代東方美的定位。

從中國杭州起步向全球推廣，寶齡公司潤妍品牌經理黃長青認為，浙江是中國最富饒的地區之一，人民生活水準較高，購買力比較強，對新事

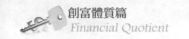

物比較容易接受。因此，杭州與「潤妍」要著力塑造的既現代又傳統的東方美一拍即合。

在「潤妍」產品正式上市之前，寶鹼公司委託專業的公關公司，在浙江先聲造勢，先後進行了一系列的品牌宣傳。

寶鹼，一個品牌全球化的公司，無論是飛柔、潘婷、沙宣洗髮精，還是舒膚佳香皂、玉蘭油潤膚露，佳潔士牙膏、碧浪、汰漬洗衣粉等，無不在中國享有盛譽。但是，為了推出一款潤髮乳，卻費盡了心思用了將近三年的時間。可以看出他們對品牌的重視程度，以及對產品價值的塑造力度，在哪一個環節上都不敢有絲毫的馬虎，因為他們知道任何一個品牌的塑造歷程都不是隨隨便便能完成的。

如果你也想讓自己的公司發展起來，並且在消費者心目中牢牢佔據一席之地，你就得想辦法讓消費者記住你，而讓消費者記住你最有效的辦法，就要在群眾心目中建立一個良好的口碑，而口碑進化之後就形成了品牌，一個品牌的建立，總能讓消費更容易找到你、相信你、並且依賴於你。那麼，我們又該如何建立屬於自己的品牌呢？

① 根據產品品質建立品牌

創業者先瞭解品牌的產品內容能夠給消費者帶來什麼，確定產品內容的服務人群，透過對消費者的調查，瞭解消費者對自己經營的產品持什麼態度，有什麼改進的地方。經營的產品內容和消費者是什麼樣的關係，是買賣行為，或者是仲介行為，還是給消費者提供娛樂，然後確定品牌的主打範圍，打造一個好的產品品質，至少要讓消費者聽到這個品牌的名字時，會有一個好的印象。

② 根據目標建立品牌

瞭解自己的行業所處的經營環境，不管是處於水深火熱的競爭當中，還是一片大好的前途在等著自己，都要找對品牌未來的發展目標，確定自己的發展方向，以及要達到的理想狀態。比如 SONY 在剛開始建立時的目標非常清楚，它要把產品賣到世界各地去，改變西方對自己產品品質的印象。而耐吉（NIKE）剛開始時的目標就是：「要打敗愛迪達」目標非常明確，而且在十年之內它的確超過了愛迪達。

「有目標才有動力」，既然要找到前進的方向，我們就不能停下腳步，堅持到最後，一直把目標完成為止。

③ 透過維護消費者建立品牌

要收集消費者的資訊，儘量把那些直接購買的消費者資訊記錄下來，建立一個流動的客戶資料庫。針對那些消費主力軍團，努力維護好與他們之間的關係，不斷強化他們對品牌的忠誠度。然後透過他們的傳播，建立好的口碑，日積月累，最終在群眾心中形成品牌意識。

④ 持之以恆的態度建立品牌

建立被公眾認可的品牌不是一朝一夕就能完成的，不但需要經過長時間的累積、消費者的認可，還要經得起市場的考驗才能完成的。在這個過程之中，你需要去堅持，不景氣的時候你還是必須要繼續投資，不能今天經營服裝，明天又換個形象變成了餐館。只要還有經營下去的可能，我們就要堅持自己的品牌做到始終如一，這樣才能成為消費者心目的「大品牌」。

　　品牌的本質是產品，它只是一個產品代名詞，從屬於產品，但它卻又高於產品本身，因為，品牌是品質的保證，是優質的服務，是企業文化的結晶，是企業的一個象徵。塑造企業品牌，得到的回報不僅僅是市場占有率與商業利潤，更重要的是顧客對品牌的忠誠，以及大眾對品牌的依賴程度越來越大，品牌，在未來它將代表著市場。

　　所以，我們在最初創業時，心裡就要形成品牌意識，所做的每一步，都要為將來構建品牌打基礎，最終打造出屬於自己的品牌。

✓ 品牌策略

　　塑造好品牌我們還要懂得如何去使用品牌，品牌使用的是否恰當，也是成功的關鍵部分，隨著市場的變化和消費者觀念的改變，品牌也需要做出相應的改變來應對這些變化。品牌策略就像在戰場上面對不同的敵人，以及不同的戰爭環境，做出相應的應對決策，是選擇直接進攻，還是偷襲，或者是談判和解，選擇出獲取勝利的最佳方式。所以，靈活運用品牌策略，是在品牌戰爭裡面取得致勝的關鍵。

　　從品牌的大平臺角度看，先確定品牌是走向全世界的品牌，還是全國性的品牌，或者只是地區性的品牌。然後根據市場情況，是走單一的品牌策略，還是多元的品牌策略，是母體品牌或是副品牌等。對於各式各樣的品牌策略，使用的效果也大相逕庭，以下為介紹市場上常用的、效果也比較好的幾種策略。

① 產品線擴展策略

　　這種品牌策略一般適用於現有產品的局部改進，一些企業針對於同一

產品線，增加了新的產品時，仍然運用原來的品牌。比如增加一些新的功能、包裝、樣式等。產品線的擴張主要是為了充分利用生產能力的過剩，帶來的好處主要有：

1. 提高產品的存活率。

2. 滿足不同市場的細分需求。

3. 和滿足消費者變化的需求。

4. 以及填補市場的空隙。

但是，如果濫用產品線的擴展，它可能使原來品牌名稱喪失它特定的意義。因為，隨著產品線的不斷加長以及產品的不斷變化，原來的品牌個性和形象會逐漸消失，容易使消費者產生選擇困難。也有可能因為原來的品牌過於強大，致使新的產品出現銷售困難的局面，從而導致產品線擴展出現混亂，如果產品不能在消費者心目形成清晰的產品定位，會造成產品之間自相殘殺的局面。

② 新品牌策略

當企業根據市場研發出一種新的產品時，發現原有的品牌名已經不再適用新產品了，需要為新產品用一個更加合適的品牌名稱，企業經過重新設計新品牌，從而為新產品設計新品牌的過程稱為新品牌策略。例如，春蘭集團以生產空調著名，當它決定開發摩托車時，若是採用春蘭這個女性化的名稱就不太合適，於是採用了新的品牌「春蘭豹」。又如，原來生產保健品的養生堂開發飲用水時，使用了更好的品牌名稱「農夫山泉」。而適用新品牌策略的好處是：

1. 對市場進行重新定位。

2. 開發新的市場，獲取新的消費人群。

3.為建立多品牌戰略提供基礎。

4.塑造新的形象。

③ 多品牌策略

多品牌策略一般是大型企業出於分散風險考慮，在相同產品類別中引進多個品牌的策略稱為多品牌策略，並且這種品牌的組合，在各個品牌形象相互之間既有差別又有聯繫。比如寶鹼旗下的洗髮精就有海倫仙度絲、飛柔、沙宣、潘婷等等，一般來說，企業採取多品牌策略的主要原因是：

1.多品牌策略可以根據顧客不同的需求推出不同的款式，提高市場佔有率。

2.有助於在企業內部各個產品部門之間展開競爭，提高效率。

3.多種不同的品牌可以在零售商店佔用更大的銷售面積提高銷貨率。

4.分散風險，不會因為一個產品品牌的失敗從而影響整個企業的聲譽。

④ 合作品牌策略

當年曹操進攻赤壁時，孫權自知以一己之力難以抵擋，於是便想到「聯劉抗曹」得以自保。而如今當獨自一方難以抵擋市場的猛烈進攻時，我們就會想到和其他企業進行強強聯合，以雙方的影響力共同推出產品來佔領市場。強化品牌效果以及產品的整體的形象來吸引消費者購買。合作品牌的形式有多種。一種形式是同一企業內部品牌合作，如摩托羅拉公司的一款手機使用的是「摩托羅拉掌中寶」，掌中寶也是公司註冊的一個商標。另一種合作方式是合資合作品牌，如日立的一種燈泡就是採用「日

立」和「通用電氣」聯合品牌。

⑤ 品牌延伸策略

　　某些企業發展並不滿足於現有的經營範圍時，便會透過進軍其他的行業來擴大自己的影響力，並且在其他行業的產品和原有的產品使用同一種品牌名稱。比如愛迪達除了生產服裝鞋襪之外，還生產日用品像香水、沐浴露、洗髮用品等等。而品牌延伸能夠實現品牌無形資產轉移、發展的有效途徑。因為品牌也可能會受生命週期的影響，存在導入期、成長期、成熟期和衰退期。品牌作為公司發展的無形資產，如何充分發揮企業的品牌資源潛能，並延長品牌生命期限是公司發展的重大策略，而品牌延伸一方面在新產品上實現了品牌資產的轉移，另一方面又以新產品形象延續了品牌壽命，因此成為企業發展必然方向之一。

　　所以，我們千萬不要被五花八門的品牌策略迷花了眼，從而頻繁更換品牌策略，導致最終的精力耗盡卻毫無成效。事物之所以能夠取得成功，都不是偶然獲得的，不能只看到大品牌風光的一面，要分析他們是如何運用各種品牌策略取得成功的，從中挖掘出適用於自己品牌的方法，學會巧妙借用「東風」來給自己帶來成功。

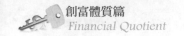

財商 Tips

📢 每一次與顧客接觸,不論機會深淺,都是一次對品牌產生「印象經驗」的機會。那麼如果接觸點傳達不一致的品牌形象,就會造成品牌形象錯亂!這點要特別注意。

📢 消費者購買商品的時候,不僅會考量其使用上所帶來的功能,同時也會考量產品所帶給他的自我形象。因此在產品訊息傳達的獨特性與一致性是很重要的,產生獨特性:讓你跟競爭者有所不同,讓人能記得你。

📢 每一個成功的品牌,背後一定都有一群對它充滿熱情的員工。舉例來說,在可口可樂辦公室絕對不可能看到有人在喝百事可樂,NIKE 的員工也絕對不可能穿愛迪達的球鞋去上班。員工一定要先熱愛自己的品牌,才有可能把熱情渲染給其他人。所以,經營品牌,請先從公司內部做起!

行銷——你如何賣它？

　　如果自己有好的創意，並且覺得這個創意能給自己帶來可觀的收益，但又苦於不知該如何去實行，那創意永遠只能稱之為創意，而不能給創意者帶來切實的利益，這對人對事都是一種「浪費」。那我們又該如何去避免這種「浪費」，從而為自己的創意找到消費市場呢？

① 找到切入點

　　當自己有一個好的創意，先調查市場有沒有完全一樣的產品或者類似的產品，如果有類似的產品，但類似的產品在解決問題上不如你的創意產品解決問題直接有效，或者市場上根本沒有，那麼巨大的市場等著你邁進去。

　　路克加爾貝一次去他的岳母家上廁所，用完後他自己都覺得氣味特別難聞，為了避免尷尬，他只好把自己關在廁所裡等氣味淡一點再出來。那時候，他產生了一個想法：「如果上完廁所能立即把異味消除掉就好了。」接下來的一整年路克加爾貝都在想這個問題：「如何才能把氣味徹底去掉，而不只是單單用芳香劑來掩蓋他們。」終於他找到一個辦法，他把它稱之為「只要一滴」氣味綜合劑，就是在離開洗手間之前只要滴上一滴，那異味就很神奇地消失得無影無踪了。

　　剛開始，路克加爾貝把這產品分享給周圍的親朋好友試用，結果大家都非常驚奇地讚賞他的創意。後來他找到了製造商建議選用自然無毒的產

品，很快地產品的銷量就接近一百萬套了。這就是他利用了自己的創意產品解決了同類產品不能迅速有效解決的問題。

② 保護好自己的創意

當你發現自己有個非常好的創意時，第一點就是要學會把它保護起來。因為創業者從發現自己的創意到自己的創意變成商品進入消費市場時，是需要一定的時間才能完成的，而這期間，可能會在你有意或者無意之間把自己的創意不小心洩漏了出去，如果洩漏的對象是常人也就罷了，萬一對方是一位精明的商人，那他很可能抓住你還沒申請專利這一漏洞而搶先註冊，那樣不但自己創意被人給奪走了，可能連這期間為籌備創業所用的花費也都泡湯了。所以創業者覺得自己的創意帶來的收益遠遠不止申請專利這些費用時，一定不要嫌麻煩，因為專利可以避免他人在本國製造、使用或出售該發明，進而有效地保護自己的權益。

③ 找到支撐點

如果你現在的創意在市場上佔有一定的優勢，那麼你要準備好在今後幾年內如何繼續保持這種優勢，因為競爭並不只是來自於直接競爭者，還包括可替代產品；其次你要能夠有效地證明你的目標客戶會買你的解決方案；最後就是在這個行業裡面最好有合作夥伴在你不能獨立支撐時給予你有效的幫助，這樣，才能保證你的創意在進入市場之後才能良性循環。

④ 投資行動

前期準備做完之後，接下來就得決定自己打算為這個創意的投入，首

先要確定創意產品的生產方式用以計算成本，然後打算透過什麼管道銷售，產品定價多高等。格雷納說：「即使你有很好的創意，但如果生產成本需要五十萬美元，你會堅持下來的希望也不大。」也就是說你的創意價格一定要在消費者能夠接受的範圍以內，否則再好的創意消費者也不會買單。

⑤ 確定行銷方案

最重要的一點是，在你創意產品進入市場之前，要先找到銷售管道。格雷納說：「創業者栽跟斗最狠的地方，就是積壓了成千上萬的庫存賣不出去。是銷售把產品和消費者連在了一起，哪怕再好的產品也需要透過銷售才能到消費者手中，所以，一定要為自己好的創意找到好的行銷方式。

速封公司的創始者鄧尼斯貝恩試圖把她的產品帶到連鎖店時，卻遇到了一個巨大的困難。雖然顧客喜歡買她的創意產品，她自己在銷售方面也沒什麼問題，可當她發現合約裡面有一筆驚人的進場費時，她開始頭疼了，她必須先支付展示費用。而這需要 20000 ～ 50000 美元才行，但她不想花這筆錢，可能在她尚未成功之前就先破產了。但她也並沒有因此而退縮，她發現了一種更好的方法來展示自己的創意產品。她發明了一種「實驗包」，這樣就可以把產品掛在超市的掛條上而不會佔用正規貨架了，並且還可以在超市的任意地方移動，這樣就沒有進場費了。鄧尼斯就這樣解決進場費這個讓她頭疼的難題。

行銷是一門藝術，它是將產品展示給消費者的一種表現方式，學會利用這種方式，是將自己的創意產品找到市場的必經之路。

一個好的創意能決定創業者很大一部分利潤，但大多數人創意產生之後，想把創意一步步變成產品，再將它變成賺錢的資本，卻缺乏一套可行

性方案。創業者要做的就是找到可以嫁接起這個間隔橋樑，連接彼此，這樣才能為自己的創意找到市場，成為自己創業和賺錢的資本。

品牌戰術與行銷

我們每次想購物時，總會有幾個代表性的產品在腦海打轉，作為購物的參考物品，比如想買雙運動鞋時，我們首先會想到愛迪達斯和耐吉（NIKE），想換個手機時就會優先考慮 iphone 和三星，想吃速食我們就會看看附近有沒有肯德基和麥當勞，這些都是品牌的效應作用，它們逐漸在我們腦海裡形成了潛移默化的意識，而它們之所以能夠如此深入地植入我們的大腦，除了產品本身以外，還有就是他們品牌的戰術和行銷技巧起著關鍵性作用。

品牌作為產品行銷的助推器，本身的行銷也有一定的技巧，而且品牌的成功對公司未來的發展成敗起著關鍵作用。對於企業來說，品牌的行銷推廣不僅僅要面對來自其他品牌的激烈競爭，還包括我們的衣食父母——顧客。

在這些競爭中，很多大型企業選擇廣告轟炸的方式來拉近與消費者的距離，但是，這些高付出的就一定會有高回報嗎？如果不是一定的，那麼，在品牌戰術當中，我們究竟該如何選擇品牌的行銷方式，才能最大化地實現品牌傳播效果，又如何制定出與品牌目標相符的戰術方針呢？

① 為品牌名稱賦予內涵

一個好的名字往往會給人帶來好的第一印象，比如納愛斯（nice）意為漂亮、美好；耐吉（NIKE），希臘神話的勝利女神，象徵勝利；雀巢

（Nestle），舒適安臥的意思，讓人聯想到待哺的嬰兒，慈愛的母親和健康營養的雀巢奶粉。用自己品牌名字詮釋著產品的價值，讓消費者第一眼看見品牌就能聯想到產品的內容，給消費者一種先入為主的感覺。當品牌的名稱、商標與消費者能夠從產品或服務上得到的利益聯繫在一起的時候，就會被廣泛認可，形成一個富有價值的品牌。

② 用設計實現品牌行銷

好的產品設計在外觀上能夠吸引更多的消費者注意，激發消費對產品的瞭解興趣，而且透過對產品設計傳達給消費者的資訊，消費者更樂於接受。從而提升消費者對品牌的認識。比如在平時生活中，我們會發現小孩子吃的棒棒糖有各種顏色和樣式，一些廠家甚至把棒棒糖做成了各式各樣的表情來吸引孩子的注意力。

③ 利用「賣點」戰術進行品牌行銷

很多消費者在購物時，經常會被產品的某一個賣點所吸引，或者就是為了尋找某一賣點而進行消費。比如在買電腦時，看中了兩台電腦的配置和價格都差不多，但是戴爾用的是英特爾的處理器，而惠普不是，那麼，大部分人都會選擇配有英特爾的戴爾電腦，而且此時心裡也會認為戴爾比惠普好。現在很多餐館都會在牌子上標著「放山土雞」、「有機蔬菜」等等，都是抓住賣點來提升品牌在消費者心目中的價值。

④ 與其他品牌合作進行行銷

現在很多企業利用各自的企業優勢互補，透過與他人的合作，借用其

他品牌的在消費者心目中的影響，轉而進行提升自己品牌的影響力。

「美蘿」是一家巧克力製造商，而「速瘦」專注於減肥食品。「美蘿」的優勢在於的口味豐富、口感佳，但是熱量高，「快瘦」的熱量低口感欠佳。但是「美蘿」在當地的品牌形象認知度高，而「速瘦」的品牌則偏低。

後來兩家老闆透過商討，共同推出了「美蘿速瘦」蛋糕店，廣告宣傳語就是「口味佳、低熱量」。店面開張以後立馬獲得當地消費者的狂熱追捧，尤其是那些怕胖又嘴饞的年輕女孩。而「速瘦」借此機會大力推廣自己的減肥食品，一舉成為當地最大的減肥食品商。

⑤ 利用證書進行品牌推廣

如今的消費者對一些權威認證機構缺乏抵抗力，一看到「馳名商標」「XX認證」等標識的產品往往深信不疑。所以，如果企業持有有關國家和國際組織對相關產品的品質，以及產品的工藝流程進行評估，對達到相應標準的品牌產品頒發相應的認證證書，如國家免檢產品、純羊毛標誌，ISO認證等。在品牌推廣當中，利用這些證書在品牌宣傳中加以利用，這樣，會更容易獲得消費者的信賴和認同。

⑥ 透過性價對比進行品牌行銷

中國有句俗話：「不怕不識貨、就怕貨比貨」，貨比三家目前仍然是消費者最信賴的選購方法。當自己的品牌還不夠響亮，但是產品的品質卻絲毫不比那些大廠家遜色時，我們可以脫去那些著名品牌產品的「華麗外衣」，然後進行性價比的競爭。對比行銷是企業創建品牌最簡單、最有

效，也是最省錢、最有力的行銷方法。現在的許多著名品牌在創業初期，都曾使用過和當時的著名品牌產品作對比的行銷方法，用以來提升自己品牌的影響力和知名度。如百事可樂與可口可樂的口味對比，海爾冰箱當時初進北京市場時，都曾採用對比行銷，現場與國際著名品牌冰箱作對比，贏得了聲譽，成功啟動市場。

7 投放廣告對品牌進行宣傳

當企業發展到一定的程度，有一定的資金實力時，便可以使用這種最直觀的品牌行銷戰術進行推廣。這種好處就在於用不著消費者主動去瞭解，在被動的情況下就無形的被灌輸到腦海裡了，比如：

1. 電視、電影裡的置入性行銷。
2. 電視廣告。
3. 街面路牌。
4. 公車地鐵。

因為在消費者的心目當中，能夠投放廣告的都是一些比較有實力的企業，所以，當消費看到這些品牌廣告時，如果是自己可能需要的產品，就會有意識地再次去瞭解產品的內容，從而達到推廣目的。

要想自己的產品被消費者接受，就得讓消費者知道你的存在，要想讓消費者知道你自己的存在，就得想辦法讓消費瞭解你，要想讓消費者瞭解自己，你就要想辦法在消費者面前推廣自己的品牌，在以上眾多的品牌的戰術行銷方法當中，總有一種是你想要的，也是你能用的上的，根據自己企業的情況挑選一種適合自己品牌行銷戰術，讓消費更快地瞭解你的品牌，從而讓自己的產品獲得消費者的親睞。

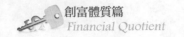

📢ː 客戶的注意力是有限的，在有限的時間內想要傳達所有優點，是絕對不可能的事情，所以你只能挑選客戶最在乎的重點來溝通。清楚要傳遞什麼樣的訊息，要傳遞訊息給誰，並且保持訊息的一致性；這樣不僅避免困惑的產生，還能獲得顧客的青睞進而留住顧客。

📢ː 不論是實體通路，還是虛擬通路，充滿各種創意的行銷方式，與日漸茁壯的市場規模，說明了處處都可以是通路的未來，而我們就要想盡辦法運用創意，讓消費者最後購買的是你家的產品。

📢ː 如果你可以讓客戶主動為你介紹客戶，那麼你就擁有優勢，擁有最少成本開發客戶的優勢。如何讓你的客戶為你轉介紹？客戶轉介紹是所有獲得客戶成本當中最少花費的。想想看，你如何選上你現在所使用的產品，是不是大部分都是藉由別人的介紹而來？

你的領導力有多強？

　　你覺得自己是一個領導者，還是一個跟隨者？作為一個領導者，你知道自己的領導能力如何嗎？以下的測試可以幫你瞭解自己的領導能力到底有多強，你只需要回答「是」或「否」即可：

1 如果有人嘲笑你身上的衣服不好看，你還會再穿它嗎？　　　　　（　　）

　　A. 是　　B. 否

2 你是否總是讓對方覺得自己不如你？　　　　　　　　　　　　　（　　）

　　A. 是　　B. 否

3 你是否經常對人發誓？　　　　　　　　　　　　　　　　　　　（　　）

　　A. 是　　B. 否

4 當別人請求你幫忙時，你是否很少拒絕？　　　　　　　　　　　（　　）

　　A. 是　　B. 否

5 為了避免與人發生爭執，即使自己是對的，你是否也不願發表意見？（　　）

　　A. 是　　B. 否

6 你將錢投資在財富上是否勝過於投資在個人成長上？　　　　　　（　　）

　　A. 是　　B. 否

7 你是否為了好看而穿讓自己不舒服的衣服？ （　）

A. 是　　B. 否

8 當與人爭辯時，你是否總要爭贏？ （　）

A. 是　　B. 否

9 你會不考慮後果而堅持要說出自己的想法嗎？ （　）

A. 是　　B. 否

10 你是否經常向別人道歉？ （　）

A. 是　　B. 否

11 你是否不輕易忍受別人？ （　）

A. 是　　B. 否

12 對於電視上的評論你曾大力批評過嗎？ （　）

A. 是　　B. 否

13 如果下屬把工作做錯了，你是否會有很大反應？ （　）

A. 是　　B. 否

14 對於一般的法規你是否會遵守？ （　）

A. 是　　B. 否

⓯ 對於標新立異的東西你會排斥嗎？ （　）

    A. 是　　B. 否

⓰ 你是否對反應慢的人沒有耐心？ （　）

    A. 是　　B. 否

⓱ 你是否會故意在穿著上吸引他人的注意？ （　）

    A. 是　　B. 否

⓲ 你是否會在坐車時咒罵駕駛？ （　）

    A. 是　　B. 否

⓳ 你是否永遠走在時髦的最前端？ （　）

    A. 是　　B. 否

⓴ 你是否總讓別人替你做一些重要的事？ （　）

    A. 是　　B. 否

評分規則

    回答「是」得 1 分，回答「否」計 0 分。將每題得分相加，得出最後的分數。

測試報告

★ **6 得分以下**。你個性很強,是個天生的領導者。不管在哪裡都喜歡使喚別人,從不願別人對你指手畫腳,如果別人不聽自己的指揮,就會表現的很叛逆,不肯輕易服從別人。但是,要想成為一個好領導,也不可過於剛愎自用,要善於聽取別人的意見,然後再結合自己的領導能力,你會做得更好,獲得更多人的支持。

★ **7 ～ 13 得分**。對於領導的位置,你不是沒有能力,而是因為自己不夠積極,內心的欲望不夠強烈。你介於領導者和跟隨者之間的人,可以隨時帶頭,告訴他人該怎麼做。不過,由於個性問題,而經常扮演一個跟隨者的角色。所以,要想自己成為一個出色的領導,就要把自己內在的潛能激發出來,敢於帶頭衝鋒陷陣,你的領導能力將讓人刮目相看。

★ **14 ～ 20 得分**。在團隊當中,你比較喜歡聽人指揮,讓別人給自己安排任務。即使是在緊急的情況下,也不願意主動出頭帶領大家,但卻很願意配合大家的行動,是一個標準的跟隨者,對於領導的位置你並不是那麼嚮往。

小資富足學苑

多元化分享會、講座、課程介紹

f 小資富足學苑 🔍 讚

豐富多元化的學習資訊

小資富足學苑-官方網站

講座/分享會：

立即掃描 QRcode報名參加分享會

挑戰巴李馬 財商桌遊

魅力穿搭術

多元收入交流會

台股贏家致勝之道

選擇權搖錢樹

終結單身分享會

專業課程：

終結單身大作戰

多元收入實戰營

服務專線：0931-208-672/0987-360-001

抵用券

開課時間/地點:請上網搜尋 小資富足學苑

多元收入實戰營
（一日課程）

原價36000元整，憑卷只要3600元。

上午玩過遊戲有了概念後，
下午精心安排一系列的課程，
直接請實戰專家逐步帶領你，
把遊戲中的體悟帶入現實生活中，
透過正確的【理財投資】和【財商能力】
翻身成為金牛！！

立即掃描報名

使用期限：不限

終結單身大作戰
（一日課程）

原價49800元整，憑卷單次上課只要3999元。

為小資族量身打造【打破單身大作戰】
不說複雜的理論、沒有漫長的教學時間，
精選4大主軸課程從裡到外全面涵蓋，
經由達人用最簡單、易懂、實戰演練的方法，
讓你/妳快速輕鬆的了解自己！改變自己！
化為實際行動去認識更多好對象！

立即掃描報名

1.使用期限：不限　　2.持本優惠券報名上課者不享有二年內退費保證

 小資富足學苑 🔍

分享會/講座

入場費抵用券 **100** 元整
每場次限使用1張/1人。
(課程不適用)

立即掃描報名

小資富足學苑-官方網站

使用期限：
2017年6月30日止

 小資富足學苑 🔍

分享會/講座

入場費抵用券 **100** 元整
每場次限使用1張/1人。
(課程不適用)

立即掃描報名

小資富足學苑-官方網站

使用期限：
2017年6月30日止

 小資富足學苑 🔍

分享會/講座

入場費抵用券 **100** 元整
每場次限使用1張/1人。
(課程不適用)

立即掃描報名

小資富足學苑-官方網站

使用期限：
2017年6月30日止

投資自己的腦袋
是最穩賺不賠的選擇！

川晟之友創富聯誼會

穩健投資生活家 @trends

開創財務自由，實現您的夢想人生

『川晟之友創富聯誼會』推動終身學習的概念，固定舉辦財商教育講座，提供各種培訓與輔導，開啓夥伴財務智商的增長以及專業的顧問憑藉豐富的經驗和人脈，協助夥伴一對一的諮商。

推廣多元收入實戰營

透過獨家創新的【台灣版】創業財商桌遊！《挑戰！巴・李・馬》直接由實戰專家逐步帶領你，把遊戲中的體悟帶入現實生活中，告訴你如何也能像遊戲中的蝸牛～透過正確的【理財投資】和【財商能力】，翻身成爲金牛！

我們聚合志同道合的夥伴分享財務自由的成功經驗，同享商機並透過務實、踏實的作法實踐共享經濟的精髓，協助夥伴建立正向現金流並獲得財務上的自由；進而成就富足圓滿的人生！

From ZERO to HERO
先學會這些吧！

翻轉腦袋賺大錢！

2016/6/18-6/19 於台灣台北矽谷國際會議中心，舉辦為期兩日的**世界華人八大明師大會**，國際級大師傳授成功核心關鍵、創業巧門與商業獲利模式，落地實戰，掌握眾籌與新法營銷，提供想創業、創富的朋友一個通往成功的捷徑。

創新是由 0 到 1，創業則是將其擴展到 N。大會邀請各界理論與實務兼備並有實際績效之**王擎天、林偉賢、林裕峯**等八大明師，針對本次大會貢獻出符合主題的專才，不只是分享輝煌的成功經驗，而是要教你成功創業，並且真正賺到大錢！

 王擎天　　 林偉賢　　 林裕峯

成功核心關鍵 × 創業巧門 × 商業獲利模式

今年大會以最優質的師資與最高檔次的活動品質，為來自各地的創業家、夢想家與實踐家打造知識的饗宴，汲取千人的精髓，解讀新世紀的規則，在意想不到的地方挖掘你的獨特價值！八大盛會將給您一雙翅膀，超越自我預設的道路，開創更寬廣美好的大未來！

熱烈歡迎世界各洲
華人返台參與八大！！
憑本券免費進場！！！！

海外人士
免費贈票

請攜帶本書或本頁面或本券，憑護照或機票或
海外相關身分證明(例如馬來西亞身分證Kad Pengenalan)即可直接免費入場！

詳細課程內容與完整講師簡介，請上官網

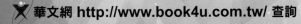

新·絲·路·網·路·書·店
silkbook○com 新絲路 **www.silkbook.com**

✈ **華文網 http://www.book4u.com.tw/ 查詢**

詳細課程內容與林偉賢、王擎天、林裕峯等八大明師簡介請上官網新絲路網路書店查詢www.silkbook.com

—交通資訊—

注意事項

① 此次講座課程將進行兩天，一天一張票，每票只限一人每天進出使用，憑票入場。請妥善保存此票【主聯】，作為入場證明，遺失恕不補發請重新購票入場。課程結束後，憑本票券享有售後服務及（主辦單位與王道增智會等）相關課程之優惠。

② 憑本票券可兌換價值萬元以上頂級贈品乙份（贈品清冊詳見大會手冊或上網www.silkbook.com查詢），贈品逾期無法兌換並不得要求折合現金。

③ 如遇不可抗拒之因素無法如期舉行講座課程，將於官網公布，不再另行通知。

④ 門票售出概不退換，破損、遺失概不另行補發或換票。

⑤ 每日憑票入場，請於9:00前著正式服裝完成報到手續，因環保考量，大會不主動提供瓶裝水，請自行準備水壺或有蓋水杯。

客服專線(02)8245-9896

歡迎上 silkbook○com 購買6/19入場票券並升級VIP席

防偽標誌

頂級贈品

「眾籌」成潮，
眾籌將是您實踐夢想的舞台！

全國唯一保證上架

勢不可擋的眾籌（Crowd funding）創業趨勢近年火到不行，獨立創業者以小搏大，小企業家、藝術家或個人對公眾展示他們的創意，爭取大家的關注和支持，進而獲得所需的資金援助。相對於傳統的融資方式，眾籌更為開放，門檻低、提案類型多元、資金來源廣泛的特性，為更多小本經營或創作者提供了無限的可能，籌錢籌人籌智籌資源籌……，無所不籌。且讓眾籌幫您圓夢吧！

- ✅ 終極的商業模式為何？
- ✅ 借力的最高境界又是什麼？
- ✅ 如何解決創業跟經營事業的一切問題？
- ✅ 網路問世以來最偉大的應用是什麼？

以上答案都將在王擎天博士的「眾籌」課程中一一揭曉。教練的級別決定了選手的成敗！在大陸被譽為兩岸培訓界眾籌第一高手的王擎天博士，已在中國大陸北京、上海、廣州、深圳開出眾籌落地班計12梯次，班班爆滿！一位難求！現在終於要在台灣開課了！！

課程時間 2016年5/21～5/22（王道增智會執行副會長威廉老師主持主辦）
2016年8/6～8/7（每日09：00～18：00於中和采舍總部3樓NC上課）

課程費用 ~~29800元~~，本班優惠價19800元，含個別諮詢輔導費用。

課程官網 新絲路網路書店 www.silkbook.com

二天完整課程，手把手教會您眾籌全部的技巧與眉角，課後立刻實做，立馬見效。

采舍國際
www.silkbook.com

王道增智會

silkbook.com

創見文化，智慧的銳眼
www.book4u.com.tw   www.silkbook.com